Quevedo in Perspective

Quevedo
in Perspective

Eleven Essays for the Quadricentennial

Proceedings from the Boston Quevedo Symposium, October, 1980

Edited and Introduced by

JAMES IFFLAND

Boston University

Juan de la Cuesta
Newark, Delaware

The decorated capital letters which begin
each of the papers are from Juan de la Cuesta's
seventeenth-century Madrid printshop
and have been provided by
Professor R. M. Flores
of the University of British Columbia.

MANUFACTURED IN THE UNITED STATES OF AMERICA

ISBN (hardback): 0-936388-17-x
ISBN (paperback): 0-936388-18-8
Library of Congress Catalogue Card Number: 82-082502

Contents

✢ Introduction ✤

THE PAPERS WHICH COMPRISE this volume were delivered at an international symposium celebrating the quadricentennial of the birth of Francisco de Quevedo, held October 16-18, 1980 at Boston University. It was the culmination of a series of activities organized in the Boston area to commemorate this singularly important occasion. Supported by a generous grant from the Joint Spanish-American Committee for Educational and Cultural Affairs and coordinated by a committee made up of representatives from a wide range of colleges and universities of the New England area, the celebration also included lectures at the University of Massachusetts (Boston), the Boston Public Library, and Harvard University, as well as book exhibits at the Houghton and Widener libraries of Harvard and from the Ticknor Collection of the Boston Public Library.

As the reader will surmise very quickly from the uniform level of excellence of the pieces that follow, those who came to pay tribute to Don Francisco took their task very seriously. Indeed, it was one of those all too rare occasions in which every speaker has substantial insights, one of those privileged affairs in which those in attendance receive an entire education on the subject in question. Though one might be moved to observe that this was to be expected given the distinguished group of critics and scholars assembled, anyone experienced in attending conferences of this sort knows that a brilliant roster of speakers is no guarantee of brilliant results. For this reason, each of the participants deserves congratulations for having striven to make a contribution worthy of the event.

When dealing with a writer whose œuvre is so vast and variegated as Quevedo's, there are sure to be lacunae in any attempt to do it justice. Here, too, do such lacunae no doubt exist. When we take into account, however, that the participants (with one exception, which I will discuss later) were free to choose whatever topic they wished, it is truly surprising that so many different aspects of Quevedo were, in fact, treated. Yet perhaps even more gratifying that the ample coverage was the rich medley of critical perspectives in evidence—still another reason for referring to the Symposium as an entire education. In the necessarily few pages that follow I will attempt to provide a brief "preview" of what the reader can expect to find in these methodologically disparate (though often complementary) views of Don Francisco and his works.

II

The intriguing (and fundamental) question of Quevedo's stance toward the startling array of literary genres he practiced is the subject of Claudio Guillén's paper, "Quevedo y los géneros literarios." After asserting—somewhat polemically—that Quevedo's roots really lie within the Renaissance, no matter how quintessentially Baroque he may seem to us, Professor Guillén goes on to suggest, apropos of a comment by Quevedo himself, that rather than the notion of "literature" or "poetry," it is that of "writing" ("escritura") which is at the heart of his literary system. Once this attitude prevails, an immense panorama of forms of social communication, of linguistic codes, becomes "fair game" for the writer. In Quevedo this leads, for example, to his numerous ingenious forays into the language of governmental institutions (e.g., his burlesque "pragmáticas") on one end and that of the "jaques" of the underworld on the other.

The significant presence of the burlesque in our author constitutes for Guillén yet another key indication of the latter's approach to genres. Affirming that the true targets of burlesque praxis are the genres themselves, that is, in their role as the "institutions" of literature, Guillén claims that in Quevedo "todo sucede como si la actitud burlesca permitiese anular la sumisión del estilo al género" (p. 6). Again, the accent falls on "l'écriture" itself, on the possibility of freeing language, of turning it inside out in a ludic free-for-all. Such play on established forms does mean, of course, that a certain "pre-programmed" direction will inform its movement; nonetheless, the true role of the genre in question is that of a springboard: "El género es un verdadero pretexto: lo que abre las puertas del nuevo texto y de determinado estilo" (p. 7). Pushing this notion even further, Guillén suggests that basically the same phenomenon is behind Quevedo's incursions into the marketplace of genres even in his more "serious" moments: "Así las cosas, la diversidad genérica de Quevedo... es, por decirlo así, utilitaria, y no es signo de una finalidad representativa. [...] La

multiplicidad de modelos sería para Quevedo la invitación, el tránsito, el instrumental necesario para poder abordar toda la gama de
los estilos, para llevar a cabo su infatigable exploración del lenguaje" (*ibid.*).

In sum, it is what Guillén felicitously calls the "dinamismo del
tenso, hiperbólico proceso retórico" (p. 12) that is the protagonist,
as it were, of Quevedo's *œuvre*. In delving into what produces this
dynamic rhetorical tension, he points to the paradoxical fusion of
amplification and conciseness, one which recalls for him the style
of Nietzsche (a writer whose affinities with Quevedo surely merit
further attention).

In "Language and Reality in Quevedo's Sonnets" (which admirably served to inaugurate the Symposium), Elias Rivers asks
the vital question of why Quevedo continues to provoke such a
strong reaction in us today, four centuries after his birth. Rather
than his ideas or themes as such, it is the "linguistic substance" he
gives them that fascinates us, his own obsession with the different
registers of spoken and written Spanish which still bewitches.

Professor Rivers provides a solid introduction to Quevedo's
self-conscious sallies into the labyrinths of language by examining
four sonnets drawn from different areas of his poetic production:
the metaphysical, the erotic and the burlesque. An important
conclusion reached in the process is that if there is a single over-
arching theme in Quevedo, it is the "anguished tension between
'matter' or nature, which for him was simultaneously attractive
and repugnant, and 'spirit' or culture, which for him represented
an ultimate, but difficult, truth" (p. 22). Poetically this tension
results in what Professor Rivers aptly calls "an anguished consciousness of radical ambiguity imposed upon the world's body by
human culture" (p. 23). It might be added that this, too, constitutes
part of that modernity so many critics have seen in our author.

Quevedo the "reescritor" (to use Claudio Guillén's term) is, in a
sense, the subject of Gonzalo Sobejano's "La imaginación nocturna
de Quevedo y su 'Himno a las estrellas.'" The first part of this
sensitive and articulate reading of one of Don Francisco's best
efforts involving the poetic form of the *silva* is comprised of a
subtle probing of the differences between it and its model, a poem
by Marino. Asserting that any exercise in *imitatio* should be judged
"primero, en la asimilación peculiar del modelo, y segundo, en la
coherencia que el nuevo fruto así logrado guarde con la totalidad
de lo escrito por el imitador o re-creador" (p. 44), Sobejano shows

how Quevedo transforms a religious poem, propelled by a rapid, exultant pulse, into an amorous and ethico-political one, characterized instead by a slow and melancholy rhythm.

In the latter part of his essay, Professor Sobejano studies the other area on which imitations are to be judged—again, with an outcome favorable to Quevedo. For the "Himno a las estrellas" proves to be yet another example of the latter's poetic preoccupation with the theme of night, found reworked in different ways in a variety of contexts. Those that concern Sobejano most in this paper are his *silvas* and *canciones*, and more specifically, the ones in which the voice with which the poet speaks is, in his opinion, substantially less fictionalized that it often is. Here the voice is either that of the penitent, the believer, or the lover, and each has its own characteristic image of night with which it interacts. Following a discussion of interesting examples from these different spheres of expression, Sobejano concludes by suggesting that Quevedo's evocation of night is distinguished by a "tensión entre la noche *primera* de la muerte y del olvido y la noche *otra*: esa noche en que no se encuentra la muerte, en que el olvido se olvida, en que la memoria no alcanza reposo" (p. 55).

In an analysis that is in many ways as ingenious as the work it studies, Maurice Molho provides us with a new understanding of Quevedo's well-known "Erase un hombre a una nariz pegado." It is precisely on the issue of the poem's "ingenio" that his interpretation differs from some of the more consecrated ones, for rather than focusing on it as wit more or less for its own sake, Molho sees it as wit at the service of Quevedo's ardently obsessive anti-Semitism. Hence, the essay's provocative title: "Una cosmogonía anti-semita: 'Érase un hombre a una nariz pegado.'"

Professor Molho begins his reading by presenting the reasons —sound, I might add—for which he believes the González de Salas text is the authentic version of the poem rather than the one offered by José M. Blecua in his critical edition of Quevedo's poetry. The brunt of his argument ultimately rests on the assertion that Blecua's version destroys the symbolic sub-structure of the sonnet. For instead of an example of Spitzer's "enumerative chaos," the many elements named tightly cohere in a coded "lesson" on Jewish history, one in which the nose described represents "la misma judaicidad deicida" (p. 68).

Molho reaches this nonplusing conclusion through a keen disassembling of the metonymic operation by which the man is reduced to the level of a nose (or "man-nose"), after which he methodically uncovers the mythical, historical and ideological connections of the seeming hodge-podge of metaphors that are used to depict that nose. Nor is Molho reluctant to employ psychoanalytical tools in his attempt to analyze the current of aggression which crackles through the poem. Although the brilliantly hybrid approach utilized in this paper may make some uneasy, there can be no doubt that this sonnet—about which many thought there was nothing more to say—will never be read in quite the same manner.

While there have been numerous (and acute) studies of many aspects of Quevedo's prose style, the entire area of traditional rhetoric called *compositio* has been relatively neglected according to Luisa López-Grigera. Setting out to correct this imbalance, her "La prosa de Quevedo y los sistemas elocutivos de su época" not only opens up some very suggestive inroads into this enormous and complex subject by dint of close analysis of specific passages, but also provides a marvelous synthesis of the development of rhetorical styles in Spain in the sixteenth and seventeenth centuries. Her point of departure for the latter is the research of Morris Croll on the evolution of vernacular prose in Northern and Central Europe, research which led her to ask whether similar patterns might be found in Spain. The story which results from her own study is one in which the so-called "humble" or "Attic" style (exemplified well in the *Lazarillo*) slowly triumphs over the lushly rounded style of Cicero—that is, essentially the same that occurred in the rest of Europe.

As for Quevedo himself, López-Grigera carries out another creditable labor of synthesis, diachronically tracing "las principales modalidades estilísticas de la prosa de Quevedo" (p. 93). Although she is perhaps right in saying that her paper is mostly a road-sign pointing in the direction of what remains to be done, the analysis she does offer us will certainly act as an example for those that take up this arduous enterprise. Particularly significant, in this sense, is her scrutiny of the rhythmic and syntactical organization of a passage from the prologue of the *Sueño del Juico Final*. That the variety of analysis she employs in her essay could help to solve some of the thornier problems of the chronology of Quevedo's works becomes evident in her comments on aspects of *El Buscón*: indeed, the case for choosing one date over another for the composition of this work should probably be made on the basis of its "tejido lingüístico-retórico" (p. 95) rather than on historical allusions in the text.

The development of narrative strategy in Quevedo's best-known satirical tracts is the subject of Harry Sieber's instructive "The Narrators in Quevedo's *Sueños*." Although he concentrates on just three of the series, it is because "these are sufficient to illustrate the development of the narrator, as formal literary device, as social commentator, and, finally, as credible authority" (p. 102). After noting that one of Quevedo's prime targets throughout his life was the fictionalization of reality, the hiding of it behind an artful façade, Sieber begins to study the ways he uses fiction to produce the reverse effect: to reveal reality as it truly is, stripped of the innumerable deceitful layers that humanity uses to disguise it. The earliest efforts to do so consisted of the mock governmental documents ("aranceles," "premáticas," etc.) which flog society's vices and use of subterfuge; here no dramatized narrator is necessary, and a sense of authority is inherent in the very formulas employed for satirizing. But these ultimately proved too limited in scope for Quevedo's purposes, thus moving him to experiment with other approaches, including the first-person narrative form of the *Sueños*.

How Quevedo deals with the problem of building authority or credibility for his first-person narrators is perhaps the main concern of the analysis that follows. The problem is most acute, of course, in *El alguacil endemoniado,* where the narrative duties are shared by the devil inhabiting the body of the "alguacil": Why, in brief, should we believe anything an agent of Satan has to say? While Quevedo maneuvers around this obstacle with skill, it would almost seem in response to the loose ends remaining in this *Sueño* and the preceding one (i.e., the *Sueño del Juicio Final*) that he develops the strategy for the third in the series, the *Sueño del Infierno*. Here "Quevedo" is guided by a guardian angel under the aegis of divine Providence, conferring a legitimacy on that which he sees which had only tentatively been developed earlier; the narrative voice, moreover, becomes ampler, more varied, as it displays a greater range of human emotions and analytical prowess. Yet another interesting part of Professor Sieber's analysis deals with the way Quevedo distances himself from the social criticism he makes through several strategies, playing, as it were, "hide-and-seek behind the powerful insitutions that controlled his life and society" (p. 115).

In a highly perceptive and intricate critical effort Gonzalo Díaz-Migoyo examines the problematical interaction of ethics and epistemology—prime concerns of the neo-Stoical and sceptic schools of thought then in vogue in Europe—evidenced in one of Quevedo's more intriguing *Sueños, El mundo por de dentro*. Rather than intellectual history *per se*, however, Díaz-Migoyo's principal concern is "la dimensión semántica de las ficciones del discurso literario, esto es, la significancia de la palabra literaria y su necesario fundamento en el engaño confesado, en la ficción evidente" (p. 117).

Having pointed out the affinities between the rhetorical strategy announced in one of the letters introducing *La cuna y la sepultura* and a passage from the ending of *El mundo por de dentro* (in which the salutary use of "engaño" is defended), Díaz-Migoyo proceeds to survey with insight the three main segments of the narration, all of which—he insists—share the same theme: "... se repite en cada una de ellas, en distinta clave, la misma función reveladora del engaño en las apariencias del mundo" (p. 121). Among the highlights of his discussion is his inquiry into the way the text brings into relief the "semiotic" quality of human behavior (to such a degree that one of the characters merits being called a "máquina significante"), the proper "decoding" of which is what "Desengaño," the master decoder, is trying to teach the protagonist (and us, the readers).

The effect such "proper readings" have on "Quevedo" is so dizzying that the work *ends* with his falling asleep, a detail which leads Díaz-Migoyo to refer to *El mundo por de dentro* as an "antiphonal counterpart" of those three *Sueños* in which the reverse happens. Fleeing from a world whose "truth" turns out to be that it is all a fiction, "Quevedo" takes refuge in the world of sleep, also the realm of dreams—that realm we customarily take to be "unreal." Confronted with such paradoxes, the reader begins to lose his balance in the end, falling—it would seem—into "las arenas movedizas de una dialéctica infinita" (p. 137). In concluding, Díaz-Migoyo asserts that "la calle de la Hipocresía, teatro del espectáculo de este texto, es, ni más ni menos, un escéptico callejón sin salida en el que nos vemos forzados a caminar sin encontrar nunca el fondo ciego capaz de detenernos" (*ibid.*)—an appropriate summation of a work whose ideological thrust is so in line with that of the Spanish Baroque in general.

Erasmus is not a name that comes up often in criticism on Quevedo. Although the great Marcel Bataillon did point to some areas of contact between the two, no one has really pursued a systematic comparative study. It is one important part of this enterprise that Antonio Vilanova has very ably taken on in his "Quevedo y Erasmo en el *Buscón*." Rather than focusing on the treatment of religious and clerical matters, as did Bataillon in a brief series of comments in his *Erasmo y España*, Professor Vilanova examines the many parallels between our author's classic picaresque novel and Erasmus's colloquy entitled *Ementita nobilitas*. Apparently composed in 1525, this work is a dialogue between a lower-class young scoundrel, named Harpalo, and Nestorio, an older man who is wise in the ways of the world, particularly those having to do with passing oneself off as something one is not; indeed, precisely the art of impersonating a nobleman is what Nestorio proceeds to teach Harpalo in the conversation that ensues.

And it is here in the set of tactics and stratagems for achieving ersatz nobility that Vilanova discovers surprising similarities with Pablos's career, to the point where Erasmus's work would almost seem a blueprint of Quevedo's. From wearing the appropriate attire to flashing gold before the eyes of others—virtually the entire arsenal of ruses advocated by Nestorio find their way, albeit transformed at times, into *El Buscón*. For Professor Vilanova, Quevedo most likely would have been led to Erasmus's works because the two ultimately shared similar concerns: "... la idea central de la agria novela picaresca de Quevedo... responde más bien a la honda preocupación sociológica y moral que inspira buena parte del *Moriae Encomium* y de los *Coloquios familiares* de Erasmo" (p. 141). While some may be led to argue that Quevedo did not have "muy fresco en la memoria el recuerdo de las múltiples artimañas, imposturas y engaños, recomendados por Erasmo en *Ementita nobilitas* para simular una falsa nobleza" (p. 167) when composing his picaresque masterpiece, Vilanova's cogent essay should, nevertheless, prompt Quevedo scholars to look further into the possible links between these two great humanists, so clearly different in temperament, but so adverse to so many of the same human frailties and vices.

Arnold Rothe's "Comer y beber en la obra de Quevedo" not only serves up a substantial—perhaps "meaty" would be better—introduction to the lamentably neglected area of the gastronomical culture of Spain's Golden Age, but uses his investigation of its appearance in Quevedo's *œuvre* to construct a highly original—and very provocative—theory about the author himself. Divided into two major segments, the essay first delves into the plentiful mentions of food and drink throughout Quevedo and convincingly shows how they reflect the peculiarities of the Castilian diet (together with its ancillary array of ideological associations). In the second part, Professor Rothe studies how the matter of eating and drinking (including its natural counterparts, hunger and defecation) is refracted in a manner that encourages speculation about Quevedo's socio-psychic makeup.

Noting that meals presented as a simple source of physiological pleasure or as an opportunity for human communication are underrepresented in Quevedo's works, while the abuse or negation of food in the form of drunkenness, violent orgies, hunger and defecation—is overrepresented, Rothe first examines the possible roots for this phenomenon in Quevedo's neo-Stoic or ascetic ideology. But as his scrutiny goes deeper into such murkier areas as Quevedo's patent scatological obsession, allusions to cannibalism, etc., we leave the sphere of ideology *per se* and explore, from a Freudian perspective, dimensions of Quevedo's psychology. While many will be upset with Rothe's conclusions (especially the hypothesis, though guarded, about Quevedo's possible homosexual inclinations), the approach he uses to arrrive at them is sufficiently well-grounded that they deserve serious consideration. This is particularly so since Professor Rothe also feels that certain facets of his analysis could well be applied to the entire class to which Quevedo belonged (i.e., the lower aristocracy).

The fascinating story of Quevedo's relationship with the man who helped to cut short his days on earth is the subject of John Elliott's splendid "Quevedo and the Count-Duke of Olivares." The author is surely right in saying that neither of the two careers can be fully comprehended without taking into account the other. While Quevedo's affiliation with the Count-Duke is most often portrayed as being inspired principally by cynical self-interest, Professor Elliott believes that the writer was also drawn to the statesman by a sincere conviction that the latter represented a true chance for renovation after the indecisive and corruption-ridden years of Philip III's reign; furthermore, he feels that the affinity was also grounded on the ideological predilection the two shared for neo-Stoic philosophy, particularly that of Justus Lipsius. As for Olivares, political considerations probably played a major role in his decision to recruit this prickly genius into his inner circle. For although he may actually have admired his talent as a writer *per se,* he also obviously realized that it could be put to good use in the polemical battles usually surrounding his various projects. At the very least, it would help to guarantee that Quevedo's satirical cannons would not be turned against him (an eventuality not to be taken lightly).

However, Quevedo's collaboration did not, in fact, consist merely of a comfortable silence: to the contrary, in the late twenties and early thirties, Quevedo became one of the principal architects of the defense of Olivares against the many attacks raining down on him. That Quevedo was very likely in close proximity to Olivares at this time is suggested to Elliott by the similarity between the language used by the character representing Olivares in Quevedo's play, *Cómo ha de ser el privado,* and that typically employed by the *privado* himself. Though certainly no dramatic masterpiece, this play (whose date of composition Professor Elliott pushes up to 1629) is an intriguing historical document which helps to illuminate the Quevedo-Olivares relationship.

The decline and fall of that relationship is also skillfully explicated by Professor Elliott. Conjecturing as to the reasons behind the disaffection (whose symptoms begin to appear in the period of 1634-1635), the distinguished historian points to what he calls the *style* of the Count-Duke's government rather than specific policies. More kingship rather than less is what Quevedo seems to want, and with Olivares at the real helm of power, this would be impossible.

In probing this whole process of alienation, Elliott suggests that Quevedo's friendship with the Duke of Medinaceli deserves greater attention. An important document he brings to light in this paper—a report from a French agent active in Madrid at the time—indicates that the Duke's house was a gathering spot for court figures who were thoroughly disenchanted with Olivares. Professor Elliott says that it would not be surprising if French agents had access to Medinaceli's house, which brings us squarely to the matter of Quevedo's possible collaboration with these enemies of Spain.

As for the validity of the accusation of treason found in the Olivares letter he unearthed some years ago, the historian feels that the Count-Duke probably did, in fact, have damning evidence of some sort, although the question remains as to whether it was planted by one of Quevedo myriad enemies at the court, or whether it really amounted to anything substantial. He proceeds to point out that both Frenchmen and Spaniards were actively striving to bring down the prime minister of the opposing country (Richelieu in the case of France). Would it be unthinkable for Quevedo to listen, at least, to overtures from the French, particularly if they gave any hope of ridding his homeland of what he now considered a scourge? Elliott thinks not, despite the horror that it may arouse in the hearts of those who believe Quevedo to be the epitome of the arch-patriot.

When plans began to take shape for celebrating the Quevedo quadricentennial, one of the first names which came, for obvious reasons, to the minds of the Committee was that of Raimundo Lida. Tragically (and with an irony he surely would have appreciated), Don Raimundo was unable to enrich this commemorative event. Instead, his untimely death in the summer of 1979 cast a very perceptible pall over the proceedings a year later. What, after all, was a symposium dedicated to Quevedo without this man who had spent much of his lifetime educating us, in magnificent fashion, about so many facets of his works? Worse yet, the event was being held only a short distance from the place where Lida lived and taught for the last decades of his life.

To Constance Rose, member of the Organizing Committee and a pupil of Don Raimundo, fell the very sad duty of presenting a homage to this master interpreter of Quevedo. Admirably synthesizing the wide range of his writings on the Golden Age figure from whom he was so different in many ways (and so alike in others), she follows the trajectory of his critical interest—first, in the doctrinal, political and philosophical works, later, in his prose satire—through to its all too early conclusion. On hearing this paper delivered, one could not help wondering what new insights, what further illuminations of the intricacies of Quevedo's verbal artistry, Don Raimundo would have been able to contribute during those days. All in all, a very melancholy experience indeed.

III

This introduction would be woefully incomplete without recognition of those who helped to make the celebration of the Quevedo quadricentennial possible. First, the members of the Organizing Committee: Germán Bleiberg (SUNY, Albany), Rodolfo Cardona (Boston University), Alberto Castilla (Mount Holyoke College), Gonzalo Díaz-Migoyo (now of the University of Texas,

Austin), Manuel Durán (Yale University), Stephen Gilman (Harvard University), Erna Berndt Kelley (Smith College), David Kossoff (Brown University), Juan Marichal (Harvard University), Francisco Márquez Villanueva (Harvard University), Ricardo Navas-Ruiz (University of Massachusetts, Boston), Julián Olivares (now of the University of Houston), Margery Resnick (Massachusetts Institute of Technology), and Constance Rose (Northeastern University).

The name I have saved for last, because of the special mention it deserves, is that of Fernando Perpiñá-Robert, Consul General of Spain in Boston, and Honorary Chairman of the Organizing Committee. Since the term "Honorary Chairman" often evokes a mere figurehead, it is completely misleading in Fernando's case. Far from having just a ceremonial presence on the Committee, he gave unstintingly of his time and effort to make the Quevedo celebration a success. In my role as Secretary of the Organizing Committee, I would like to thank him publicly on behalf of its members for his unequaled contribution.

Also highly deserving of special acknowledgement are the two members of the Committee who shared with me the labor of organizing the Symposium *per se*: Gonzalo Díaz-Migoyo and Francisco Márquez Villanueva. To Rodolfo Cardona, my colleague at Boston University, would I like to extend my thanks for his sage advice and ungrudging effort in helping to coordinate the Symposium; also, to the many other faculty, staff and administrative members of Boston University whose cooperation with this venture made its realization all the more pleasant.

Last, and by no means least, on behalf of the entire Committee I would also like to express gratitude to the Joint Spanish-American Committee for Cultural and Educational Affairs for the liberal financial support it has given not only for mounting the entire Quevedo commemorative celebration, but also for the publication of the proceedings of the Symposium.

JAMES IFFLAND

BOSTON UNIVERSITY

Quevedo y los géneros literarios

CLAUDIO GUILLÉN

O SÓLO NOS DESLUMBRA la palabra de Quevedo, en el instante de la lectura. Cuando contemplamos el conjunto de su obra, su diversidad y amplitud nos asombra. Cualidades que, más que nada, saltan a la vista cuando se observa el número de géneros literarios cultivados por él. Variedad que no sabemos bien si es signo de un orden o de una dispersión, de una suma o de una heterogeneidad. Y difícil es no interrrogarse: ¿aquella literatura, tan extensa y compleja, implicaba o reflejaba un mundo?

Soñó Pico della Mirandola, en la época heroica del humanismo italiano, con la conciliación de todos los saberes. Ya en Florencia, el joven sabio anhelaba la concordancia de Aristóteles y Platón, y meditó con fervor sobre el grandioso sincretismo de la Cábala. Su obra entera supone el principio de que, bajo todas las doctrinas, hay una veta de ideas comunes, compendiada en la eterna verdad de la religión cristiana. Es filósofo quien oye esa armonía superior y cumple así la misión perfeccionadora del hombre, "nodo unificatore del mundo."[1] Evoquemos asimismo a aquel humanista extravagante, hebraísta y arabizante él también, Guillaume Postel, autor de *De orbis terrae concordia* (1544) y de otros escritos donde se postula que la unificación de todas las cosas es la primera intención de Dios.[2] Resume Garin que el Renacimiento fue, por lo general, una edad de fermentación, más que de equilibrada síntesis.[3] Digamos

---

[1] Cf. Giovanni Semprini, *La filosofia di Pico della Mirandola* (Milán, 1936), p. 25.

[2] Cf. William J. Bouwsma, *Concordia Mundi: The Career and Thought of Guillaume Postel* (Cambridge, Mass., 1957).

[3] Eugenio Garin, *Il Rinascimento italiano* (Milan, 1941).

que, frente a aquella plétora de textos, autoridades, redescubrimientos, reediciones y florilegios, facilitadas por la imprenta, de prestigios que poner a prueba, de disyuntivas que afrontar, de modelos de conducta y de escritura, ante aquel laberinto, el escritor ecléctico, o el escéptico, o el tratadista cristiano, anhelaría al menos un hilo de Ariadna.

Tengo por evidente que las raíces de la obra de Quevedo, por muy barroca que nos parezca, se hallan en el impulso histórico que llamamos Renacimiento. Mientras tanto han llegado a predominar en la Península la ortodoxia postridentina y el absolutismo de los Austrias. En España, el encuentro de un ímpetu creador y renovador con las circunstancias propias de lo que denominó Américo Castro una "edad conflictiva" origina resultados artísticos sorprendentes, extraordinarios. Agridulce paradoja histórica que no me toca elucidar aquí, si bien conviene tener presente el carácter excepcionalmente heterogéneo y centrífugo de la sociedad española del siglo XVII. En la Italia de la Contrarreforma, el Tasso y sus sucesores padecen la capacidad de absorción de las cortes y de las academias. Al menos prevalece en la historiografía italiana desde De Sanctis esta insistencia en el triunfo, literariamente mortífero, de la norma, la preceptiva y el código.[4] No así en España, donde ni Cervantes ni Mateo Alemán, "burgueses" marginados, ni Quevedo, aristócrata precario, acaban siendo cortesanos o académicos. No es menos cierto que la tendencia a la codificación, que caracteriza la segunda mitad del siglo XVI, conduce a la producción de numerosos libros de diferente índole, desde la jurisprudencia hasta la esgrima, desde la *Nueva Recopilación* (1567), el *Concejo del Príncipe* de Furió Ceriol (1559) o la *Filosofía vulgar* de Mal Lara (1568) hasta las retóricas de García Matamoros y el Brocense, el *Galateo español* de Gracián Dantisco (1593) y las poéticas de Díaz Rengifo y el Pinciano. Sin semejante tendencia acaso no hubiera sido posible la interacción entre precepto y comportamiento, entre norma y voluntad de destino, que es uno de los motores principales del *Quijote*; ni el dramatismo moral de *Guzmán de Alfarache*; ni la tensión del enfrentamiento de Quevedo con la casi totalidad de los géneros literarios de su tiempo.

¿Casi totalidad? Apuntemos lo que falta o escasea. La tragedia. Las modalidades de lo pastoril, que Cervantes y Lope de Vega culti-

---

[4] Cf. Francesco De Sanctis, *Storia della letteratura italiana* (Bari, 1949), II, cap. XVII.

varon. El poema épico, en que Lope también se ejercitó. Ahora bien, nótese que las particularidades de forma o de temática que tales géneros hubieran requerido sí aparecen, ya de manera positiva, ya invertidas mordazmente, bajo la pluma de Quevedo. Aludo, en prosa, al extenso comentario del Libro de Job, *La constancia y paciencia del santo Job* (1641), que Quevedo introduce con unas palabras que no tienen desperdicio, pues ponen bien de manifiesto la flexibilidad de su criterio: "este libro (llamémoslo así) es en cierto género un poema dramático, una gravísima *tragedia*, en que hablan personas dignas de ella, todos reyes y príncipes; el lenguaje y locución digna de coturno; magnífica y decorosamente grande"⁵ (los tres rasgos aducidos por Quevedo son evidentemente neoaristotélicos, aunque falten otros: personajes, dicción, magnitud). Recordemos, en verso, la sobria gravedad—digna de los dramas cristianos de Racine—de las paráfrasis de las lamentaciones de Jeremías, como la que corresponde al *Aleph*:

> Aprended, poderosos,
> a temer los castigos
> de Dios omnipotente;
> pues hoy Jerusalén, viuda y sola,
> os enseña llorosa en lo que paran
> grandezas mal fundadas de la tierra.⁶

O al *Res*:

> Mira, Señor, mi corazón cansado,
> que a los pies del dolor rendido yace;
> toda tristeza soy, pues que no hallo
> ningún lugar sin miedo;
> el temor me acompaña a toda parte;
> afuera me amenazan
> los filos enemigos,
> sedientos de mi sangre,
> y dentro de mí misma,
> mil domésticas muertes disfrazadas.⁷

Reléanse la paráfrasis del *Cantar de los cantares*, "En una valle de mirtos y de alisos"—

---

⁵ *Obras en prosa*, ed. L. Astrana Marín (Madrid, 1941), p. 1187. (Edición indicada más adelante por Astrana.)

⁶ *Lágrimas de Hieremías castellanas*, ed. E. M. Wilson y J. M. Blecua (Madrid, 1953), p. 38.

⁷ *Ibid.*, p. 139.

> No hagáis caudal de mi color moreno;
> que el sol tiene la culpa en estos llanos,
> pues me hicieron guardar el pago ajeno,
> a poder de amenazas, mis hermanos—[8]

y el "Poema heroico a Cristo resucitado," auténtico ensayo, en octavas reales, de un estilo épico y también cristiano, como en el Tasso y sobre todo Camoens:

> Temblaron los umbrales y las puertas
> donde la majestad negra y obscura
> las frías desangradas sombras muertas
> oprime en ley desesperada y dura;
> las tres gargantas al ladrido abiertas,
> viendo la nueva luz divina y pura,
> enmudeció Cerbero y, de repente,
> hondos suspiros dio la negra gente.[9]

Reléanse la paródica imitación, burla burlando, de Boyardo, el "Poema heroico de las necedades y locuras de Orlando el enamorado"—

> Canto los disparates, las locuras,
> los furores de Orlando enamorado,
> cuando el seso y razón le dejó a escuras
> el dios enjerto en diablo y en pecado;
> y las desventuradas aventuras
> de Ferragut, guerrero endemoniado;
> los embustes de Angélica y su amante,
> niña buscona y doncellita andante—,[10]

las caricaturas de la moda morisca y otras diversiones, o inversiones, literarias. Cierto es que Quevedo, si atendemos a las clasificaciones de las artes poéticas de la época, abarca toda la gama de modelos, sea mediante la voz lírica, la narrativa, o la dramática. Pero conviene destacar al respecto tres circunstancias fundamentales.

La concepción de lo literario, en primer lugar, ha de dar cabida

---

[8] "Cantar de Cantares de Salomón," en *Obra poética*, ed. J. M. Blecua (Madrid, 1969-71), I, p. 382. (Edición citada más adelante como Blecua.)

[9] *Ibid.*, I, p. 342.

[10] *Poema heroico de las necedades y locuras de Orlando el enamorado*, ed. M. E. Malfatti (Barcelona, 1964), p. 55.

aquí a un espacio mucho más amplio del que suelen deslindar las poéticas tradicionales. Un primer círculo concéntrico, si se otea la obra de Quevedo, contiene aquello que suele considerarse, con Aristóteles, "poesía" y no "historia" ni pensamiento. (Aún así, reduciéndonos al verso, las formas son copiosas: canción, silva, octava, décima, romance, sátira, epístola, fábula, epigrama, letrilla, glosa, elogio, epitalamio, endecha, elegía, epitafio, túmulo, idilio, madrigal, himno, salmo, enigma, ciclo de sonetos...) Un segundo círculo de mayor extensión admite los géneros tradicionales de expresión en prosa: tratados, discursos, biografías, aforismos, narraciones y ficciones. Se adopta ahora la idea retórica de estilo cultivado y consciente, tal como se halla, por ejemplo, en Quintiliano, para quien eran admirables modelos de estilo no sólo Homero y Píndaro sino Tucídides y Platón (*Inst. Orat.* X.1.81). Pronto volveré sobre esta distinción, pero nótese que la ampliación es decisiva. Con motivo del *Rómulo* de Malvezzi, afirma el Quevedo crítico con entusiasmo: "es un libro donde es inmensa la *escritura* y corta la lección...."[11] He aquí tal vez el centro de gravedad (o de donaire) de su propio quehacer: no la idea de literatura—o de poesía—sino la de escritura, la de una efectivamente inmensa escritura. Cruzada ya la frontera que separa una concepción de la otra, se ofrece un vastísimo círculo a cuantos cauces de comunicación se abrían camino en la sociedad de la época, susceptibles todos ellos de transmutación en escritura individual. Leyes, pragmáticas, decretos, memoriales, aranceles, capitulaciones, que remedan el lenguaje del poder estatal y de sus principales instituciones. Caricaturas del saber y la erudición, como *Gracias y desgracias del ojo del culo,* burla de la disertación pedante. Jácaras, bailes, romances de germanía, con su aprovechamiento del *argot* de los delincuentes. Quevedo, "valentón de las letras"—así le llama Raimundo Lida—, sabe que escribiendo son lícitas muchas audacias. Puede convertirse la escritura en el terreno privilegiado no de la sumisión sino del desahogo, la venganza, la euforia, la amargura, la acusación. No se trata tanto de reflejar verbalmente el sistema de clases sociales como de permitir la mayor apertura de compás posible, embromar sistemas, deshacerse de las trabas institucionales del habla, soltar las riendas del lenguaje.

Es obvio, en segundo lugar, el espacio considerable que ocupan en la obra de Quevedo las composiciones burlescas. El género en

---

[11] Astrana, p. 1399.

estos casos, como el tema, es una oportunidad, no una obligación. Aquello que se presta en cierto momento a usos positivos, como el romance amoroso—

> Después que te conocí,
> todas las cosas me sobran:
> el sol para tener día,
> abril para tener rosas—,[12]

inspirará en otra ocasión la parodia del romancero viejo, tratándose por ejemplo del "mal francés"—

> Cata a Francia, Montesinos,
> si te pretendes pelar—,[13]

o hasta de la figura del Cid.[14] No creo que se trate de meros juegos pasajeros, ni que la postura burlesca sea secundaria en Quevedo. Es significativo el desenfado con que Quevedo aborda las instituciones de la literatura, que son los géneros. Pues el blanco de la actitud burlesca es la poesía misma, la poesía establecida, o sus formas y convenciones. Cuando Berni pinta la mula de Florimonte, el fin de la burla no es el pobre cuadrúpedo sino el prestigio y el estilo de Petrarca. Así, en el "Poema heroico" de Quevedo el objeto de la imitación—por decirlo con términos de la época—no eran los disparates de Orlando amando sino los de Boyardo escribiendo, y los del poema épico moderno en general. Tampoco en esta ocasión es original la elección del tema, pues Berni y Aretino ya se habían mofado del *Orlando innamorato*.[15] Pero sí lo es, infinitamente, el lenguaje de Quevedo, desencadenado y liberado completamente por el juego paródico. Años después Schiller explicaría que el ejercicio lúdico coincide muchas veces con el artístico. En Quevedo todo sucede como si la actitud burlesca permitiese anular la sumisión del estilo al género. Parece que al escribir su "Poema heroico" Quevedo descubre que, libre, puesto a hacer lo que se le antoja con las palabras, surgen logros positivos, inesperados aciertos poéticos:

> Empezó a chorrear amaneceres
> y prólogos de luz, que el cielo dora... (I, 433-434).

---

[12] Blecua, I, p. 423.

[13] *Ibid.*, II, p. 285

[14] Cf. Blecua, III, p. 56.

[15] Cf. *Poema heroico...*, pp. 13 ss.

Rizando el rizo, la parodia se supera a sí misma y se vuelve constructiva:

Encantados se quedan los encantos;
hechizados se quedan los hechizos. (I, 881-82)

Decía antes que Quevedo supedita la literatura a la escritura. Ejemplo extremo de ello es la composición burlesca, donde hay, más que subordinación, demolición y, en resumidas cuentas, triunfo del lenguaje eufórico, desbocado, jactanioso, desafiante, libre:

Se majan, se machucan, se martillan,
se acriban, y se punzan, y se sajan,
se desmigajan, muelen y acrebillan,
se despizcan, se hunden y se rajan,
se carduzan, se abruman y se trillan,
se hienden, y se parten, y desgajan... (II, 369-374).

Generalmente, sin embargo, la reescritura va encauzada por la escritura previa. El género es un verdadero pretexto: lo que abre las puertas del nuevo texto y de determinado estilo.

Pues venimos advirtiendo, en tercer lugar, la estrecha relación que existe entre género y estilo (relación que la inversión o el desahogo del poema burlesco no logra—carnavalescamente, diría Bakhtin—sino subrayar). Lo característico de Quevedo es la primacía de la escritura (sobre la literatura) y del estilo (sobre el género). Pero primacía supone vinculación y hasta dependencia. No hallamos al interior de una misma obra la pluralidad de estilos que despliega el *Quijote*. Más bien se perpetúa la clásica concordancia (en que Auerbach apoyó su *Mímesis*) de cierto nivel verbal con determinado género. Esta conexión, evidente en lo grave o lo satírico, Quevedo no la rehusa ni siquiera al componer jácaras, indivisibles de la jerga de los maleantes. Así las cosas, la diversidad genérica de Quevedo, que da pie al presente artículo, es, por decirlo así, utilitaria, y no es signo de una finalidad representativa. Acaso sea fútil buscar en la variopinta amplitud genérica de esta obra tan vasta los componentes de un mundo—sea ordenado, sea ilusorio o incoherente. La multiplicidad de modelos sería para Quevedo la invitación, el tránsito, el instrumental necesario para poder abordar toda la gama de los estilos, para llevar a cabo su infatigable exploración del lenguaje.

Escritura y reescritura, indicábamos ya, van íntimamente unidas. Muchas veces el camino poético conduce directamente de la palabra a la palabra. Buen número de las obras de Quevedo, claro está, son comentarios. Así, la *Política de Dios*, que desenvuelve pasajes de los Evangelios, el *Marco Bruto* (Plutarco traducido y comentado, con injertos de Suetonio), *De los remedios de cualquier fortuna*, el *Anacreón castellano*, las *Lágrimas de Jeremías castellanas*, *La constancia y paciencia del santo Job*, la *Vida de San Pablo Apóstol*, y varios escritos más. Y la paráfrasis en verso del Padrenuestro.[16] Las letrillas y glosas en verso. A veces el punto de arranque es una selección: el pseudo-Séneca. Otras, van mezclados el texto traducido, la paráfrasis y el comentario. La secuencia más rigurosa procede probablemente de los comentaristas griegos de Aristóteles (la *Isagoge* de Porfirio, Ammonius): preámbulo, exposición, traducción, comentario.[17] Repásense las diferentes fases de acceso a las *Lamentaciones* de Jeremías que nos proporciona Quevedo: dedicatoria, advertencia, vida de Jeremías, aforismos sacados del alfabeto hebreo, y, para cada lamentación, traducción literal del texto bíblico (en que se apropia la versión judía de Ferrara), breve poema basado en el sentido talmúdico y hasta cabalístico de la letra hebrea, comentario en prosa, y paráfrasis extensa en verso blanco. Nos hallamos ante una tenaz serie de variaciones y más variaciones, una edificación que se construye sobre sí misma, un proceso de reescritura que no se sacia. En esta extraordinaria obra de juventud, actúa y se explaya aún el entusiasmo del humanista. El escriturario y el poeta se dan cita en el mismo fervor por el misterio de la letra y de las letras. No pidamos construcciones sistemáticas. A falta de sistemas, buenos son comentarios.[18] La profusión de proemios, prefacios, dedicatorias y colofones—muy quevedesca—coloca la imitación ante un auditorio preciso, capaz de apreciarla, y en un entorno social e histórico determinado. (Son como el asa de la jarra que, según Georg Simmel, sirve de transición entre la forma y la vida.) Explicaba Aranguren, a propósito de la *Política de Dios*, que Quevedo es un "re-pensador" que se dirige a unas circunstancias concretas.[19] Las palabras van disparadas hacia un público, y han sido previamente transformadas y potenciadas para él. He ahí la realidad primordial: el destinatario. En cuanto al origen, nadie, al fin y al cabo, inventa el

[16] Cf. Wilson y Blecua, *Lágrimas de Hieremías...*, p. cxxii.

[17] Cf. Neal W. Gilbert, *Renaissance Concepts of Method* (New York, 1960).

[18] Cf. José Luis Aranguren, "Lectura política de Quevedo," *Revista de Estudios Políticos*, 24 (1950), 159.

[19] Cf, *ibid.*, 157.

lenguaje; el habla brota del idioma existente, ya usado; y lo excepcional del reescritor Quevedo es su capacidad de transmutación, tan intensa como significativa, de la palabra ajena.

Este proceso de reescritura, en el caso de Quevedo, implica una consecuencia importante: el escritor desplazará al humanista. En efecto, recordábamos hace un momento algunos rasgos de lo que fuera el Renacimiento—la superabundancia de modelos, la dilatación acelerada del espacio de la cultura, las muchas interpretaciones, y las bifurcaciones y alternativas así creadas. ¿Cómo conciliar unas palabras con otras? ¿Qué caminos cabía elegir? "Il y a plus à faire"—confesaba Montaigne—"à interpréter les interprétations qu'à interpréter les choses" (III. 13). En Europa reverdecían el platonismo, el escepticismo, el estoicismo. Augustino Steuco (1497-1584) había buscado con su "filosofía perenne" el maridaje del pensamiento griego y la teología cristiana. Otros espigaban lo que podían en las compilaciones, esperando la luz momentánea de una sentencia de Cicerón, Plutarco o Luciano. Pues bien, el joven Quevedo, humanista en ciernes, sentiría también a Europa como a una espléndida herencia sin inventariar, sin ordenar, opulenta pero no reacia a la síntesis. "Gran ambición"—resume nuestra primera autoridad en la materia, Raimundo Lida,—"continuar en España la obra de Lipsio: vindicar a Homero y a Epicuro, cristianizar a los estoicos, conciliar la Biblia con los mejores frutos de la especulación pagana."[20] Un prurito de sincretismo anima al primer Quevedo. En su *Anacreón español*, de 1609, se utilizan las Sagradas Escrituras para iluminar los versos del secular poeta griego, con ansia, nos dice Lida, "de conquista e integración: de incorporar en la moderna cultura española la poesía y el saber de los antiguos, de armonizar los estudios profanos y los sagrados, la erudición grecolatina y la hebraica."[21] Sabido es que, ante todo, Quevedo atenderá a la convergencia del estoicismo con el Antiguo Testamento. Lo más urgente será defender la "secta" estoica, "tan seria, varonil y robusta"—escribe en *Nombre, origen, intento, recomendación y decencia de la doctrina estoica* (1633-1634)—"que tanta vecindad tiene con la valentía cristiana... No pudieron verdades tan desnudas del mundo cogerse limpias de la tierra y polvo de otra fuente que de las sagra-

---

[20] "Cartas de Quevedo," en Lida, *Letras hispánicas* (México-Buenos Aires, 1958), p. 106.

[21] "La 'España defendida' y la síntesis pagano-cristiana," en *Letras hispánicas*, p. 143.

das letras."[22] Anteriormente Quevedo se había propuesto, en su *Lágrimas de Jeremías castellanas* (1613), superar las divergencias existentes entre la Biblia hebrea y la Vulgata. En sus glosas aparecían a menudo los poetas latinos—Virgilio, Lucano—, pero no, observa J. M. Blecua, Séneca ni Epicteto.[23] Un Jeremías estoico era difícil de concebir.

¡Quevedo singular y múltiple! Al enigma del conjunto de su existencia consagró Raimundo Lida buena parte de la suya. Imposible recapitular su riqueza de saber y de entendimiento. Me reduciré a recordar un ensayo primordial. Al estudiar la *España defendida* dibuja Lida el itinerario de la disolución del sincretismo de Quevedo. El equilibrio clásico-cristiano del discípulo de Lipsio se quiebra con aquel libro, de 1609 ya, alabanza patriotera de una España despreciativa de los estudios humanísticos y cuya "antigüedad y excelencia" entroncan con la Historia Sagrada, la raíz de los tiempos, el idioma hebreo. "Con la *España defendida* se desencadena en Quevedo un proceso de eliminaciones y restricciones que ya no podrá detenerse."[24] Su mermado humanismo se concentrará en Séneca y Lucano. Pero también éstos dejarán de ser indispensables más adelante, cuando escribe Quevedo *Las cuatro pestes del mundo* (1636), afirmando: "no tenemos ocasión de mendigar enseñanza de los filósofos; mejor y más segura escuela es la de los santos"; pues Séneca "se lee aventajado en San Pedro Crisólogo."[25] La posible síntesis pagano-cristiana no resiste los golpes de lo que Lida llama "el impulso disgregador" de Quevedo. "Nada queda ya del Quevedo juvenil, ansioso de participar en la labor humanística de toda la Europa culta. Este otro Quevedo es el de una España cerrada que sólo quiere entenderse consigo misma y con Dios. España en soledad y contra todos."[26]

Tras la disolución de la armonía—de aquella música superior que oyera Pico della Mirandola—, efectivamente, Quevedo apelará cierto tiempo a la solución patriótica. Su don verbal será amor a "nuestra lengua" patria. Parcelación del horizonte, vindicación provinciana, cuya utilidad bien conocemos hoy como sucedáneo de proyectos y entusiasmos integradores. El desenlace no será sino una

---

[22] Astrana, p. 899

[23] Cf. *Lágrimas de Hieremías...*, p. cii.

[24] *Letras hispánicas*, p. 148.

[25] Astrana, p. 1123.

[26] *Letras hispánicas*, p. 148.

contribución más a la compleja contextura del envejecimiento ideológico de Quevedo. "Esto..."—escribe en una carta de 1645—"no
sé si se va acabando ni si se acabó. Dios sabe; que hay muchas
cosas que, pareciendo que existen y tienen ser, ya no son nada sino
un vocablo y una figura."[27] ¿No será España más que un vocablo?
Conocidas son las estrofas de la "Epístola satírica y censoria" al
Conde-Duque, en que se explaya la emoción de la decadencia. O,
en clave jocosa, las de la "Vida poltrona":

> Tardóme en parirme
> mi madre, pues vengo
> cuando ya está el mundo
> muy cascado y viejo...
> De la edad de oro
> gozaron sus cuerpos;
> pasó la de plata,
> pasó la de hierro
> y para nosotros
> vino la del cuerno.[28]

Quevedo será, más que cómplice, testigo de la general desintegración de un mundo. A la crisis económica y política de España, acelerada, inexorable, se unen los efectos de un fervor religioso de signo
predominantemente negativo: lectura de la desintegración no ya de
un mundo, sino del mundo. La infamia del hombre—¡en que tanto
insistieron los enemigos protestantes de Quevedo!—no es aquí sino
un elemento del total escándalo del mundo desvalorizado por la fe,
una dimensión de la fantasmagoría que nos rodea y que, por más
que se parezca a la nada, nos envuelve y arrastra como la más inmediata y maciza de las realidades. Las cosas se desvanecen como sombras o espejismos, pero este desvanecerse es lo que vemos, lo que
vivimos, lo que recordamos. Leo Spitzer mostró con su habitual
agudeza cómo la religión de Quevedo se vuelca sobre el mundo y
retrata la morada de un desengaño terrenal, dinámico, secular-
izado.[29] Residencia en la tierra que no admite, por supuesto, la circu-
laridad, el orden, la perfección. Lo que Lida denomina el "impulso
desintegrador" de Quevedo va unido a una querencia contraria, de

[27] Astrana, p. 1954, carta del 21 de agosto, 1645, a don Francisco de
Oviedo; cit. por Lida, p. 122.

[28] Blecua, III, p. 97.

[29] Cf. "Zur Kunst Quevedos in seinem Buscón," en *Romanische Stil-und
Literaturstudien II* (Marburg, 1931), pp. 48 ss.

índole hiperbólica, que concentra, aprieta, resume. Tendencias ambas que se sacian en el fragmento o en la sentencia, o en el verso, o en ficciones sumamente porosas, densas o acumulativas—*Los sueños, El Buscón, La hora de todos*—, donde la tensión verbal no consiente aplazamiento, donde jamás descansa el dinamismo implícito en el hiperbólico pesimismo cristiano de Quevedo.

Quevedo, así, se nos aparece como el más retórico de los grandes poetas españoles. El adjetivo "retórico," en tal contexto, no es despectivo. Qué duda cabe que lo que dicho está, dicho queda: Quevedo nos dice cosas sobrecogedoras, intensamente significativas, imborrables de nuestra memoria. Pero si la comunicación literaria supone un autor, un mundo, un mensaje verbal y un lector, me parece evidente que en Quevedo prevalecen ante todo las dos fases finales: la elaboración de un lenguaje y el esfuerzo por persuadir al lector. La expresión del autor y la referencia al mundo existieron en su momento, sin duda, pero quedan muy atrás y considerablemente superadas por el dinamismo del tenso, hiperbólico proceso retórico. ¡Tan persuasivo que nos *convence*!

Mención aparte merecen dos aspectos de tal tensión: la paronomasia y la amplificación. Acerca de la paronomasia, baste aquí con formular una pregunta. Me refiero al juego de palabras que ofrece semejanza de sonido y disparidad de sentido. "Quien no es ladrillo, es ladrón."[30] "Más estimo un dan que un don."[31] Tratándose de un viejo: "si no Calvino, calvete."[32] O: "son los vizcondes unos condes bizcos..."[33] Y "no se ha de jugar a los dados, ni se ha de leer en el Dante, ni se han de comer dátiles."[34] A propósito de Góngora, que tenía fama de jugador: "la sotana traía / por sota, mas que no por clerecía."[35] O de una falsa virgen: "y que llame castidad / el hacer casta a escondidas."[36] El vocablo queda así cortado de toda raíz. Esta actitud, que pone en tela de juicio el origen de las palabras y por tanto su legitimidad, no escasea durante el siglo XVI: piénsese en

---

30 Blecua, II, p. 160.

31 *Ibid.*, II, p. 146.

32 II, p. 164.

33 II, p. 52.

34 Astrana, "El caballero de la tenaza," p. 39.

35 Blecua, III, p. 245.

36 II, p. 144.

Rabelais, en el *Lazarillo de Tormes*.[37] E. R. Curtius señaló la crisis de la idea de etimología (el *Crátilo* de Platón, San Isidoro) y de la creencia en la propiedad de los nombres.[38] Me pregunto si el crecimiento de tal actitud subversiva en Quevedo no revela la modernidad que Foucault define en *Les Mots et les choses* (1966). Con el siglo XVI contemplaríamos el ocaso de un mundo unificado por un tejido de similitudes, analogías y conexiones. El lenguaje se interroga a sí mismo, se glosa a sí mismo, arranca de sí mismo. "Nous ne faisons que nous entregloser," advertía Montaigne (III.13). El saber fundado en el comentario crea una profusión, un dinamismo verbal interminables. "A partir du XVIe siècle," según Foucault, "on se demandera comment un signe peut être lié à ce qu' il signifie."[39] No sólo el *Buscón*, como buen pícaro, es huérfano. ¿No lo son también sus palabras?

Han mostrado los especialistas que Quevedo raras veces es un iniciador. Incluso buen número de sus opúsculos festivos son imitaciones. Pero el gran escritor no calca sino recalca—acentuando, insistiendo, desplegando tenazmente las virtualidades originarias. En la versión de *L'Introduction à la vie dévote*, Lida apunta que Quevedo "glosa, amplifica o intensifica las expresiones del original francés."[40] "Cet abîme," por ejemplo, se vuelve "este espantoso abismo"; y "occupé des ténèbres intérieures," "ocupada el alma de mil tinieblas lóbregas y interiores."[41] Al traducir a Séneca, Quevedo es más senequista que el original, observa P. Delacroix, más papista que el papa.[42] Las más de las veces, "il double l'expression," según M. Gendreau,[43] multiplicando por dos el latín. Se sabe que Quevedo al mismo tiempo desarrolla y versifica el *Manual* de Epicteto, es decir, forja una escritura poética sobre un discurso filosófico. Instru-

[37] Para Rabelais, cf. E. R. Curtius, "La etimología como forma de pensamiento," en *Literatura europea y Edad Media latina*, tr. M. Frenk Alatorre y A. Alatorre (México, 1955), II, p. 698, n. 15.

[38] Cf. *ibid.*, pp. 692 ss.

[39] *Les Mots et les choses* (Paris, 1966), p. 58.

[40] "Quevedo y la 'Introducción a la vida devota,'" en *Letras hispánicas*, p. 126.

[41] Cf. *ibid.*, pp. 127-28.

[42] Cf. P. Delacroix, "Quevedo et Sénèque," *Bulletin Hispanique*, 56 (1954), 306.

[43] Michèle Gendreau, *Héritage et création: recherches sur l'humanisme de Quevedo* (Lille-París, 1977), p. 163.

mento primordial de este intenso proceso de literarización de la palabra es la *amplificatio*, pues, que la tradición retórica no cesara de encarecer: Cicerón, el tratado *Sobre el sublime*, Quintiliano, Erasmo. Erasmo había catalogado en su *De duplici copia verborum ac rerum* (1511) los modos de obtener la abundancia: partición, enumeración de causas, de antecedentes o de efectos, prosopopeya, digresión, epítetos, tópicos, refranes, sentencias morales, sueños, ficciones, etc.[44]

Pero Quevedo, tan anticiceroniano, no adolece de prolijidad. Lo más propio de él es la amplificación unida a un máximo de concisión. Como más tarde Nietzsche, cultiva Quevedo con suma felicidad el fragmento que destila y condensa, la sentencia que exprime y expresa, la chispa del aforismo. Nos hallamos ante una amplificación cualitativa, vertical, en profundidad. Unida al proceso retórico, los resultados suelen ser sorprendentes, audaces, paradójicos. Sin repetirse, el escritor acumula una variante breve tras otra; de tal forma, progresivamente, la amplificación cualitativa viene a producir una conclusión insólita, diferente, nueva. (Dicho sea con términos retóricos, la hipérbole conduce a la *commutatio* final.) El texto ha roto todas las amarras, liberándose de sus orígenes. Sin trabas, las palabras vuelan hacia la meta, que es el lector. La amplificación se nos aparece como indivisible no de un yo por expresar sino de un tú por convencer, de un tú que justifique, como la llegada explica el viaje, el largo camino de la hipérbole. Así, Quevedo, que no se repite solamente, que no seduce—dice J. M. Blecua—[45], asombra y subyuga a sus lectores, mediante la retahila de variaciones convertidas al final en diferencias. Reléase en la paráfrasis del pseudo-Séneca la serie de sentencias en que como a martillazos el clavo va hundiéndose poco a poco—persuadiendo más que a nadie, quizás, al propio escritor, lector de sí mismo:

"Morirás mozo." Tanto menos tendré que morir cuanto menos viviere.

"Morirás mozo." Menos agravio hace la muerte a quien menos quita.

---

[44] Cf. William G. Crane, *Wit and Rhetoric in the Renaissance* (Gloucester, Mass., 1964).

[45] *Lágrimas de Hieremías...*, pp. cxiii-iv.

"Morirás mozo." Harta vida son pocos años, cuando muchos son poca vida. "Morirás mozo." Eso es llegar antes donde voy. ¿Qué caminante aborreció el atajo? "Morirás mozo." Grande bien es no llegar a viejo a verme muerto. La muerte me quita lo que, si viviera, deseara yo que me hubiera quitado, y viera que lo deseaban los que me vieran. "Morirás mozo." El necio, aun decrépito, muere muchacho en su deseo; el sabio muere viejo en su mocedad.[46]

Y las sentencias continúan, acumulando paralelismos sintácticos que preludian la *commutatio* final, hasta decir y repetir "el sabio muere viejo en su mocedad," o sea, no sólo morir joven es un bien, sino morir joven es morir viejo. No leemos una súbita paradoja, tal vez lúdica y pasajera, sino un proceso minucioso e inexorable que nos prepara para el deseado vuelco final: "el sabio muere viejo en su mocedad." Tal será el razonamiento, siglos más tarde, de Iván Karamázov: sólo la juventud hace la vida tolerable. Fuera de eso, para Quevedo, vivir es morir. "'Morirás mozo.' Sola la mocedad es vida en la vida; luego en la vejez sólo me quita más muerte la muerte."[47]

Más que un pasado y una experiencia suya, el escritor afirma un futuro y una voluntad de ser. Por lo menos en el instante de la escritura el mundo tiene un centro, una forma. Lida destaca la presencia constante, integradora de un yo— "Yo, con esa Y de brazos descomunales"—,[48] de un yo implacable consigo mismo[49], del yo de un escritor que, en su soledad acongojada, retirado de un mundo decadente y desvanecido, reside en el lenguaje y desde las palabras—"¡Ah de la vida...! ¿nadie me responde?"—interpela al mundo y logra volver a él, a sus lectores, a sí mismo. Es el yo que se dirige a sí mismo, a su propio cuerpo, a su futuro cadáver inventado, en el *crescendo* de las célebres variaciones encaminadas a la apasionada transposición amorosa, la *commutatio*—el amor, no la muerte, es la realidad última, definitiva, triunfante—que los tres versos finales reiteran y agigantan hiperbólicamente:

Alma a quien todo un dios prisión ha sido,
venas que humor a tanto fuego han dado,
medulas que han gloriosamente ardido,

---

[46] *De los remedios de cualquiera fortuna*, en Astrana, p. 887.

[47] *Ibid.*, p. 888.

[48] *Letras hispánicas*, p. 123

[49] Cf. *Letras hispánicas*, pp. 119 ss.

> su cuerpo dejará, no su cuidado;
> serán ceniza, mas tendrá sentido;
> polvo serán, mas polvo enamorado.[50]

Carlos Blanco, en un artículo espléndido, ha subrayado que el ilustre soneto lleva toda una tradición amorosa hasta sus últimas consecuencias.[51] Quevedo asume el exorbitante concepto de loco amor eterno y con pocos versos, medidos y desmedidos a la vez, en un relámpago de audacia, va más lejos que todos y que nadie. *Plus ultra:* Quevedo es el que va más lejos, hipérbole de una literatura. Las palabras anteriores se habían quedado cortas. Las posibilidades de una escritura consciente de su fuerza son ilimitadas. Cortadas las ataduras del lenguaje, liberado el signo de sus servidumbres convencionales, se hacen concebibles la palpabilidad, la iluminación, el estremecimiento, la osadía sin igual de la "inmensa escritura" de don Francisco de Quevedo.

HARVARD UNIVERSITY

[50] Blecua, I, p. 657.

[51] Cf. Carlos Blanco Aguinaga, "'Cerrar podrá mis ojos...': tradición y originalidad," *Filología* 8, (1962), 57-78.

Language and Reality
in Quevedo's Sonnets

ELIAS RIVERS

 SHOULD LIKE TO DEDICATE THIS lecture to the memory of Raimundo Lida, Professor of Spanish Literature at Harvard University. He understood Quevedo better than do any of us who are here tonight. In fact, Quevedo was for him a lifetime obsession. Why? Why should Quevedo, a very unpleasant seventeenth-century arch-Catholic Spaniard who despised Jews and Protestants, why should a personality like that, fascinate a Jew from Argentina, or, for that matter, an American WASP? Why should we now, four hundred years later, here in Boston, be celebrating the birth of such a person? I hope in this lecture to make clear at least one or two reasons why a vulgar Spanish aristocrat called Don Francisco Gómez de Quevedo Villegas should continue to obsess us, to attract and repel us, so violently.

One obvious reason is that Quevedo was acutely aware of what he considered to be the degeneration of Spanish society. He constantly satirized Spaniards of all social ranks, from nobles to pimps, and was deeply preoccupied with what he, a radically conservative *laudator temporis acti*, a praise-singer of the past, saw as the moral and political decline of the Spanish monarchy. This aspect of Quevedo's social and literary personality is of fundamental importance. It is, in fact, only too obvious in a work such as his *Política de Dios, gobierno de Cristo* (*God's Statecraft, Christ's Governance*), in which he contrasts political ideals based on the Bible with the political reality of Spain in his own day. Quevedo looked back upon what he saw as the pre-imperial simplicity of medieval Spanish society and took it to be the only possible antidote for the baroque

sophistication of his contemporary world: like a Hebrew prophet,
he considered it his religious duty to denounce the idolatry of his
people, now whoring after strange gods; he yearned for a primi-
tive virtue which had been lost, a simple society of brave warriors
and good women, without lawyers and bankers, without spices
and fancy foods, without perfumes and frilly laces, without aristo-
cratic vanity and indolence, without frivolous entertainments of all
sorts. He hoped that, with the succession to the throne of Philip
IV in 1621, the new prime minister Olivares would reform all that,
would restore a Golden Age of military discipline, of austerity and
moral law and order. His hopes were, of course, disappointed; in
fact, he was arrested and imprisoned by the same prime minister
eighteen years later. And he died in 1645, after four years in
prison, a sick and sadly embittered man.

But our obsession with Quevedo cannot be fully explained by
his overt and simplistic historical, political and social ideas; they
were in fact commonplaces which he shared with his sensitive
compatriots, who were all more or less aware that something new
and different was going on in their country. And a few of them
proposed more realistic remedies than Quevedo did: economic,
rather than moral, reform, for example. It is not his ideas as such,
but the linguistic and human substance that he gave to these
common ideas which still speaks to us strongly, a substance shaped
by a highly individual style, that is, by Quevedo the man himself,
or rather by his pen, his literary personality. He was fully aware of
the different registers of spoken and written Spanish within which
he sustained his social existence; and far from feeling confined by
what has been called "the prisonhouse of language," he mastered
his linguistic environment and used it as a powerful instrument of
self-expression. At this point I will cite only one example of
Quevedo's acute technical awareness of linguistic media. In one of
his sonnets he describes himself on his country estate, surrounded
by a small collection of learned books which he reads with intense
interest. And this is how he describes the occupation or process of
reading:

> I live in conversation with the past
> and with my eyes I listen to the dead.
>
> Y escucho con mis ojos a los muertos.

As a brief phenomenological description of what we actually do
when we read the classics, this iambic pentameter has never been

improved upon. We use our eyes to see the letters on the printed page, but we "listen" to the words and ideas with an inner ear, so to speak, temporarily resurrecting the absent writer, who is buried in the silence of death:

> Y escucho con mis ojos a los muertos.

A line of this sort poses fundamental questions about the mode of existence of man within his world of language and of non-linguistic reality. I hope you will see the need, at this point, for a brief excursion into general anthropology and Spanish history. Not being a philosopher, I will use natural language of a household variety to describe my working hypotheses, rapidly and crudely, as follows.

All animals have their characteristic physiologies, with five senses (more or less) and certain genetically coded instincts that tend to determine within fixed narrow limits their modes of nourishment, of copulation, of producing and raising offspring, of social communication. Among these animals, the human species has notable peculiarities: a relatively hairless and acutely sensitive epidermis, for example, a non-seasonal sexuality, and certain historically developed, culturally differentiated sets of codes which tend to replace a uniform, genetically coded set of instincts. Thus, in addition to a common biological human nature providing a rather indeterminate "deep structure," we must speak of highly differentiated human cultures as significant surface structures, controlling, for example, the dietary rules and elaborate cuisines of different tribal and social groups. Or the complex rules of bodily ornamentation and clothing, of courtesy and weapon-bearing, of sex and love-making, and also the social institutions of child-raising and education, of property ownership and division of labor. The single specifically human super-code used to regulate and to express (or to rationalize) these complicated sub-codes of social functions is of course what we call language. Only language makes it possible to articulate and enforce the completely uninstinctive taboo on incest, for example, and by labeling certain categories of genetic or social proximity (such as maternal uncle or brother's godmother, for example), to inculcate visceral reactions of horror at the thought of certain forbidden copulations. Thus linguistic codes, with their artificial and arbitrary links between *signifiant* and *signifié*, tend to displace, in many different, historically evolving directions, the unified genetic code of animal instincts. Human instincts do provide, according to Chomsky, the basis for spoken language, but for no particular historical sociolinguistic system.

For a general theory of the social function of language, I think we can use as a point of departure J. L. Austin's concept of the "speech art," as he defined it in his famous William James Lectures, delivered at Harvard in 1955 and later published with the title of *How to Do Things with Words*. To say something is to do something socially: when someone says "good morning" or "I love you" or "I hereby sentence you to death," the point is not the scientific truth-value of these phrases, but rather their locutionary force, their social function as speech acts expressing codified messages of courtesy or intention or punitive action. The meaning, or rather the effectiveness, the psychological power, of these speech acts depends entirely upon their social context, which, as we have seen, is a web of highly conventional codes: only in sociolinguistic terms can we understand what is meant and accomplished by such a performative speech act as a promise or a curse, which socially and / or psychologically may determine a man's life or death.

Hastily, then, language includes the sort of code I'm using now, to talk about Quevedo's writings, and it also includes the sort of code that he used when he wrote. But we cannot ignore, and he did not ignore, the significant difference between an oral lecture as a unique speech act, for example, and a written sonnet, which is read and re-read. Different types of oral performance had existed in human culture for hundreds of thousands of years before writing was devised, an almost unique invention which took place only about five thousand years ago. It is difficult to overestimate the rapid consequences for human society of having developed techniques for transforming words, which were primitively spoken by the mouth and heard by the ear, into inaudible signs sophisti-catedly inscribed by a hand-controlled instrument and read by the eye: in our Western (and now worldwide) culture, this relatively recent technological revolution, or displacement of so-called "na-tural" language, made possible the rapid development of Greek commerce, philosophy and history, of Roman law and imperialism, of medieval churches and universities, of modern science, industry and technocracy. The oral promise, as society's fundamental per-formative speech act, began to be replaced by the written contract.

In the same sonnet from which I have already quoted, Quevedo also refers to the "learned" printing press, "la docta imprenta," which, he says, is capable of liberating great souls from death. The printing press was in fact the first early modern machine for the mass-production of objects with interchangeable parts, that is, books with uniformly numbered gatherings of uniformly numbered pages. And it is by means of such products, opened at a given page, that Quevedo was able to read and then to write:

Y escucho con mis ojos a los muertos.

The great souls of the past, according to this eventually printed sonnet, are able to "talk" to him once more by means of those technologically produced material objects, which, he said, save great souls from death. What had been a warm natural copulation between mouth and ear, speaker and listener, had already been artificially deferred by hand and pen, by typesetter and press, and finally by the eye, which displaces the ear.

So much for general anthropology and the history of Western culture: in fact, we may say that the invention of writing made possible the end of prehistoric anthropology and the beginning of social history. And, in this same mode of sweeping assertion, we may also say that the history of Spain began with the medieval chronicles. Before that, in the early Middle Ages, the Iberian peninsula had been suspended between Christendom and Islam, in a sort of "third world." But, with the French-inspired Europeanizing Reconquest and its epic poems and chronicles, the spoken Castilian dialect began to extend itself and to replace classical written Arabic and church Latin as it became transcribed into the official written language, the *écriture*, of a new nation. In the sixteenth century, under Charles V, this written Spanish achieved its first classical period. By "classical" I refer to a certain stability of style, a stability in the apparent relationship between language and reality which gives the illusion of a "natural" written language, of a "realism" in which words seem to refer directly to ideas and things. In Spanish poetry this classical stability was first evident in the works of Garcilaso de la Vega; in the 1530's, he invented a new written idiom in which literary Latin and Italian provided syntactic and metric models which he smoothly merged with the morphology of Castilian words, the Spanish language as spoken at the imperial court, of which Garcilaso was a member. Garcilaso's poetry, though not unchristian, is notably secular in tone, reflecting the utopian ideals of an Erasmian humanism. Later, Fray Luis de León, in the generation following that of Garcilaso, completed the development of the classical idiom of Spanish poetry by developing a solemn tone of moral and religious seriousness. Thus,

before the end of the sixteenth century, written Spanish poetry
had achieved its classical Renaissance form.

In the seventeenth century this classical stability was shaken, if
not broken, by Góngora and Quevedo: the illusion of natural art is
broken with a *Verfremdungseffekt*, by art which reveals its artificiality.
We may say, by oversimplifying, of course, that Góngora developed, in an extremely elitist style, the secular utopianism implicit
in Garcilaso's poetry, reaching in his *Polifemo* and *Soledades* an overtly
pagan materialism, a glorification of natural and artistic forms as
self-sufficient, an attitude which many of his Spanish contempo-
raries felt to be amoral and even atheistic. Góngora's language was
no longer one of literary and colloquial balance, but went simultaneously to the opposing extremes of facile popular speech and of
dense, latinizing writtenness. Quevedo led the moralistic reaction
against Góngora's poetry; in fact, he published the first edition of
Fray Luis de León's poetry, in 1631, as an antidote to Góngora,
attempting to shore up, by this example, the disintegrating standards of classical diction and of moral seriousness. But Quevedo's
own poetic language was no more classical than Góngora's, with
which it shared an extremely violent, highly figurative artificiality
of displaced diction: there seems to have been no longer a natural
poetic language capable of referring "directly" to reality. Yet,
whereas Góngora's poetic world of pagan materialism is relaxed
and free of religious and moral problems, Quevedo's poetry is
typical of Counter-Reformational religiosity, in which matter and
spirit, oral vulgarity and written erudition, co-exist in a passionate
tension permeated by the Judeo-Christian attitude of moral seriousness.

Quevedo, then, despite his conservative classical convictions, is
as baroque as Góngora in the continuous linguistic displacements
of his poetry, especially of his sonnets, those formally structured
and highly visible linguistic objects in which he treats of birth,
copulation and death, philosophically, erotically and satirically. Our
poet has, I believe, one fundamental theme, which may be crudely
paraphrased as an anguished tension between "matter" or nature,
which for him was simultaneously attractive and repugnant, and
"spirit" or culture, which for him represented an ultimate, but
difficult, truth. In his poetry he desperately refused to sacrifice
either matter to spirit, or spirit to matter. Whereas for the poet
Góngora, his contemporary enemy, matter was always beautiful
and self-sufficient, for the poet Quevedo matter was often ugly

and always in theory subordinate, violently and forcibly, to the spirit. The poetic result of this obsessive tension, this Counter-Reformational morality or reactionary Catholicism, is an anguished consciousness of radical ambiguity imposed upon the world's body by human culture.

I would now like to read with you four sonnets by Quevedo, four examples illustrating in concrete detail his peculiar uses of the Spanish language within which, as the primary dimension of his social reality, he lived and thought and attempted to cope with reality, both linguistic and non-linguistic, both cultural and natural. In choosing these sonnets I have deliberately tried to represent different levels of his poetic thought, levels traditionally labeled as metaphysical, erotic and burlesque. But the underlying unity of all levels will, I hope, eventually be made clear.

(Before we look at these texts together, I should remind you that Quevedo's language itself is often very difficult: I at least am not always quite sure exactly what a given phrase really means. I should also remind you that there are *never* precise English equivalents: so please forgive my often crude approximations, which you may want to read as you listen to the Spanish.)

REPRESÉNTASE LA BREVEDAD DE LO QUE SE VIVE
Y CUÁN NADA PARECE LO QUE SE VIVIÓ

"¡Ah de la vida!"... ¿Nadie me responde?
¡Aquí de los antaños que he vivido!
La Fortuna mis tiempos ha mordido;
las Horas mi locura las esconde.

¡Que sin poder saber cómo ni adónde   5
la salud y la edad se hayan huido!
Falta la vida, asiste lo vivido,
y no hay calamidad que no me ronde.

Ayer se fue; mañana no ha llegado;
hoy se está yendo sin parar un punto: 10
soy un fue, y un será, y un es cansado.

En el hoy y mañana y ayer, junto
pañales y mortaja, y he quedado
presentes sucesiones de difunto.

*Dramatizes the brevity of life in progress
and the apparent nothingness of past life.*

"Life ahoy!"... No one answers me?
Come here, past years that I have lived!
Fortune has gnawed away my lifetime;
my madness conceals the passing hours.

And thus, without knowing how or whither,
my health and youth have flown away!
Life is absent, the already lived is present,
and every calamity besets me.

Yesterday is gone; tomorrow hasn't come;
today is going without a moment's pause:
I am a "was," and a "will be," and a tired "is."

In my today and tomorrow and yesterday I link
diapers and shroud, and I am merely
momentary sequences of a corpse.

Sonnet 2 (I will refer to the numbers according to Blecua's 1971 edition) is typical of a relatively small group of poems in which Quevedo recreates in language the wordless anguish felt by man as he realizes time's inevitable passing and death's inevitable arrival. The poet's *persona* begins this sonnet by hailing the house of life, which is unresponsive. The vernacular cliché used by some one facing a front door was "¡Ah de la casa!" an exclamation very similar to our English "Is anybody home?" But instead of "¡Ah de la casa!" our poet yells out "¡Ah de la vida!": "Is anybody alive?" There is no answer. Beginning with this colloquial metaphor, or displacement of oral cliché into written symbol, the poet proceeds to analyze his experience of time's evanescence: the past is unreal, for life's accidents—that is, external fortune and internal madness—have somehow used it up; "Falta la vida, asiste lo vivido," that is, the active process of life is never directly perceived in the present, while the past, passive participle ("lo vivido": "that which has been lived out or lived up") is all that's left. The tercets deal in highly original, colloquial terms with the philosophical problem of the specious present: the past (*ayer*, "yesterday") and the future (*mañana*, "tomorrow") are never really here and now; and the present (*hoy*, "today") never stands still. At this point Quevedo acts out the violence of the problem, his acute anticipation of Bergsonian *durée*, by violating Spanish grammar in a most unclassical way: he equates the first person with a series of third person forms of the verb "to be": preterite and future and present. Each of these nominalized verb forms is preceded by the indefinite article, and the third one is followed by an adjective. The result is one of the most linguistically violent lines in seventeenth-century Spanish poetry; and, except for one detail of word-order, it is fortunately almost translatable into English.

> Soy un "fue" y un "será" y un "es" cansado.

> I am a "was" and a "will be" and a tired "is".

If Quevedo had written only this line, within the context of this sonnet, we would be aware of the degree of his linguistic self-consciousness, his writerliness. For despite the colloquial vocabulary and phrasing of this sonnet, such elements when transcribed from the looseness of everyday oral speech into the epigrammatic tightness of the highly written sonnet form, acquire an altogether new significance, a "strangeness" which long ago the Russian formalists identified as the essence of literary textuality. Thus the poet unites "pañales y mortaja," "diapers and shroud," "cradle and grave," birth and death juxtaposed to define the anguished emptiness of human life in itself. Personally, we may not like the baroque world view, the Counter-Reformational Stoicism, implied by this sonnet; as a matter of fact, the poet himself seems to be rebelling and protesting against such a harsh reality or way of representing reality. But we must at least admit that Quevedo somehow anticipates in his metaphysical sonnets certain aspects of *L'Etre et le néant*, Sartre's *Being and Nothingness*; and this is no mean poetic accomplishment.

The second sonnet that I have chosen, number 451, is much more conventional.

PELIGROS DE HABLAR Y DE CALLAR,
Y LENGUAJE EN EL SILENCIO

Soneto

¿Cómo es tan largo en mí dolor tan fuerte,
Lisis? Si hablo y digo el mal que siento,
¿qué disculpa tendrá mi atrevimiento?
Si callo, ¿quién podrá excusar mi muerte?

Pues ¿cómo, sin hablarte, podrá verte   5
mi vista y mi semblante macilento?
Voz tiene en el silencio el sentimiento:
mucho dicen las lágrimas que vierte.

Bien entiende la llama quien la enciende;
y quien los causa, entiende los enojos;   10
y quien manda silencios, los entiende.

Suspiros, del dolor mudos despojos,
también la boca a razonar aprende,
como con llanto y sin hablar los ojos.

The dangers of speaking and of not speaking
and the function of language in silence

How can I stand such suffering for so long,
my lady? If I speak out and tell of the pain I feel,
how can my disobedience be excused?
But if I am silent, how can I avoid death?

For how can my eyes and emaciated countenance
behold you without telling you the truth?
Intense feeling finds a voice even in silence:
the tears that it sheds are most eloquent.

The flame is understood by her who ignites it;
and she who causes suffering understands it;
and she understands silence who imposes it.

Sighs, the mute by-products of suffering,
the mouth also learns to speak,
just as silent tears put words into one's eyes.

This sonnet belongs to that complex tradition of love poetry
normally labeled "courtly love," according to which the desperately
enamored poet-lover is ordered by his god-like lady, his "belle
dame sans merci," to keep absolute silence in her presence, not to
dare to express his feelings of frustrated eroticism. He is to suffer
in silence. Having in mind this convention, which for several
centuries had been associated with the love poetry of the Western
World, from the troubadours and Petrarch to Ausías March and
Garcilaso, Quevedo in this sonnet suggests a whole series of
displacements and paradoxes culminating in a typical baroque
conceit which we may call "the eloquence of silence." He begins
with his dilemma: if he speaks, he will be disobeying his lady
(which is unthinkable); but if he is silent, he will die of frustration.
Then he asserts that, with his mouth closed, his silently suffering
face and eyes will inevitably tell her the truth; paradoxically,
silence itself provides a voice for the expression of ineffable suffering. And, given this displaced or perverted system of com-

munication, the lady herself must be an expert decoder of the languages of silence.

In the first tercet the verb "entiende" ("she understands") appears three times, near the beginning, near the middle, and at the end of each line. She is the cause of his love, of his sufferings, and of his silences; therefore she must be able to understand and to interpret these phenomena. (Sex is never mentioned, of course, but it is always understood as underlying the whole poetic frustration.) The mouth, then, is inarticulate: it emits only sighs. But these sighs somehow constitute a process of rational communication in language: that is the meaning of the Spanish verb "razonar," "to reason." And finally the eyes: they cannot talk, but they can shed tears ("llanto"), and these tears too constitute a *logos*, a language of truth.

Our third sonnet, number 448, belongs to exactly the same tradition of the silently suffering lover, but poetically it is much more original, much more aggressively sexual in its metaphors, its displacements of the communication process. For in this sonnet, communication comes to mean intercourse, with a whole range of different degrees of physical proximity.

COMUNICACIÓN DE AMOR INVISIBLE POR LOS OJOS

Soneto

Si mis párpados, Lisi, labios fueran,
besos fueran los rayos visüales
de mis ojos, que al sol miran caudales
águilas, y besaran más que vieran.

Tus bellezas, hidrópicos, bebieran,⁣ 5
y cristales, sedientos de cristales,
de luces y de incendios celestiales
alimentando su morir, vivieran.

De invisible comercio mantenidos,
y desnudos de cuerpo, los favores 10
gozaran mis potencias y sentidos;

mudos se requebraran los ardores;
pudieran, apartados, verse unidos,
y en público, secretos, los amores.

Invisible Communication of Love through Our Eyes

If my eyelids, lady, were lips,
the visual rays of my eyes would be
kisses, my eagle eyes which stare at the sun,
and they would more kiss than see.

Your beauties my eyes would hydropically drink
and, like crystals thirsting for crystals,
for celestial lights and fires,
by feeding their own death they would live.

Sustained by invisible intercourse
and denuded of body, my faculties and senses
would enjoy your favors.

In silent courtship our ardors would flirt;
our lovemaking would be, at a distance,
close joined, and in public, secret.

The point of departure is a physiological resemblance between
lips and eyelids, the face's similar sets of muscularly controlled
fleshly folds which form linear apertures or closures. In traditional
courtly love poetry, the lover's first vision of the lady's beauty,
with a possible exchange of glances, is a highly "spiritual" encounter in which her beauty takes the form of Cupid's arrow
entering through his eyes deep into his heart. But in this sonnet
the poet converts his eyelids into lips and his visual rays, therefore, into kisses: there is a radical facial displacement. And his eyes
are like those of the eagle, the only animal capable of staring
directly into the sun: thus, with his glaring ocular osculations, he
aggressively invades the lady's bodily beauties in a far from spiritual manner. In the second quatrain, if his lids are lips which kiss,
then his eyes are thirsty mouths drinking in her body. His eyes are
hydropic, that is, are bloated with the disease of dropsy, swollen
with liquid, yet thirstily drinking more and more: they are "cristales sedientos de cristales," that is, the liquid elements of the eyes
thirst for the crystalline liquids of her body and also, paradoxically,
for that opposing element, her body's sunlike or starlike heavenly
fires: "incendios celestiales." It is suicidal for his swollen, dropsical
eyes to keep on drinking both water and fire, but they do so
nevertheless, in a living death of delightful anguish: his eyes live
by "alimentando su morir."

In the first tercet, there is a temporary shift from the bodily senses of his mouth-like eyes which kiss and drink, to the inner faculties of his mind, his "potencias y sentidos." It has been suggested that "potencias" must mean sexual potency, and given the erotic implications of the whole sonnet, I wouldn't want to rule this out altogether. But, literally, they are the "potencias del alma," his memory, understanding and desire, as excited by the internalization of sense perceptions: there is a process of sublimation (ironically expressed in "desnudos de cuerpo"), and yet there certain other words continue to imply sexual intercourse ("comercio," "favores," perhaps "potencias"). In the second tercet, despite the lover's silence, there is a flirtatious exchange of ardent compliments: we can assume that this implies a return to the ocular intercourse of the octet; despite the distance between their bodies, a love affair is going on, and even though they are in the presence of other people, their love affair is kept secret. (We may "naturalize" all this by imagining a social function in which fleeting glances between a man and a woman constitute metaphoric kisses, words, intercourse).

A final, and filthy, sonnet, number 610, will complete our brief sample of Quevedo's poetic system. (I've used English words in my written translation which members of my generation do not normally say out loud in public.)

SONETO

La voz del ojo, que llamamos pedo
(ruiseñor de los putos), detenida,
da muerte a la salud más presumida,
y el propio Preste Juan le tiene miedo.

Mas pronunciada con el labio acedo   5
y con pujo sonoro despedida,
con pullas y con risa da la vida,
y con puf y con asco, siendo quedo.

Cágome en el blasón de los monarcas
que se precian, cercados de tudescos,   10
de dar la vida y dispensar las Parcas,

pues en el tribunal de sus gregüescos,
con aflojar y comprimir las arcas,
cualquier culo lo hace con dos cuescos.

Untitled

That hole's voice which we call a fart
(the buggers' nightingale), if retained,
brings death to the most presumptuous health,
and even Prester John holds it in fear.

But if pronounced by that stinking lip
and expelled with a resounding shove,
it brings life, along with jokes and laughter,
and with a disgusting puff, if muffled.

I don't give a shit for the blazon of kings
who presume, surrounded by Teutonic guards,
to hand out life and dispense death,

for in the court room of its britches,
by loosening or tightening its chambers,
any ass-hole can do it with two farts.

This sonnet was not published in the seventeenth-century
editions of Quevedo's poetry (it circulated in manuscript), and
hence it does not have an editorial title. James Crosby, the native
American scholar who knows most about Quevedo, in an article
dedicated to the memory of María Rosa Lida, has identified this
sonnet's classical source as an epigram included in the Greek
Anthology. The primary point of departure is an ancient medical
myth (or, for all I know, a fact): that it is unnatural, unhealthy,
and even mortally dangerous, to repress flatulence. On the slim
basis of this bit of lore, and its accompanying literary tradition, our
poet strongly asserts, in a burlesque mode, the gross powers of the
body as opposed to the spiritual powers of royal authority. Here
we have again, in Spanish as in Chaucerian English, an "eye," a
nether eye, which here again serves as a mouth, emitting paren-
thetically a musical reminder of sodomy. This mouth has a foul lip
capable of pronouncing a sound which causes life along with
laughter and a stink. In the tercets, this mouth's emissions and
silences are equated with the acquittals and death-sentences of a
monarchical judge surrounded by military power. We here recog-
nize the topsy-turvy world of Rabelaisian carnival (as analyzed by
Bakhtin): the lower bodily functions clearly represent the lower
classes, which are also personified in the vulgar dramatic voice
which enunciates the poem itself; thus the coarse man's posterior
displaces the crowned head of royal authority sitting in judgment
at court, as excrement is heaped on this head, and the court

transfers its sessions to the anal area. A French Hispanist, Augustin Redondo, has recently pointed out that this carnivalesque displacement is what happens, in a much more realistic mode, when Sancho Panza becomes the governor and Solomon-like judge of the island or village of Barataria: Sancho the gross peasant shows himself to be a wise judge, much wiser than the Duke or Don Quixote would be. Cervantes playfully suggests this as a real social possibility.

Quevedo's burlesque mode, on the other hand, is completely unrealistic, and its ocular-oral-anal displacements are much more radically revolutionary: the orifices of the body rotate in dizzying succession, with an "eye" replacing a mouth and singing a song which invites anal penetration into that same "eye." What is implied socially is the total breakdown of established political authority, personified by the royal judge, whose solemn "performative speech-acts" constitute the monarchy's power of life and death over its subjects. Our poet's subversive suggestion is that there exists another more basic language, that of the anus, the performative power of whose speech-acts does not depend upon the conventions of political pomp and circumstance, or of alien military force, but upon the nature of the body itself: the whole social and cultural superstructure is dissolved, and the individual body is left to control its own flatulence, the uses of which determine life and death.

What, then, is the relationship between language and human reality? Quevedo's sonnets suggest to us some partial answers to this fundamental humanistic question. They are themselves textual instruments embedded within the sociolinguistic fabric of seventeenth-century Spanish society; and at the same time they evoke mankind's precarious animal existence, with a biodegradable body and a linguistic mind. Certain of Quevedo's sonnets are directly concerned with the gruesome process of physical life degenerating in time; the rigorous formal structure of the sonnet itself is part of a desperate search for tranquility and permanence, a mechanically reproducible printed and readable text to transcend the speaking mouth and the listening ear, both of them subject to death. In other sonnets written by Quevedo, the physical dimensions of sex and the spiritual dimensions of love are similarly converted into silent texts which endlessly rehearse the poetic cult of Eros, as an exquisite source of narcissistic anguish, linguistically induced and linguistically placated, sometimes leading even to the supreme fiction of a sexual love prolonged beyond physical death. Finally, the body's anus is preserved in sonnet form as a mouth which pronounces the life-giving Word in a performative speech-act of a purely physical sort, a speech-act surpassing that based upon social power, the judge's words of acquittal, the efficacy of which always depends upon an elaborate ideological fiction, thinly disguising an ability to use force whenever necessary. Quevedo's obsessions with such linguistic realities in turn obsess us. His sonnets, like inscriptions upon his cradle-like grave, ultimately permit each of us, four centuries later, to say with him:

Y escucho con mis ojos a los muertos.

STATE UNIVERSITY OF NEW YORK
AT STONY BROOK

La imaginación nocturna de Quevedo y su "Himno a las estrellas"

Gonzalo Sobejano

ODOS LOS ADMIRADORES de la poesía de Quevedo guardamos en la memoria versos suyos prodigiosos: por su esplendor representativo ("relámpagos de risa carmesíes"), por su tensión emocional ("polvo serán, mas polvo enamorado"), por su densidad moral o intelectiva ("sombra que sucesivo anhela el viento"). Versos así se encuentran sobre todo en sus sonetos, de una concentración insuperable. Pero hay otro Quevedo (hablando sólo del grave en las veras) más difuso al parecer y hacia el cual la atención de la crítica se ha proyectado de una manera también más tenue. Es el Quevedo de las canciones (petrarquistas, aliradas o pindáricas), silvas, idilios, madrigales, epístolas. Y a un aspecto de él se enderezará aquí la curiosidad.

He escogido un poema, el "Himno a las estrellas," clasificado como "silva" en su primera edición y en un manuscrito. Lo admiraba antes de saber que fuese una imitación bastante próxima de otro poema de Marino y lo admiro después de saberlo. Permitiría esto presentar dos experiencias: la lectura directa del himno, y su lectura oblicua. Aparte una muestra más de cómo leer a un poeta de los tiempos en que conservaba vigencia la norma de la "imitatio," el resultado podría ser asistir al laboreo de Quevedo en uno de aquellos poemas menos atendidos: poema "retórico" a primera vista, cuya virtud no parece explicable por el "desgarrón afectivo," ni por la "difracción," ni por la "desautomatización," claves propuestas por algunos comentadores que se han ocupado de otros ejem-

33

plares más condensados de su poesía.[1] Veremos a Quevedo aprovechar una fuente principal y otras menores, arreglar, componer y
lograr como fruto ese himno que un crítico calificó de "bellísimo" y
otro de "apasionado," y que tal vez lo sea.[2]

He aquí el texto del poema:

HIMNO A LAS ESTRELLAS

1   A vosotras, estrellas,
       alza el vuelo mi pluma temerosa,
       del piélago de luz ricas centellas;
       lumbres que enciende triste y dolorosa
       a las exequias del difunto día,
       güérfana de su luz, la noche fría;

2   ejército de oro,
       que, por campañas de zafir marchando,
       guardáis el trono del eterno coro
       con diversas escuadras militando;
       Argos divino de cristal y fuego,
       por cuyos ojos vela el mundo ciego;

3   señas esclarecidas
       que, con llama parlera y elocuente,
       por el mudo silencio repartidas,
       a la sombra servís de voz ardiente;
       pompa que da la noche a sus vestidos,
       letras de luz, misterios encendidos;

---

[1] Me refiero a Dámaso Alonso, "El desgarrón afectivo en la poesía de
Quevedo," en su libro *Poesía española* (Madrid: Gredos, 1950), pp. 529-618;
Maurice Molho, "Forma y substancia en la escritura de Quevedo," en su
libro *Semántica y poética (Góngora, Quevedo)* (Barcelona: Crítica, 1977), pp. 133-
167; y José María Pozuelo Yvancos, *El lenguaje poético de la lírica amorosa de
Quevedo* (Murcia: Universidad de Murcia, 1979).

[2] Lo llama "bellísimo" José Manuel Blecua en su edición de: Francisco
de Quevedo, *Obra poética* (Madrid: Castalia, 1969-71), 3 vols., I, p. xxviii.
(En adelante me referiré a esta edición en la siguiente forma: Blecua,
número del poema y, tras dos puntos, número de los versos). Llama
"apasionado" al himno quevediano Gerardo Diego en su *Antología poética en
honor de Góngora* (1927) (Madrid: Alianza, 1979), p. 20.

4   de la tiniebla triste
preciosas joyas, y del sueño helado
galas, que en competencia del sol viste;
espías del amante recatado,
fuentes de luz para animar el suelo,
flores lucientes del jardín del cielo;

5   vosotras, de la luna
familia relumbrante, ninfas claras,
cuyos pasos arrastran la Fortuna,
con cuyos movimientos muda caras,
árbitros de la paz y de la guerra,
que, en ausencia del sol, regís la tierra;

6   vosotras, de la suerte
dispensadoras, luces tutelares
que dais la vida, que acercáis la muerte,
mudando de semblante, de lugares;
llamas, que habláis con doctos movimientos,
cuyos trémulos rayos son acentos;

7   vosotras, que enojadas
a la sed de los surcos y sembrados
la bebida negáis, o ya abrasadas
dais en ceniza el pasto a los ganados,
y si miráis benignas y clementes,
el cielo es labrador para las gentes;

8   vosotras, cuyas leyes
guarda observante el tiempo en toda parte,
amenazas de príncipes y reyes
si os aborta Saturno, Jove o Marte;
ya fijas vais, o ya lleváis delante
por lúbricos caminos greña errante,

9   si amasteis en la vida
y ya en el firmamento estáis clavadas,
pues la pena de amor nunca se olvida,
y aun suspiráis en signos transformadas,
con Amarilis, ninfa la más bella,
estrellas, ordenad que tenga estrella.

10   Si entre vosotras una
miró sobre su parto y nacimiento
y della se encargó desde la cuna,
dispensando su acción, su movimiento,
pedidla, estrellas, a cualquier que sea,
que la incline siquiera a que me vea.

11   Yo, en tanto, desatado
en humo, rico aliento de Pancaya,
haré que, peregrino y abrasado,
en busca vuestra por los aires vaya;
recataré del sol la lira mía
y empezaré a cantar muriendo el día.

12   Las tenebrosas aves,
que el silencio embarazan con gemido,
volando torpes y cantando graves,
más agüeros que tonos al oído,
para adular mis ansias y mis penas,
ya mis musas serán, ya mis sirenas.[3]

Leído el poema en sí propio, puede reconocerse, primero, que el
título responde bien al texto. Un himno es un poema de alabanza,
y, en la tradición cristiana, cantado para pedir al sujeto alabado una
merced, y aquí se alaba a las estrellas para pedirles que favorezcan
al amante de Amarilis ("estrellas, ordenad que tenga estrella") y
que intercedan en su remedio con la estrella personal de esa criatura ("pedidla, estrellas, a cualquier que sea,/ que la incline siquiera
a que me vea"), en agradecimiento de lo cual el amante promete
quemar incienso y cantar solamente en la noche.

Himno, pues, formado de alabanza, súplica y homenaje, el
poema se reparte en doce estrofas de seis versos. Si éstos fuesen
todos de once sílabas, la estrofa sería con exactitud "sexta rima" o
"sextina real," y lo es, pero no exactamente porque el verso inicial
tiene sólo siete sílabas por influjo de las formas plurimétricas sobre
la "sexta rima," en principio isométrica.[4] (Sólo un poema de Quevedo presenta la misma construcción, el titulado "Ansia de amante
porfiado," al que la primera edición clasifica también entre las silvas
y que tiene sólo una estrofa menos que el "Himno").[5]

Queda ya apuntada la estructura interna del "Himno a las estrellas": alabanza, súplica, homenaje. La alabanza ocupa las estrofas 1
a 8, o sea, las dos terceras partes del poema. La súplica obtiene

---

[3] Blecua, 401.

[4] Rudolf Baehr, *Manual de versificación española* (Madrid: Gredos, 1970),
pp. 273-76.

[5] Es el núm. 403 en Blecua, separado del "Himno" por un solo poema.
En *Las Tres Musas* aparecía, como la mayor parte de las "silvas" de Quevedo,
bajo "Calíope, Musa Octava" y separado del "Himno" por tres poemas.

formulación en las estrofas 9 y 10. El homenaje se expresa en las estrofas 11 y 12. Nada anormal en estas proporciones: aun en la vida ordinaria lo primero es predisponer el ánimo del dador ensalzando su grandeza; la petición será tanto más eficaz cuanto más breve; y la promesa de gratitud tampoco debe ser prolija para que no parezca trueque de beneficios lo que, supuesta la grandeza del donante, merece ser dádiva generosa. Y si así ocurre en la vida, con mayor razón en una poesía que habla de fe o de amor.

Formulada la invocación inicial, todo lo que sigue, hasta el último verso de la estrofa 8, constituye una prolongada serie de aposiciones al vocativo "estrellas," veintitrés en total: centellas, lumbres, ejército, Argos, señas, pompa, letras, misterios, joyas, galas, espías, fuentes, flores, familia, ninfas, árbitros, dispensadoras, luces, llamas, "vosotras, que enojadas," "vosotras, cuyas leyes," amenazas, "ya fijas vais, o ya llevéis delante." A lo largo de esta cadena va desenvolviéndose la representación imaginaria de las estrellas, pero desde el vocativo hasta aquello que se espera de la invocación, no hay progreso, sino una suspensión tanto más dilatada porque la mayoría de las aposiciones se extienden en oraciones insertivas: "que enciende," "que marchando guardáis," "por cuyos ojos vela," etcétera. Cuando parece que va a completarse el enunciado, se produce una nueva dilación al abrirse en la estrofa 9 una prótasis condicional trifurcada ("si amasteis... y ya estáis clavadas... y aun suspiráis"); entre "estáis" y "suspiráis" se inserta una oración causal ("pues la pena de amor nunca se olvida") y la dilación se refuerza anteponiendo el complemento seguido de aposición ("con Amarilis, ninfa la más bella") y reiterando el vocativo ("estrellas") hasta que, por fin, en menos de un verso, la súplica satisface tan demorada expectativa: "ordenad que tenga estrella," apódosis en extremo concisa. Parecida estructura en la estrofa 10: prótasis condicional de triple vía ("si entre vosotras una miró... y della se encargó... dispensando su acción") y apódosis alargada por la interposición del vocativo otra vez ("estrellas") y del complemento indirecto ("a cualquier que sea") entre el verbo principal ("pedidla") y el objeto directo ("que la incline siquiera a que me vea"). Por último, las estrofas 11 y 12 expresan la acción de gracias que el sujeto realizará mientras el ruego se espera como realizable; acción también retardada por inserciones, aunque éstas en doce versos se sienten menos que en los cuarenta y ocho de la invocación.

Los tres movimientos del poema se caracterizan, pues, por su tendencia a diferir el núcleo del mensaje. La alabanza de la hermosura y del poder de las estrellas a fin de captar su benevolencia posterga por muy largo espacio la súplica (primer movimiento, lentísimo); la demanda de suerte y clemencia en el amor se ve interceptada por condicionales complejas (segundo movimiento, menos lento), y la gratitud anticipada se describe con circunstanciales asimismo complejas (tercer movimiento, también menos lento). La lentitud es común a los tres tiempos: sólo la desproporcionada extensión (aunque lógica) del primero hace parecer menos lentos, e incluso breves, los otros dos.

Percibir el ritmo de un poema es sentir el temple de ánimo del sujeto cuya voz en él se oye y la música que esta voz edifica: aquí, un temple temeroso, que sólo en los últimos términos se atreve a insinuar lo que desea, y una música amortiguada, de íntimo "nocturno." El "Himno a las estrellas" mantiene un tono de canción encantatoria en su primer tiempo, relevado por un tono de humilde plegaria en el segundo y por otro de melancolía entre confiada y desconfiada en el último.

Podría definirse el "Himno" como una prolongada adulación a las estrellas encaminada a obtener un bien máximo, pronto corregido en un bien mínimo, y destinada a comprender que la ofrenda de gratitud a cambio de ese bien se identificará con el estado de soledad que antecedió a la primera palabra del poema, o sea, que la súplica de la dicha concluirá en el reconocimiento de la pena originaria invencible.

El primer movimiento, aquel que contiene lo que llamo prolongada adulación a las estrellas, abarca las veintitrés aposiciones ya mencionadas, pero en un orden relativamente claro, si no unidad por unidad, sí en su agrupación. En las cuatro primeras estrofas predominan las imágenes de orden sensorial: visuales (centellas) cinéticas (ejército de oro), auditivas (llama parlera), con diversas connotaciones ornamentales (joyas, galas), intelectuales (letras de luz, misterios encendidos) y paisajísticas (fuentes de luz, flores lucientes). En las cuatro estrofas siguientes, aunque continúen apareciendo algunos valores sensóreos, se advierte el predominio de la estimativa moral, pues ya no se exalta principalmente la belleza de las estrellas en el firmamento, sino su poder sobre la vida del hombre: ninfas que arrastran la fortuna, árbitros de paz y guerra, dispensadoras de la suerte, dadoras de vida y muerte, rayos que son acentos, enojadas o benignas al labrador, el tiempo guarda las leyes de las estrellas, y éstas pueden ser amenazas a príncipes. Incluso, traspasado el límite de la invocación, aparecen las estrellas dentro del marco de la súplica como capaces de amor, suspirando, y como encargada cada una de una criatura humana (dos imágenes que añadir a las que mencioné en función apositiva).

Podría así reconocerse, en la enumeración, la serie sensorial y la serie moral: una gradación de lo externo (la belleza) a lo interno (el poder). Se empieza alabando la hermosura que está a la vista, y se sigue exaltando la potestad sólo perceptible por el entendimiento que comprende el destino, que interpreta la cosmología, que coordina la historia y que sondea en una zona metafísica aunque sea por modo mítico. Hay un tránsito de fuera adentro, atemperado a la orientación del discurso: desde el cántico a la majestad del macrocosmos hacia la súplica de favor de una conciencia personal, pequeño mundo humano.

En la parte moral, algunas expresiones pueden requerir aclaración. Los versos de la estrofa 8, "vosotras, cuyas leyes / guarda observante el tiempo en toda parte," recuerdan que el tiempo "no es otra cosa sino medida del movimiento del Cielo."[6] Los versos que siguen, "amenazas de príncipes y reyes / si os aborta Saturno, Jove o Marte," presuponen en el plano poético la inclinación determinada por los planetas mayores: príncipes y reyes vivirán discordias influidos por Saturno (a quien Júpiter, su hijo, destronó), injusticias o tiranías influidos por Júpiter, o guerras influidos por Marte. Parecido respeto a la imagen antigua del mundo demuestra la creencia en las estrellas como signos de aquellas figuras míticas heroicas o enamoradas que les dieron nombre (Perseo, Andrómeda, Casiopea, Ariadna, Calisto) y la fe en que cada alma tras la muerte va a su estrella (en versos de Dante: "parer tornarsi l'anime a le stelle / secondo la sentenza di Platone," *Paradiso*, IV, 23-24): "si amasteis en la vida / y ya en el firmamento estáis clavadas."[7] Otros residuos de la Antigüedad en el poema: el incienso de Pancaya, la lira, y las aves agoreras (murciélagos, búhos) consideradas aquí como musas inspiradoras o sirenas que mantendrán al amante hechizado en ese ámbito nocturno.

[6] Juan Pérez de Moya, *Philosophia secreta*, ed. E. Gómez de Baquero (Madrid: "Los Clásicos Olvidados," 1928), tomo I, p. 54.

[7] Véase el antiguo pero útil ensayo de Arturo Farinelli, "Dante e le stelle," en su libro *Attraverso la poesia e la vita, Saggi e discorsi* (Bologna: Zanichelli, 1935), especialmente pp. 82-83.

Leído así el poema, podría añadirse que de los tres componentes del himno (alabanza, súplica, homenaje), el principal, semánticamente, es el último, y no como promesa de homenaje, sino como comprobación de la permanencia del canto dentro del reino de la noche: no de la noche dulce del sueño y del olvido, sino de la noche peligrosa del insomnio y la pena. El largo presente descriptivo del cántico a las estrellas cede al imperativo del ruego, y éste al futuro proyectivo del homenaje, reemplazado al final por el futuro predictivo que corrige la confianza ilusoria en habitual desconfianza: la ilusión se desvanece, y la voz del sujeto será inspirada y atraída por el gemido de las aves tenebrosas. El himno termina como una elegía.

Tal era, y sigue siendo, mi lectura del poema. Pero en éste, como era previsible, opera la imitación de modelos literarios. Pronto se observó que los versos "las tenebrosas aves, / que el silencio embarazan con gemido, / volando torpes y cantando graves" tenían que proceder del *Polifemo* gongorino: "infame turba de nocturnas aves / gimiendo tristes y volando graves," y ello sirvió a Vilanova y a Blecua para situar la fecha del "Himno" después de 1613. Vilanova alude también a una reminiscencia de las *Soledades*, que ha de ser los "campos de zafiro," aquí "campañas de zafir."[8] Pero muy curioso me parece también esto: en la "Aguja de navegar cultos," burlándose Quevedo de Góngora y sus secuaces, receta a un aprendiz que "Use mucho de *líquido* y de *errante*," voz ésta que él mismo usa aquí ("greña errante"), y como ejemplo de "la ropería de viejo de anocheceres y amaneceres" contrahace, entre otros, estos versos: "Exequias de la luz y despavilos; / capuces turquesados, y argos de oro; / mundo viudo, **güérfanas** estrellas; / triforme diosa, carros del silencio; / soñolienta deidad, émula a Febo." Lo que no impide que escriba en este "Himno": "exequias del difunto día," "**güérfana** de la luz, la noche fría" y "Argos divino," luego de haber llamado a las estrellas "ejército de oro."[9]

Aunque la crítica reparó casi sólo en el verso "volando torpes y cantando graves," ello le bastó para advertir la impronta gongorina del poema, y nada tiene de extraño que Gerardo Diego, en su *Antología poética en honor de Góngora* (1927), puesto a escoger unas mues-

[8] Antonio Vilanova, *Las fuentes y los temas del Polifemo de Góngora*, (Madrid: RFE, Anejo LXVI, 1957), tomo I, p. 397.

[9] "Aguja de navegar cultos," en: Ana Martínez Arancón, *La batalla en torno a Góngora* (Barcelona: A. Bosch, 1978), pp. 74-75.

tras del gongorismo de Quevedo, seleccionase un soneto, una letrilla y "el apasionado *Himno a las estrellas*, muy de Quevedo, pero con imágenes y versos de Góngora casi al pie de la letra."[10]

Veremos si este poema puede considerarse "muy de Quevedo," pero antes hay que carearlo con otro que es su fuente principal: la canción "Le Stelle" de Giambattista Marino. Indica esta relación, muy brevemente, M. J. Woods en *The Poet and the Natural World in the Age of Góngora*, de 1978. Tratando de poemas cuyas descripciones de la naturaleza persiguen un efecto de sorpresa y maravilla, destaca aquel tipo de composición en que se escoge un aspecto de la creación (flor, pájaro, estrellas) y se lo describe a lo largo de una serie de conceptos con escaso o ningún comentario. Refiérese Woods a un anónimo "Romance a las estrellas," del *Cancionero de 1628*, que enfila, si yo no he contado mal, treinta y siete aposiciones hasta desembocar en estos versos: "Y con tantos atributos, / más, estrellas, os estimo, / por imitar unos ojos, / dulce objeto de los míos." Y afirma después Woods: "El propio *Himno a las estrellas*, de Quevedo, aunque más próximo a un poema de amor que el citado romance anónimo, tiene el mismo inequívoco tono en sus estrofas iniciales y la misma finalidad retórica," para agregar luego, refiriéndose al "Himno" y a la décima quevediana "Al ruiseñor": "Es significativo que el poeta italiano Giambattista Marino, tan consciente de la maravilla como finalidad retórica primaria, parece haber influido directamente en estos poemas con su *canzonetta, Le Stelle,* y su *Adone.*"[11]

He aquí el texto de la canción de Marino:

LE STELLE

1   Or l' ingegno e le rime
     a voi rivolgo, o stelle,
     luci del ciel sublime,
     tremule fiamme e belle,
     de l'esequie del dì chiare facelle;

2   amorose faville
     del primo foco ardente,
     luminose scintille
     del sommo Sol lucente,
     raggi del bel de l'increata mente,

[10] G. Diego, *Antología*, ed. cit., p. 20.

[11] M. J. Woods, obra citada (Oxford, 1978), pp. 74-76. He traducido los pasajes pertinentes.

3   espress'e lucid'orme
de l'invisibil vero,
illustri e pure forme,
che per dritto sentiero
traete al gran Principio uman pensiero;

4   *pompe, fregi e tesori*
da la notturna veste,
ornamenti e splendori
del bel tempio celeste,
di foco e d'òr dal gran Fattor conteste,

5   sacre lampe dorate,
che i palchi eccelsi ed ampi
del firmamento ornate;
fochi innocenti e lampi
de'tranquilli de l'aria aperti campi;

6   vivi piropi accesi,
care scorte superne,
del ciel occhi cortesi,
del mondo alte lucerne,
de la vòlta del ciel pitture eterne;

7   *fiori immortali e nati*
ne le campagne amene
de'sempiterni prati,
de le piagge serene
del ciel gemme minute, aurate arene;

8   danzatrici leggiadre,
che con diversi balli
ite scorrendo a squadre
i volubili calli
di trasparenti e sferici cristalli;

9   del sole aurea *fontana*
di lume almo e fecondo
e di virtú sovrana
oceano profondo,
puri ruscelli, *che irrigate il mondo;*

10   d'inestinguibil luce
luminose lumiere,
de la candida luce
de le lucenti *schiere*
che combatton con l'ombre, *alme guerriere;*

11   *voi, de la bianca Luna*
     vaghe *ninfe* vezzose,
     che ordite a l'ombra bruna
     di non terrene rose
     ghirlande incommensibili e pompose;

12   *bocche del ciel veraci,*
         lingue di Dio lucenti,
         che'n silenzi loquaci
         favellate a le genti,
         i cui tremoli rai son tutti accenti;

13   o se ne'sommi giri
         fisse seguite il moto
         de'rotanti zaffiri,
         o se per l'ampio ruoto
         degli abissi del ciel guizzate a nuoto;

14   *sí voi che ferme avete*
         stabilito confine,
         come voi che traete,
         veloci pellegrine,
         per le lubriche vie l'errante crine;

15   i vostri raggi d'oro,
         o stelle scintillanti,
         saluto, inchino, adoro
         come veri sembianti
         de'sacri di Maria lumi stellanti![12]

Las quince estrofas de esta canción obedecen a un esquema
métrico y rímico que, si el verso segundo de cada una contase once
sílabas en vez de siete, sería el mismo de la lira inmortalizada por
Garcilaso, Fray Luis y San Juan de la Cruz. Marino se dirige a las
estrellas y despliega en seguida sus atributos profusamente, hasta
que en las estrofas antepenúltima y penúltima comprehende a las
estrellas fijas y a las errantes para, en la última estrofa, referir
todos aquellos atributos a las sagradas luces de la Virgen María. No
es el suyo un poema de amor, sino un poema religioso.

Las imágenes aplicadas a las estrellas son treinta, y yo no puedo
percibir una distribución ordenada, pero sí una combinación armó-

---

[12] Giambattista Marino, *Poesie varie*, ed. de Benedetto Croce (Bari:
Laterza, 1913), pp. 361-63. Pertenece "Le Stelle" a *Le rime, parte seconda*
(Venecia, 1602).

nica y sostenida de la figura sensórea con el fundamento de significado metafísico-religioso; por ejemplo: "raggi" (sensorial) "del bel de l'increata mente" (suprasensible). De acuerdo con la finalidad de la canción, que no es pedir ninguna merced, sino atestiguar la adoración de las estrellas como semblantes verdaderos de la gloria de la Virgen, Marino ni pide, ni promete homenaje, sino exalta sola y abundantemente a las estrellas con mirada sensitiva (luces, llamas, antorchas, pavesas, centellas, rayos, pompas, etc.) sin perder casi nunca de vista lo que esas formas revelan al fondo: primer fuego, sumo sol, mente increada, verdad invisible, gran principio, templo celeste, gran Hacedor, cielo, virtud soberana, luz inextinguible, Dios.

He subrayado en la canción de Marino las imágenes que, a veces con leve variación, adoptó Quevedo en su himno, y son lo bastante numerosas, y a menudo literales, como para no dejar lugar a dudas acerca de la función de modelo que aquélla ejerció sobre éste.

Pero el valor propio de una obra imitada de otra estriba, primero, en la asimilación peculiar del modelo, y segundo, en la coherencia que el nuevo fruto así logrado guarde con la totalidad de lo escrito por el imitador ,o re-creador.

La asimilación debe apreciarse por lo suprimido, lo modificado y lo añadido. Inútil consignar aquí todo lo omitido por Quevedo. A manera de ejemplo, notaré que, entre otras muchas imágenes, el poeta español omitió precisamente aquellas, entre las sensóreas, que tienen un carácter más decorativo o suntuario (lámparas, piropos, pinturas, gemas, arenas, danzarinas) así como casi todos los envíos a su procedencia metafísica (primer fuego, sumo sol, mente increada, gran principio, Hacedor, virtud soberana), o sea, todo lo que en el poema de Marino remitiría, según Nelson, al pensamiento de Giordano Bruno, aunque otro marinista, Mirollo, tienda a desechar esta filiación.[13] Quedan algunas imágenes sensoriales e incluso ornamentales en el texto de Quevedo (pompa, joyas, galas) y tampoco faltan referencias a lo sobrehumano (el trono del eterno coro, Argos divino, misterios encendidos), pero unas y otras son en número muchísimo menor. Y así resulta que el "Himno" no es un poema sensual-religioso, como la canción de Marino, sino un poe-

---

[13] John Charles Nelson, *Renaissance Theory of Love* (New York, 1958), p. 231. James V. Mirollo, *The Poet of the Marvelous: Giambattista Marino* (New York: Columbia University Press, 1963), p. 206.

ma amoroso-humano y ético-político (ético-político porque lo realzado por Quevedo no es el cielo, sino la tierra con sus hombres en la paz y en la guerra, en su destino, ante la sequía y la lluvia, incursos en el tiempo, sujetos a los accidentes del gobierno).

En lo que atañe a las modificaciones, la mayor de todas es ésa: haber transformado un poema religioso de visión estelar dirigida al cielo, en un poema amoroso de visión estelar orientada a la tierra; un poema de sola alabanza, en un poema de alabanza-petición-homenaje; y un poema de ritmo rápido y exultante, en un poema de ritmo lento, pausado y melancólico.

Pero, fijándonos sólo, también por vía de ejemplo, en los préstamos de carácter más inmediato (los subrayados) podemos ver modificaciones notables. Por reducción: "pompe, fregi e tesori / da la notturna veste" se reduce a "pompa que da la noche a sus vestidos"; los tres versos "fiori immortali e nati / ne le campagne amene / de'sempiterni prati" se moldean en uno solo, "flores lucientes del jardín del cielo," o las dos estrofas de Marino sobre las estrellas fijas y las errantes se comprimen en sólo dos versos. Por alteración: "del ciel occhi cortesi, / del mondo alte lucerne" se transforma en "Argos divino," "por cuyos ojos vela el mundo ciego" (ni cortesía ni altas lumbreras, sino acecho por el que se desvela un mundo envuelto en oscuridad). Y por ampliación: las ninfas de la Luna que urden en la sombra "di non terrene rose / ghirlande incommensibili e pompose," son en Quevedo "familia relumbrante, ninfas claras, / cuyos pasos arrastran la Fortuna, / con cuyos movimientos muda caras, / árbitros de la paz y de la guerra," ofreciendo todo un sentido no mitológico y ornamental, sino astrológico y existencial.

Por último, las adiciones. Tenía razón Woods al indicar que el tono retórico de la cadena de atributos se daba sólo en las estrofas iniciales ("opening stanzas") del himno quevediano, pues efectivamente, a partir de la estrofa 5, al pasar de la serie sensorial a la moral, se atenúa mucho la letanía de epítetos gloriosos, las frases toman un sesgo complejo y subordinativo y, sobre todo, es ahí donde se enrarecen los ecos de Marino y surgen atributos de índole ético-política. Ya Quevedo había recurrido en las primeras estrofas a imágenes que no pertenecen al modelo: la noche huérfana de la luz, el ejército de oro, letras y misterios, tiniebla triste, sueño helado, "espías del amante recatado."

Un caso de alteración, menudo pero significativo. La versión primitiva del "Himno," conservada en un manuscrito napolitano del siglo XVII, aparte otras variantes que no importan, rezaba así en los dos primeros versos: "A vosotras, estrellas, / vuelve la voz mi musa temerosa." Esto estaba más cerca de Marino: "a voi rivolgo" ("vuelve la voz"). La versión última se despega del modelo: "alza el vuelo mi pluma temerosa."[14]

En lo más nuevo del poema de Quevedo, desde la estrofa 5 a la última, y en particular de la 9 hasta el final, allí pues donde el tema amoroso se explaya, podrían sospecharse otros antecedentes. ¿Acaso de la "Noche serena" de Fray Luis de León, tan frecuentado por Quevedo, resuenen aquí "el gran concierto" y "movimiento cierto" de los resplandores celestiales o las alusiones a "Marte airado," a "Júpiter benino" y a "Saturno, padre de los siglos de oro," seguidos por "la muchedumbre del reluciente coro"? En *De los nombres de Cristo* Marcelo habla del "exército de las estrellas" y de sus "bozes manifiestas" y "sin ruydo," así como del orden y quietud que infunde la visión de ese "exército resplandeciente."[15] Y de Francisco de la Torre, el otro poeta editado (y descubierto) por Quevedo, podrían derivar otros rasgos. Así, la estrofa que empieza "si amasteis en la vida" trae al recuerdo el soneto de aquél: "Estrellas hay que saben mi cuidado / y que se han regalado con mi pena, / que, entre tanta beldad, la más ajena / de amor tiene su pecho enamorado." La estrofa que comienza "Si entre vosotras una" y termina "que la incline siquiera a que me vea," pudiera relacionarse con estos versos del olvidado poeta a la noche: "que antes que tu niebla oscura caiga, / vea mi luz, y siempre tú me veas." Francisco de la Torre habla también del canto de las "aves noturnas," de los "ojos claros / del espantoso rostro de la noche" e invoca a Casiopea, a Andrómeda, Perseo y Diana.[16] Es, por excelencia, el poeta del amor quejumbroso bajo la noche estrellada.

Pero, por varias que fueren las apoyaturas imitativas, el "Himno a las estrellas" no deja de ser un poema forjado con unidad y cohesión interna, construido con eficaz gradación de sus movimientos, orientado a provocar un resultado imaginativo y emotivo perdurable.

[14] Consigna las variantes J. M. Blecua al pie del texto del himno.

[15] Fray Luis de León, *De los nombres de Cristo*, ed. de Federico de Onís (Madrid: Espasa-Calpe "Clásicos Castellanos"), tomo II, pp. 151-55, en el capítulo "Príncipe de Paz."

[16] Francisco de la Torre, *Poesías*, ed. de A. Zamora Vicente (Madrid: Espasa-Calpe "Clásicos Castellanos," 1944); lo citado o aludido, en pp. 20, 15, 6 y 68-69, por este orden.

Otro caso, muy semejante, es el poema titulado "El sueño," sub-titulado también "silva" y que métricamente lo es porque sus noventa y cuatro versos forman una tirada indivisa de heptasílabos y endecasílabos rimados sin pauta fija. Su redacción es anterior a 1611, y Astrana Marín apuntó certeramente: "Es imitación de Sta-cio: *Silvarum*, V, 4."[17] Nadie, que yo sepa, ha comparado el texto de Quevedo con el de Estacio, ni siquiera un tan buen conocedor de la poesía española como Hugo Friedrich, que dedicó singular atención a esa silva del poeta latino, "Somnus," imitada por varios italianos, entre ellos por Giovanni Della Casa, Bernardo Tasso y por Marino en sendos sonetos.[18] Los diecinueve hexámetros de Estacio pare-cían reclamar el soneto, pero Quevedo, que se inspira en él y no en ningún italiano, desenvuelve su silva en cerca de cien versos, de los cuales sólo diecisiete proceden del modelo: los casos más notorios son el principio del poema ("Crimine quo merui, iuuenis placidis-sime diuum"—"¿Con qué culpa tan grave, / sueño blando y sua-ve...?") y la expresión "extremo me tange cacumine uirgae," verso 18— "tócame con el cuento de tu vara," verso 80. Otros lugares de la silva quevediana conducen a los patrones imperecederos del noc-turno del insomnio: Virgilio y Petrarca. No por eso el poema de Quevedo carece de unidad e intensidad; al contrario.[19]

[17] Francisco de Quevedo, *Obras completas, Obras en verso*, ed. de L. Astrana Marín (Madrid: Aguilar, 1943), p. 468 b, nota 1. Véase también lo que, comentando una nota de A. Méndez Plancarte sobre el "Sueño" de Sor Juana, dice Georgina Sabat de Rivers en relación con "el himno latino de Estacio *Al Sueño*, que ha inspirado también partes de este poema de Quevedo" (en su monografía *El "Sueño" de Sor Juana Inés de la Cruz* [London: Támesis, 1977], p. 44).

[18] Hugo Friedrich, "Über die Silvae des Statius (insbesondere V, 4, Somnus) und die Frage des literarischen Manierismus," en *Wort und Text*, Festschrift für Fritz Schalk (Frankfurt a. M.: V. Klostermann, 1963), pp. 34-56, y *Epochen der italienischen Lyrik* (Frankfurt a. M.: V. Klostermann, 1964).

[19] El texto de "El sueño," en Blecua, núm. 398. Compárense de la silva de Estacio los versos 5-6, 7-8, 14-16, y 19, con los versos de la silva de Quevedo respectivos: 38 y 29-30, 18-21, 73-75, y 84-85. Quevedo, además, llama al sueño "cortés mancebo" (verso 51), como Estacio lo llama "iuuenis placidissime diuum." En cambio, los versos 22 a 50 del poema quevediano están más próximos a Virgilio, *Aeneis*, IV, 522-32, y a Petrarca, *Canzoniere*, núms. 50 y 216. No faltan algunas analogías con la hermosa "Canción I" de Fernando de Herrera: "Süave Sueño, tu, qu'en tardo buelo / las alas pere-zosas blandamente / bates.... "

Pero vengamos al otro criterio que sostiene la eficacia de un poema, por muchas imitaciones que contenga y por varios que sean sus patrones parciales. Es el criterio de la coherencia, decisivo si queremos no sólo que la poesía nos hable por sí misma, sino que nos hable este poeta, un determinado poeta. La referencia a Estacio no ha sido caprichosa. Lope de Vega tenía a Quevedo por un Estacio español, como lo expresa en su epístola "Al Doctor Gregorio de Angulo" (de hacia 1608, según Millé): "Veréis otro Francisco, que renueva / con más divino estilo que el de Estacio / las silvas, donde ya vencerle prueba."[20]

Karl Vossler y Maurice Molho han dado muy luminosas explicaciones sobre la introducción y primeros pasos de la silva en España.[21] Sólo me interesa subrayar ahora que el "Himno a las estrellas" y "El sueño" se subtitulan "silvas" en la primera edición y en ciertos manuscritos.

Cualesquiera que fuesen las silvas que llevase compuestas Quevedo el 17 de junio de 1624, en esa fecha escribió al Obispo de Bona una breve carta en la que, enviándole los burlescos romances de la fénix, el pelícano, el basilisco y el unicornio, le decía: "Vayan adelante [esas burlas], que yo volveré por mi melancolía con las *Silvas*, donde el sentimiento y el estudio hacen algún esfuerzo por mí."[22] Ya hemos apreciado el estudio; intentemos ahora apreciar la melancolía.

La mayoría de las silvas de Quevedo responden a la definición métrica de esta composición, pero cinco de los poemas clasificados como tales (entre ellos el "Himno a las estrellas") están escritos en estancias de seis versos, con hechura parecida a la de ciertas canciones de Carrillo, de Góngora, de Lope y del propio Quevedo. Serían así, estas pseudo-silvas, canciones aliradas, pero semánticamente próximas a las silvas.[23] Éstas, después de su iniciación bucólica que

---

[20] Lope de Vega, *Obras poéticas, I*, ed. de J. M. Blecua (Barcelona: Planeta, 1974), p. 768 (la epístola figura en *La Filomena*, 1621, y los versos citados son los versos 262-64). Véase: J. Millé y Giménez, "La epístola de Lope de Vega al Doctor Gregorio de Angulo," *Bulletin Hispanique*, 37 (1935), pp. 159-88.

[21] Karl Vossler, *Poesie der Einsamkeit in Spanien* (München, 1950), pp. 91-96. Maurice Molho, obra citada en la nota 1 de este trabajo, pp. 42-61.

[22] Francisco de Quevedo, *Epistolario completo*, ed. de L. Astrana Marín (Madrid: Reus, 1946), pp. 125-26.

[23] Blecua, núms. 138, 399, 401, 402 y 403.

culmina en Góngora (silva-selva-soledad-fábula pastoril), vienen a
perfilarse como poemas cuyo tema es la soledad (silvas amorosas) o
la meditación, generalmente desengañada, acerca de algo que se
tiene delante: en Quevedo una mina, Roma, el reloj, los huesos de
un rey, una fuente, el pincel, etc (silvas líricas y morales). Las silvas
de Francisco de Rioja ofrecen estos mismos aspectos. Ello explicaría
que Aldrete y ciertos copistas considerasen silvas aquellas canciones aliradas, a las que además, formalmente, distingue una emana-
ción indefinida o potencial alargamiento sin fin, una soltura natural
de lo que se va cantando, una calidad desatada, como ocurre en el
"Himno a las estrellas," donde la alabanza de éstas ocupa las dos
terceras partes del poema, trasmitiendo la impresión de que pudiera prolongarse sin infringir ninguna regla o hábito compositivo.

Pues bien, en estas canciones y silvas de Quevedo que tienen
por objeto la soledad amorosa o la meditación desengañada, pero
también en otros poemas, puede percibirse sin dificultad una de las
constantes temáticas que más coherencia infunden a su poesía: la
imaginación de la noche. Me limitaré a unas pocas observaciones y
a unos pocos ejemplos, próximos al "Himno."

Las voces a través de las cuales habla Quevedo en su obra en
verso representan a menudo tipos de emisor muy ficcionalizados: el
consejero, el encomiasta, el plañidero, el pastor, el murmurador, el
cínico, el pícaro, el cornudo, el jaque, etc. Hay, sin embargo, tipos
de emisor menos o nada ficcionalizados, que parecen dirigirse no a
un destinatario interno al poema, sino al lector directamente o indirectamente por medio de aquel destinatario, o a nadie, o a todos, o
al propio sujeto. Y aquí las tres voces mayores son la del penitente
(en la poesía moral), la del creyente (en la religiosa) y la del amante
(en la amorosa), refiriéndome ahora sólo a la poesía "grave."

La noche del penitente es la de la ignorancia de la verdad moral,
la de la culpa, el infierno o la muerte, y sus estrellas son luces de
ilusión, resplandores de la soberbia, señas del destino. La noche del
creyente es también la de la culpa y el remordimiento, o aquella
noche que en mitad del día ennegreció el Calvario, y sus estrellas
son ojos de Dios, o flores del paraíso, señas de la esperanza. En los
poemas líricos y amorosos la voz del amante abre una noche que es
espectáculo hermoso y semillero de metáforas de la belleza de la
amada, y otra noche que podría ser paz-silencio-olvido-sueño si el
sueño se apiadara del amante, pero que, cuando no se traduce en
ensueños vanos que alumbran el placer para apagarlo en seguida,
suele ser inquietud-lamento-memoria-insomnio y tiniebla tenaz-

mente prendida al dolor del ausente, del no correspondido, y las
estrellas de esta noche querida y temida figuran ojos desvelados, o
lugares de almas que amaron, o posibles—ilusorias— luces protec-
toras, consoladoras o favorecedoras.

De la constancia y coherencia de estos nocturnos de Quevedo
daré solamente unos pocos ejemplos.

Por la voz del penitente, en el Salmo X del *Heráclito cristiano*:

> Perdí mi libertad, mi bien con ella;
> no dejó en todo el cielo alguna estrella
> que no solicitase,
> entre llantos, la voz de mi querella:
> ¡tanto sentí el mirar que me dejase![24]

Por la voz del creyente, describiendo la noche en que Cristo
descendió a los infiernos, en el "Poema heroico a Cristo resucitado":

> Era la noche, y el común sosiego
> los cuerpos desataba del cuidado,
> y, resbalando en luz dormida el fuego,
> mostraba el cielo atento y desvelado;
> y en el alto silencio, mudo y ciego,
> descansaba en los campos el ganado;
> sobre las guardas, con nocturno ceño,
> las Horas negras derramaron sueño.[25]

Por la voz del amante:

> Por yerta frente de alto escollo, osado,
> con pie dudoso, ciegos pasos guío;
> sigo la escasa luz del fuego mío,
> que avara alumbra, habiéndome abrasado.

> Cae del cielo la noche, y al cuidado
> presta engañosa paz el sueño frío;
> llévame a yerma orilla de alto río,
> y busco por demás o puente o vado.[26]

Nada tiene de extraño que en las silvas amorosas abunde la
melancolía del paisaje del insomnio. Así, en la silva "El sueño," en
aquellos versos derivados de Virgilio y Petrarca más que de Estacio:

[24] Blecua, 22: 14-18.

[25] Blecua, 192: 41-48.

[26] Blecua, 480: 1-8.

Con pies torpes, al punto, ciega y fría,
cayó de las estrellas blandamente
la noche tras las pardas sombras mudas
que el sueño persuadieron a la gente
. . . .
Con sosiego agradable
se dejan poseer de ti las flores;
mudos están los males;
no hay cuidado que hable:
faltan lenguas y voz a los dolores,
y en todos los mortales
yace la vida envuelta en alto olvido.
Tan sólo mi gemido
pierde el respeto a tu silencio santo...

y la silva termina con promesa muy parecida a la del "Himno a las estrellas," pues si en éste el amante prometía cantar solamente en la noche para propiciar la diferida atención de los astros, en "El sueño" dice:

Quítame, blando sueño, este desvelo,
o de él alguna parte,
y te prometo, mientras viere el cielo,
de desvelarme sólo en celebrarte.[27]

La noche insomne domina también el poema "Ansia de amante confiado," escrito en el mismo tipo de sextina real que el "Himno":

La primer moradora
del mundo, sombra ciega, noche avara,
del miedo y la traición madre y autora,
la que al abismo arrebozó la cara,
cumple extendida por el alma mía
destierro negro de la luz del día.[28]

[27] Blecua, 398: 22-25, 39-47, 91-94. Con su característica sensibilidad selectiva (y una memoria rítmica ocasionalmente infiel) afirmaba Azorín en 1924: "Quevedo, en su silva *El sueño*, ha dado, en dos palabras, una sensación profunda de la noche: ... *Ciega y fría / cayó blandamente de las estrellas / la noche...* " (*Una hora de España*, cap. XII, en *Obras completas* de Azorín [Madrid: Aguilar, 1961], tomo IV, p. 516). Tal sensación se hace motivo reiterado en varios puntos: "Ha caído la noche, desde las estrellas, ciega y fría" (cap. XII, p. 516); "La noche desciende ciega y fría para las cabañas de los pastores y para los palacios de los caballeros" (cap. XIII, p. 518); "El corral está solitario; va descendiendo de las estrellas ciega y fría la noche" (cap. XV, p. 522).

[28] Blecua, 403: 43-48.

Prueba máxima de la constancia de la imaginación nocturna de Quevedo es el hecho de que en el tardío "Poema heroico de las necedades y locuras de Orlando el enamorado," explosión de lo grotesco dentro de su obra de burlas, contrastando con la pirotecnia de las octavas literalmente esperpénticas que constituyen casi todo el volumen de este torso, aparezcan dos octavas que pueden contarse entre los más bellos nocturnos del poeta, ambas en estrecha relación con nuestro "Himno" y sin ninguna conexión con el parodiado poema de Boiardo. Hacia el final del truncado texto, cuando el furioso Orlando hace partir a Reinaldos "como un cohete" en pos de Angélica, el narrador describe:

> Cayó muda la noche sobre el suelo,
> sobrada de ojos y de lenguas falta;
> sin voz estaba el mar, sin voz el cielo;
> la luna, con azules ruedas, alta,
> hiere con mustio rayo el negro velo,
> maligna luz que la campaña esmalta;
> yace dormido entre la yerba el viento,
> preso con grillos de ocio soñoliento.

Aquí todavía puede notarse un concepto levemente asociable a lo ridículo ("sobrada de ojos y de lenguas falta"), pero cuando el caballero monta a caballo:

> Monta a caballo y, ajustado el freno,
> dijo, mirando al cielo: "Claustro santo,
> de *misterios de luz* escrito y lleno,
> *Argos de oro* y estrellado manto,
> *favorece las ansias en que peno;*
> que *yo te ofrezco,* si consigo tanto,
> *humos preciosos* que de mí recibas,
> y en voces muertas, intenciones vivas."[29]

Se diría que el poeta hubiese condensado aquí en ocho versos las doce estrofas del "Himno a las estrellas": los *misterios encendidos* son ahora "misterios de luz"; el *Argos divino,* "Argos de oro"; *ordenad que tenga estrella, pedidla ... que la incline siquiera a que me vea,* y los tonos

---

[29] Francisco de Quevedo, *Poema heroico de las necedades y locuras de Orlando el enamorado,* ed. de María E. Malfatti (Barcelona, 1964), Canto II, versos 681-88 y 713-20. En el poema de Boiardo sólo se lee en relación con la noche: "la sera aspetta, e lo aspettar lo agreva," y "Ma come gionta fu la notte scura, / nascosamente veste l'armatura" (p. 114 de esta edición).

que adularían *mis ansias y mis penas*, se han transformado en "favorece las ansias en que peno"; y la ofrenda de *humo, rico aliento de Pancaya*, en el ofrecimiento de "humos preciosos." ¿Constancia en el "cliché" o coherencia en el sentimiento? Esto último, creo yo, pues un poema de traza caricaturesca como el de "Orlando" vedaba en rigor estos fragmentarios nocturnos melancólicos.

Más numerosos podrían ser los contextos pertinentes que acompañaran este comentario del "Himno a las estellas," pero cualquier lector puede espigarlos hojeando las poesías de Quevedo. Sólo quería resaltar su propensión característica a la representación imaginativa de la noche, tan densa y tan distinta respecto a la poesía matinal y radiante de un Góngora, por ejemplo.

Ocurre a menudo que el examen de los poetas renacentistas y barrocos conduce a la apreciación de su saber, pero dejando fuera su sentir, y como caso cercano podría citarse el libro mismo de Woods, quien tiende a descartar la sinceridad de los poetas que estudia, atendiendo primariamente no a su pasión sino a las tradiciones retóricas que les guían y que pueden revelar más bien las actitudes emocionales de los lectores en general. Pero los motivos retóricos no excluyen la sinceridad, la pasión, la autenticidad. Aunque la imitación prevalezca sobre la invención entre los poetas de aquellos tiempos, hay un medio de apreciar no su subjetivismo, ausente hasta que el giro romántico estrena la falacia patética, pero sí su subjetividad, su personalidad, y ese medio es la repetición consecuente de actitudes, temas, motivos, formas, que revela las dominantes imaginativas, y aun obsesivas, de su obra.

En un breve trabajo reciente intenté mostrar que, contra la opinión general según la cual en *El Criticón*, de Gracián, todo es figuración emblemática, abstracción sin poesía y descripción no intuitiva ni vivida, la prosa de ese libro alcanza momentos en que todo— sonido, palabra, frase, imagen, estilo— confluye a un resultado poético admirable, edificante y en ocasiones conmovedor, y que esos momentos se dan con suprema evidencia cuando el narrador o el personaje evocan el tiempo y la muerte: la muerte en los mares, las flores marchitas, el llanto a la entrada del mundo, la visión de la vida del hombre como el correr del agua, los despojos del tiempo, la muerte de los hombres eminentes, el llanto de Jerjes. Variaciones sobre el morir, elegías del tiempo, descubren el tema primordial del escritor, "la tema" o manía (cada loco con su tema) que moviliza con tensión singular todas las facultades del artista.[30]

Algo semejante ocurre con la noche en la poesía grave de Quevedo, y espero al menos haber señalado que no se trata sólo de repetición o frecuencia (estadística, al fin y al cabo), sino de concentración de medios, y también de contraste (esos nocturnos melancólicos imprevisiblemente insertos dentro de un poema cómico). Y la lectura de estos nocturnos quevedianos podría, en fin, llevarnos a esta conclusión.

En la vertiente grave de su copiosa obra en verso, Quevedo es ante todo el poeta que mejor sabe en su siglo expresar la inmanencia del sufrimiento, de la angustia, de la melancolía. Traté de exponerlo en mi único estudio largo sobre un poema de Quevedo: el soneto "En los claustros del alma"; y poco después, independientemente, lo examinaba con sutileza Margarita Levisi en su estudio "La expresión de la interioridad en la poesía de Quevedo."[31] A los testimonios por ella y por mí aducidos acerca de la expresión espacial de lo interior (venas y medulas; cuerpo como edificio, prisión, sepulcro o monumento; alma como provincia, patria, corte o claustro; senos de la tierra; encerramiento de la muerte; infernal "reino del espanto," etc.) podría añadirse ahora la expresión temporal de la intimidad a través de la imaginación de la noche. Aunque muy brevemente, ya apuntó algo de esto Mario Pinna en su trabajo "Quevedo e Rubén Darío poeti del *nocturno*: Proposte per una lettura."[32]

---

[30] G. Sobejano, "Prosa poética en *El Criticón:* Variaciones sobre el tiempo mortal," en *Romanica Europaea et Americana*, Festschrift für Harri Meier zum 8. Januar 1980 (Bonn: Bouvier, 1980), pp. 602-614.

[31] G. Sobejano, "'En los claustros de l'alma... ' Apuntaciones sobre la lengua poética de Quevedo," en *Sprache und Geschichte*, Festschrift für Harri Meier (München: W. Fink, 1971), pp. 459-92; y el mencionado artículo de Margarita Levisi, en *MLN*, 88 (1973), pp. 355-65.

[32] En *Rivista di Letterature Moderne e Comparate*, 26 (1973), pp. 31-38. Se ocupa de Rubén Darío y apenas de Quevedo. —Edward M. Wilson y José Manuel Blecua, en su edición de las *Lágrimas de Hieremías castellanas* (Madrid, RFE, Anejo LV, 1953, p.cxxi) notaron bien que la abundante repetición de voces como *negro, noche, tinieblas, escuridad, ciega,* "intensifica el aspecto nocturno y tenebroso de la versión parafrásica de Quevedo." Corroboran tal impresión estos versos de la paráfrasis, tan acordes con los que he destacado anteriormente:

> Aparté mis dos ojos
> de la serena luz, blanca y hermosa
> aurora de aquel día,

Sí, Quevedo poeta de *nocturnos*. No era mi intento reducir éstos a un esquema de significaciones patentes ni latentes, pues es grande su diversidad y varias sus funciones. Pero de la insistencia quevediana en la evocación poética de la noche (marco alegórico también de sus celebrados *Sueños*) quisiera al menos decir que se distingue por una tensión entre la noche *primera* de la muerte y del olvido y la noche *otra*: esa noche en que no se encuentra la muerte, en que el olvido se olvida, en que la memoria no alcanza reposo (dicho a la manera de Maurice Blanchot).[33]

Gilbert Durand opone el régimen nocturno de la imagen, bajo el signo de Cronos (ámbito de la inmanencia: mundo animal, tinieblas, caída) y el régimen diurno (ámbito de la trascendencia: armas cortantes, luz contra la tiniebla, ascensión contra la caída). Y estudia cómo, ante la negatividad de las tinieblas, algunos poetas parafrasean eufemísticamente la noche, haciendo de ella envés del día que devuelve a la luz, suave descenso en vez de caída abrupta, copa y no abismo, fuente del recuerdo, símbolo de lo inconsciente, retorno a la madre, un indulgente espacio que admite aquella oscura claridad que baja desde las estrellas.[34] Y este sentimiento de la noche, que es el principal en la poesía de Quevedo, y sobre todo en el "Himno a las estrellas," consuena con los símbolos de la interioridad o de la intimidad del animista, platónico y estoico Quevedo. aposento, caverna, sepulcro, claustro maternal o mortuorio, templo, bóveda, oro nocturno.

Jorge Guillén compendió así la vida de Quevedo en la última estrofa de su poema "Obsesión":

Intervalo difícil entre el materno vientre
Y la entraña materna de tierra y sepultura.
Liberadora llegue, llegue la hora pura,
El hijo con la madre se compenetre y centre.[35]

---

a quien nunca la noche se a atrevido,
y a la escuridad ciega
los entregué de modo
que por tinieblas mudas y desiertas
perdidos pasos doy con pie dudoso (p. 115).

[33] Maurice Blanchot, *L'espace littéraire* (Paris: Gallimard, 1955), p. 216.

[34] Gilbert Durand, *Les structures anthropologiques de l'imaginaire* (Paris: P. U. F., 1963).

[35] Jorge Guillén, *Aire nuestro* (Milano: All'Insegna del Pesce d'Oro, 1968), p. 1141.

Y otro poeta español, Claudio Rodríguez, concluye así su breve poema "Noche abierta":

Porque la noche siempre, como el fuego, revela,
refina, pule el tiempo, la oración y el sollozo,
da tersura al pecado, limpidez al recuerdo,
castigando y salvando toda una vida entera.

Bienvenida la noche con su peligro hermoso.[36]

UNIVERSITY OF PENNSYLVANIA

[36] Claudio Rodríguez, *Alianza y condena* (Madrid: Revista de Occidente, 1965), p. 94. Agradezco valiosos auxilios, en la preparación de este trabajo, a mis alumnos y amigos Hazel Gold y Christopher Maurer.

Una cosmogonía antisemita: "Érase un hombre a una nariz pegado"

MAURICE MOLHO

 ERÁ PRESUNCIÓN EXCESIVA volver una vez más al conocidísimo soneto de la nariz, *Érase un hombre a una nariz pegado*, que cuenta ya con una eficacísima bibliografía, ya que, además de las apuntaciones eruditas de María Rosa Lida y de James O. Crosby sobre los modelos y fuentes clásicas, este soneto ha dado ya lugar a inteligentísimos comentarios interpretativos de Fernando Lázaro Carreter y de James Iffland. Con todo, sigue oponiendo al análisis resistencias insospechables, que hacen que se le considere en el mejor de los casos no más que como un extraño alarde de ingenio conceptista y metafórico. La presente ponencia se propone desentrañar las valencias ideológicas y simbólicas que se entretejen en una estructura epigramática que ensarta chistes nada inocentes sino agresivos y conminatorios, como si a través del ingenio se hubiese de desfogar un esperpéntico delirio antisemita. En efecto, el soneto, de un antisemitismo exacerbado y obseso, ha de leerse, según hemos de ver, como un proyectil ofensivo y dañoso en la polémica de Quevedo contra los judíos.

Pero antes de entrar en el análisis, es preciso tomar decisión sobre la elección del texto básico. Nuestro soneto figura en la página 416 del *Parnaso español* que editó en 1648 González de Salas, y con el no. 513 en la *Poesía original* de José Manuel Blecua, que desecha el texto de González de Salas (designado como D en su aparato crítico) y produce una edición fundada en los manuscritos y esencialmente en A. La hipótesis de Blecua, que él mismo expone en su *Introducción (Poesía original*, pp. LXX-LXXI), es que el texto impreso D representa una versión primitiva que Quevedo debió retocar hasta dar, tras unos cuantos tanteos de los que dan fe las variantes manuscritas, con una redacción plenamente quevedesca e inmejorable. Sin examinar por ahora el detalle de esas variantes, séame permitido declarar de entrada que, pese a mi entrañable admiración por el monumento editorial de Blecua y a la amistad que de siempre nos une, no puedo compartir su opinión sobre la historia textual del soneto *Érase un hombre a una nariz pegado*, y que, por motivos que más adelante se irán exponiendo, me he decidido en favor de la versión de González de Salas, que me parece genuinamente quevediana, desechando las variantes meramente quevedescas y tal vez apócrifas de A B B1 C.

He aquí, pues, el soneto tal como figura en el *Parnaso español* de 1648:

A UN NARIZ

A	1	Érase un hombre a una nariz pegado,
	2	érase una nariz superlativa,
	3	érase una nariz sayón y escriba,
	4	érase un peje espada muy barbado;
B	5	era un reloj de sol mal encarado,
	6	érase una alquitara pensativa,
	7	érase un elefante boca arriba,
	8	era Ovidio Nasón más narizado.
C	9	Érase un espolón de una galera,
	10	érase una pirámide de Egito,
	11	las doce tribus de narices era;
D	12	érase un naricísimo infinito,
	13	muchísimo nariz, nariz tan fiera
	14	que en la cara de Anás fuera delito.

La nariz—el mismo texto lo dice—es de un *sayón*, es decir de un judío. El soneto ha de leerse, pues, como un diatriba antijudaica. Su interés estriba esencialmente en su estructura simbólica y en la sutil articulación de las valencias literales y subliterales que pone en juego. Pero el símbolo profundo no se deja aprehender sin una previa descripción del significante como literalidad gramatical y retórica.

I. Gramática y retórica.

El soneto es un claro ejemplo de lo que se ha llamado "estilo enumerativo," e incluso, si se admite que ensarta metáforas en orden aparentemente inconexo y disperso, podría decirse que pertenece al *caotismo*, o "enumeración caótica" definida por Leo Spitzer (*Lingüística e historia literaria*, pp. 311-12). De hecho, los rasgos distintivos del narigón forman una serie metafórica que debe su carácter apretadamente homogéneo a la unicidad del referente. El modelo es el de la enumeración panegírica tradicional de la que las letanías cristianas no son sino un caso específico,—como si el narigón judío debiera suscitar la agresiva denuncia de unas letanías al revés, en las que se enumerasen sus atributos rínicos como blasón de su judaicidad. Exactamente como en el esquema heredado del culto judeo-cristiano, el verbo *ser* es el que funciona como vector de la incidencia atributiva, sólo que el *Yo soy... / Tú eres...* de la tradición, se sustituyen por formas alternantes *érase / era* en que el referente se representa en tercera persona. De ahí que en nuestro soneto, como en las letanías, el Judío se multiplique en sus glorias nasales, no sin dejar de permanecer uno en su ser único e irremediable: paradoja que funda la dinámica de un discurso contradictoriamente disyunctivo y conjuntivo.

Poca atención se ha concedido hasta ahora al epígrafe que encabeza el texto en el *Parnaso español*. Es más: los mejores especialistas (José Manuel Blecua, María Rosa Lida, Fernando Lázaro) se han obstinado en la inadvertencia de leer *A una nariz* donde el texto impreso por González de Salas reza con toda claridad: *A un nariz*, lección legítima que, si se tiene en cuenta, no puede dejar de tener consecuencias gramaticales y retóricas.

La construcción *(A) un nariz*, que más adelante se convierte en *un naricísimo infinito* (D 12), y en *[un] muchísimo nariz* (D 13), corresponde a lo que en el ms. A es *(A) un hombre de gran nariz* y en C *(A) uno que tenía gran nariz*,—epígrafes que, como el del *Parnaso español* (aunque con menos ingenio), no designan la nariz sino el narigudo como blanco de la sátira.[1]

Un nariz (~ *un naricísimo / un muchísimo nariz*) no es más que la aplicación de un procedimiento expresivo todavía vivo en el español

---

[1] El epígrafe de B: *A un narigón*, es conceptuoso, ya que *narigón* vale tanto por "nariz grande" como por "el que tiene grandes narices" (*Autoridades*).

coloquial de hoy, y que consiste en conferir incidencia adjetiva a un
substantivo con el fin de formar un adjetivo de discurso a su vez
sustantivable,—operación sintáctica sujeta a dos constreñimientos;
a saber: a) que la incidencia adjetiva se aplique exclusivamente a
una persona; b) que el sustantivo adjetivado designe una propiedad, atributo o rasgo distintivo de la persona en cuestión. De ahí
que el procedimiento que nos ocupa se utilice familiarmente para
formar apodos cómicos. Así un giboso se designará por su joroba o
chepa, apodándose el Chepa; un barrigudo por su barriga: el Barriga;
el ojeroso por sus ojeras: el Ojeras, etc.[2] En nuestro epígrafe, el personaje identificable por su nariz excesiva se designa como un nariz,
con artículo indefinido por aplicarse la sátira a toda persona suscep-
tible de tan infamante caracterización, es decir a cualquier judío,
pues ya se sabe que la mitología antisemita tradicional, a la que
Quevedo se adhiere sin reserva, solía—y todavía suele—atribuir al
judío un apéndice nasal proeminente.

Volviendo al fenómeno gramatical del epígrafe, conviene observar que, siendo siempre el atributo adjetivable / sustantivable un
rasgo distintivo del sujeto, la mecánica incidencial atributiva promueve en último término una metonimia, pues consiste en tomar
la parte por el todo, o mejor dicho en enunciar el todo, que es el
sujeto, por una de sus partes considerada como relevante y especi-
ficadora.

Nuestro soneto se basa, pues, en una operación metonímica por
la que un hombre se reduce a su nariz, lo que le confiere estatuto
de hombre-nariz, o, en una sola palabra, de nariz.

Ahora bien: si el soneto es una enumeración de metáforas que
todas se refieren al nariz o a la nariz (la distribución no es indiferente), nos hallamos frente a dos operaciones contrarias, ya que las
metáforas que son proyección y desplazamiento se asientan en una
metonimia que es reducción condensadora.

Las dos operaciones se articulan en el mismo resorte de la metonimia, que es objeto por parte de Quevedo de una eficaz manipula-
ción: en efecto, lo que la metáfora proyecta y amplía es una nariz
que la metonimia engrandece a proporción que reduce al hombre a
un elemento de su propia persona, —reducción estrictamente cuali-

---

[2] No siempre el atributo que promueve la adjetivación / sustantivación
es un rasgo físico del sujeto, sino que también puede ser un hábito o una
manía risible: de uno que bebe con exceso se dirá que es un copitas, y al
amanerado o pamplinero se le designará como el pamplinas.

tativa (como la del barco a la vela que lo condensa y representa), de modo que también ha de ser cualitativa la mayoración de la nariz y la consiguiente subordinación del sujeto al atributo que lo significa.

El chiste básico del soneto consiste precisamente en una especie de salto dialéctico de la calidad a la cantidad: *Érase un hombre a una nariz pegado* es la transformación de una metonimia cualitativa banal, como la que se expresa en el epígrafe, en una relación cuantitativa que, transcendiendo toda convención retórica, se concreta en un monstruo grotesco con una nariz que se ha ido ampliando a proporción de la efectiva reducción del cuerpo que la sustenta, de modo que en vez de ir pegada al hombre, es el hombre el que se pega a ella como apéndice de su propia nariz metonímica: metonimia viva que, mediante el salto dialéctico, se ha realizado en figura fantástica.

En otros términos, más rigurosamente analíticos, el fenómeno que nos ocupa consiste en que el paso de la calidad a la cantidad y por consiguiente de la prevalencia cualitativa del atributo: *nariz*, a su prevalencia cuantitativa, tiene por efecto suscitar la necesaria inversión de la relación metonímica (la parte nunca puede ser mayor que el todo)—relación que, si se reduce a terminos de conjunto, no es sino una forma de pertenencia o inclusión, o sea que de una fase (a), propiamente retórica, en que el hombre *h* aparece como incluyendo cualitativamente la nariz *N*, se accede a una fase inversa (b) en que la nariz *N*, cuantitativamente dilatada por efecto del salto dialéctico, es la que ahora incluye al hombre *h*:

$$(a) \quad h \subset N > \quad (b) \ N \subset h$$
$$\text{[un nariz]} \qquad \text{[un hombre a}$$
$$\text{una nariz pegado]}$$

—representación deliberadamente absurda, que es como parodia y denegación metaretórica de toda metonimia.

Los elementos constitutivos de la metonimia básica: el hombre y la nariz, o sea: *h* y *N*, constituyen un doble tema que se enuncia en los dos primeros versos del soneto:

A1 Erase un hombre a una nariz pegado (= *h*)
A2 Erase una nariz superlativa (= *N*)

Obsérvese de paso que A1 es un sáfico que en cuarta y octava introduce los dos lexemas temáticos, de los que el primero— *hombre*—no ha de ocurrir más, sino que se implicita en las construcciones metonímicas de D, análogas a la del epígrafe:

D12 *un naricísimo.infinito* (= *h*) y sobre todo D13 que articula a su vez el doble tema en sus dos hemistiquios:

D13 *muchísimo nariz,* // *nariz tan fiera,*

de donde resulta un verso en que la cesura sintactico-métrica separa dos ocurrencias de un mismo significante: *nariz,* que incorpora sucesivamente los valores *h* y *N* constitutivos de la estructura metonímica, de modo que la secuencia:

$$... nariz \; 1 \; // \; nariz \; 2 ...$$
$$(= h) \quad\;\; (= N)$$

es el asiento de un concepto plural y simétrico en que se equilibran y condensan las tensiones antagónicas del soneto.

El doble tema inicial da lugar a un desarrollo metáforico que ocupa nueve versos (A3—C11). Las metáforas, que son nueve, se suceden en un orden aparentemente inconexo. Cada una arranca de uno y otro de los dos subtemas *h* y *N*, con lo que se introduce en el aparente desorden del episodio metafórico un principio elemental de clasificación.

Se refieren a *h* las metáforas en que el hombre *h* es tema gramatical de predicación. La nariz *N,* que es objeto de la proyección metafórica, funciona entonces como atributo calificativo del conjunto *h* al que pertenece.

Así de *h* es de quien se predica que es como *un peje espada* (A4), porque su nariz es comparable a la proeminente espada del pez espada, con lo que resulta que ese "peje" astuto y desconfiable no es sino un tremendo pez, y con más barbas de las que suelen llevar las especies acuáticas. También es *h* un *reloj de sol* (B5) por el erguido gnomon de su nariz, y *alquitara* (B6) por ese apéndice saliente que es como el cuello o cañón del alambique. No lleva *h* nariz, sino trompa, de modo que es *un elefante boca arriba* (B7), o sea "de la boca para arriba" o "echado al suelo y con las patas por alto," en cual caso la trompa aparece como irguiéndose hacia el cielo y no arrastrándose a ras de tierra. Y se concluye diciendo de *h* que es *Ovidio Nasón* (B8), pues Ovidio, como su nombre indica, debía ser *un nariz,* como el mismo *h,* aunque menos narigudo.

A todos esos versos en que la metáfora se construye como predicado de *h,* suceden otros que son metaforizaciones directas de *N,* que ahora es su propio tema de predicación: de *N* se dice, y no de *h,* que es *un espolón de una galera* (C9) o *una pirámide de Egito* (C10).

Sólo quedan por examinar dos imágenes que asimismo se predican de N, pero que por su tema y distribución merecen considerarse aparte: son las dos imágenes judías que se sitúan la primera (A3: *érase una nariz sayón y escriba*) a la entrada del desarrollo metafórico, y la segunda (C11: *las doce tribus de narices era*) en posición conclusiva, encerrando el episodio central del soneto entre sus dos denotaciones antisemitas.[3] En ambas imágenes la metaforización consiste en transferir a N propiedades que son de *h*, o sea calificar la parte con atributos que son del todo, es decir del hombre considerado en su totalidad. Así la nariz es *sayón*, que vale "verdugo," y *escriba*, o "doctor de la ley hebraica," con que recibe estatuto de hombre, y de hombre judío en trance de juzgar y asesinar a Nuestro Señor. Lo mismo sucede en C11, que proclama que la nariz es tan enorme que no puede ser la de un hombre, sino que es la de toda una tribu e incluso de las doce tribus de Israel juntas, es decir de la judaicidad toda, —por lo que *h* se eleva a la categoría de judío prototípico y ejemplar.[4]

Pero esa alternancia de metáforas primarias (en inmediata conexión con N) y secundarias o metonímicas (incidentes a *h*), no deja de ser un fenómeno de superficie vinculado a una estructura profunda en que la relación metonimia / metáfora coincide con *h* / N, por lo que se presenta como ambivalente y reversible: en efecto, la relación *h* / N, que es la de un conjunto inclusivo y del elemento que incluye, no puede ser sino de recíproca implicación,—de modo que metonimizar a *h* mediante metaforización de N, no difiere en el resultado de la operación inversa, pues no es posible metaforizar a N sin suscitar por solidaridad la metonimización de *h* (en virtud del principio: no hay N sin *h*, ni *h* sin N).

Al finalizar la enumeración metaforizada de las propiedades del nariz (*h*) y de la nariz (N), que es el segundo momento de nuestro soneto, se introduce una recapitulación conclusiva, que corresponde al terceto D. Con ella reaparece la construcción metonímica del epígrafe: *un naricísimo infinito* (D12), *muchísimo nariz* (D13), con doble superlativización: la primera, interna, por sufijo: *nariz—ísim—*

---

[3] La variante manuscrita (A) que hace de A3 el tercer verso del cuarteto B, es menos satisfactoria que la edición del *Parnaso español*, pues rompe la simetría muy significativa de las dos metáforas judaicas.

[4] Cf. J. Iffland, *Quevedo and the Grotesque*, I, pp. 114-16, que es el primero en recalcar el intento antisemita del soneto.

o; la segunda, externa, por cuantificación adverbial asimismo su-
fijada: *much—ísim—o* + adj. atributo (→ nariz), por lo que se califica
por dos veces al sujeto de *nariz*, motejándole de serlo excesivamente
(tema metonímico: *h*), antes de exhibir en su escueta enormidad el
órgano incriminable: *nariz tan fiera* (N: tema metafórico), para concluir satirizándola en una malévola agudeza: *en la cara de Anás fuera
delito* (D14), que condensa en chistosa agresividad el ardor antisemita del soneto.

Antes de concluir el análisis gramatical, es preciso decir algo de
la cópula verbal: *érase, era,* que es la armazón del discurso.

Con su *érase,* el soneto *A un nariz* ofrece el aspecto de una estructura narrativa, que de verso en verso falla en su narratividad.
Diríase como de un cuento que arranca y al punto encalla, volviendo a arrancar para pararse de nuevo, como si no pudiera
pasarse adelante con una historia que se va frustrando reiterada e
indefinidamente. Esa modalidad narrativa, que no deja de tener
algún extraño parentesco con la tradición de los cuentos de nunca
acabar, se marca en el discurso mediante la alternancia:

érase / era

Ya se sabe que la forma pronominalizada *érase* es la que se usa
tradicionalmente para abrir el relato, de modo que su aparición
constituye, por así decirlo, el anuncio ritual del acto narrativo,
como si enunciar: *érase (que se era)* fuera lo mismo que decir "éste es
un cuento," cuyo tema o protagonista es precisamente el ser de
quien predico que "se es" o que "se era," marcando con la voz
media pronominal el carácter imprevisible, arbitrario y aleatorio de
su existencia. Sólo después de instituir el tema como existente, diré
de sus caracteres y propiedades: *era...* y, si paso adelante (que no
es el caso), de lo que le aconteció. Así que la alternancia: *érase / era*
funciona como una cronología nocional narrativa habilitada para
significar la tradicional secuencia apertural del relato con sus dos
fases teóricas necesarias:

anuncio → inicio
(érase)   (era)

El soneto se presenta, pues, como el anuncio de una historia
fracasada, que no pasa del tema y que no se inicia más que para
fracasar una y otra vez, y volver a anunciarse. Obsérvese que la
distribución de las formas pronominales y no pronominales obedece a un orden estricto.

La exposición del tema con sus dos subtemas (A1 y A2) se encabeza con la forma pronominal:

A1   *Érase* [un hombre...],
A2   *érase* [una nariz...]

El desarrollo metafórico, que consta de nueve versos, se distribuye ahora en tres tercetos narrativos, que todos tres se concluyen con la intervención de la cópula no pronominalizada:

A3   *Érase* [una nariz sayón...],
A4   *érase* un peje espada...,
B5   *era*   un reloj de sol...

B6   *Érase* una alquitara...,
B7   *érase* un elefante...,
B8   *era*   Ovidio Nasón...[5]

C9   *Érase* un espolón...,
C10   *érase* una pirámide...
C11   las doce tribus... *era*.

En C11, que cierra el episodio metafórico, la cópula invierte su posición: ahora concluye el verso, que es el tercero del último terceto narrativo, abriendo la perspectiva de una narración que no ha de sobrevenir nunca.

Lo que interviene, en efecto, es la recapitulación, que por última vez anuncia la imposible historia:

D12 *Erase* un naricísimo...,

que, sin haber nacido, expira en un concepto, como si ahora la bloqueara el mismo protagonista, definitivamente imposibilitado (¿por qué criminal obcecación?) de transcenderse hacia su propio devenir histórico.

II. Analisis simbólico

El tipo del judío de caricatura con nariz excesiva y grotesca nace, al parecer, en Alemania en la segunda mitad del siglo XV (L. Poliakov, *Histoire de l'antisémitisme*, I, p. 153), desde donde se difunde, sin duda a través de Italia, por toda Europa. En la España de Que-

---

[5] La lección del ms. A: *un Ovidio Nasón mal narigado*, al suprimir la cópula *era*, rompe el equilibrio distribucional de las formas verbales.

vedo, el narigón y el pelo bermejo pasaban por denotaciones inequívocas de judaísmo, que denunciaban sin falla a los conversos o judíos disimulados. En la *Hora de todos*, los rabíes del Sanedrín de Salonique no pueden hablarse al oído sin "rempujar con la mano estado y medio del pico de la nariz" para poderse llegar a la oreja del vecino (ed. Bourg-Dupont, p. 324). Tan del judío es su nariz que en otro lugar de la misma obra, los negros, que son chatos y pretenden que los han esclavizado sólo por el color, defienden con razón que más justo fuera elegir otros criterios y dar esclavitud a "los naricísimos, que traen las caras con proas y se suenan un peje espada" que no a ellos que con sus "narices despachurradas" pueden aspirar con derecho a la categoría de "contra-sayones" (ibid. p. 296), es decir de judíos al revés. Ese proyecto fantástico de reunir en una misma esclavitud judíos y negros es, por desgracia, de una lamentable modernidad. Pero pasemos: el antisemitismo, claramente racista, de Quevedo (la amalgama negro / judío es prueba bastante) no tiene nada de original, si no es el delirio simbólico y el arte.[6]

En el soneto que nos ocupa, el tema de la nariz da lugar a una violenta denostación antijudía en estilo grotesco. No implica, sino por alusión, al judío económico, negociante o banquero prestamista: el blanco del ataque es el Judío en sí, el de la Sinagoga, el deicida, objeto ahora de una agresión satírico-chistosa que ha de dejarlo en la picota de la risa. Todo concurre a rebajar al Judío: su ingente nariz se equipara sucesivamente a seres y cosas: un sayón, un peje espada, un reloj de sol, una alquitara, Ovidio Nasón, una pirámide de Egito, etc., que al entrar a formar parte del retrato grotesco, dejan de ser lo que son para convertirse en elementos despedazados y dispares, con lo que se sustituye un organismo humano vivo, dotado de unidad propia, por un montón de cosas heteróclitas y de sí inertes: "cosificación" cruel que reduce al Judío a la condición de muñeco desarticulado.

---

[6] Ni se tiene que decir que Quevedo no es un racista histórico al estilo de Gobineau o Chamberlain, que corresponden a corrientes ideológicas del siglo XIX. Sin embargo, las componentes psíquicas afectivas y conceptuales de su racismo y del de los españoles del XVII son las mismas, en la medida en que no dejan de fundar la agresión en oscuras vivencias de diferencias biológicas reales o supuestas: la nariz o el pelo bermejo en los judíos, el color en los negros, la prolificidad en los moriscos (Cervantes), etc. Este racismo se inserta a su vez en la representación general del linaje.

Ahora bien: todo eso es estilo y fenómeno de superficie. Una lectura más profunda revela, al contrario, que por debajo del juego enumerativo cosificante, se oculta una estructura simbólica compleja y rigurosa.

Ya se ha dicho que el tema judío enmarca la enumeración metónimica / metaforizante que da cuerpo al soneto:

A3   Érase una nariz sayón y escriba,
. . . .
C11   las doce tribus de narices era,

precediendo inmediatamente al terceto recapitulativo que, por gracia del chiste, suscita de pronto la figura de Anás, que fue "príncipe de los sacerdotes" (Lucas, 4, 5), pontífice en Jerusalén y suegro de Caifás, que era pontífice en el año de la Crucifixión del Señor: según el Evangelio de Juan, Jesús fue llevado primeramente a Anás, que procedió al interrogatorio antes de enviarle atado a Caifás, y de ahí al pretorio (Juan, 18, 12-28), de modo que Anás, en la lección de San Juan, representa aun más que Caifás a la autoridad sacerdotal judía, la de los rabíes y escribas congregados entorno al Pontífice.

De ahí que la nariz del soneto se diga "sayón y escriba" en un concepto denso y acusador por el que se significa que es nariz judía doblemente deicida: por *sayón* y por *escriba*, es decir por verdugo y juez, pues desempaña ambas funciones: verdugo porque *sayón* (Covarrubias: "éstos se dijeron sayones que executavan las penas de muerte en los condenados, de la palabra sayal"), y *sayón* porque judío, rebelde contra Dios y verdugo de Cristo, ejecutor de la sentencia pronunciada por los *escribas* y doctores de la ley; y *sayón* además porque *escriba*—punta imprevisible del ingenio—pues los escribas solían andar con sayas amplias y solemnes que los hacían *sayones*, y así los describe el mismo Jesús en San Lucas 20,45: "Attendite a scribis qui volunt ambulare in stolis et amant salutationes in foro."[7]

Así que esa nariz "sayón y escriba," tan judía que en ella se

---

[7] Tan solidarias e identificadas con el deicida son las dos nociones de *sayón* y *escriba* que el concepto que las alía se reitera en otros lugares, siempre para designar al judío. Así el supuesto judaísmo de Góngora se censura en los mismos términos: "No escribas versos más, por vida mía; / aunque aquesto de *escribas* se te pega, / por tener de *sayón* la rebeldia" (*Poesia original*, no. 829).

encarnan las doce tribus de Israel (C11), muy bien podría ser la de un doctor de la Sinagoga, de uno de esos sacerdotes que asistieron al Pontífice en el juicio de Nuestro Señor, o quizás la del mismo Anás que dictó la sentencia. En suma, esa nariz enorme es la misma judaicidad deicida.

Aparece, pues, una vez más, con el tan controvertido terceto C, que la lección del *Parnaso español*, que hace intervenir a Anás, se impone por su alcance y densidad frente a las de los manuscritos que, con sus intranscendentes truculencias ("frisón archinariz...", sabañón garrafal," etc.) desvían el soneto de su sentido simbólico profundo.

El discurso antisemita se organiza aquí en torno a un tema implícito, que es el juicio de Cristo por los doctores y pontífices: escena originaria, invisible como la Torah, que es el fundamento mítico de la historia nueva radicada en la Crucifixión. El núcleo secreto a partir del cual se estructuran e irradian los símbolos es precisamente ese espacio puntual, definidor del mito judeocristiano, en que Jesús se enfrenta con los judíos. La historia del universo, natural y cultural, se distribuye periféricamente en relación con ese punto perfectamente mitológico.

Los símbolos se van agrupando por series que interfieren y se corresponden, formando conjuntos de representaciones que anteceden o acompañan al acontecimiento crítico.

Una primera serie es la de la naturaleza y de su lenta historia que remata con la aparición de las especies superiores y la emergencia del hombre. La naturaleza acuática está representada por el *peje espada* (A4) y la terrestre por el *elefante* (B7); por último aparece el hombre: *Ovidio Nasón* (B8), en la culminación rítmica del soneto (verso terminal del segundo cuarteto). De modo que el Judío, siendo sucesivamente por su nariz *peje espada, elefante* y *Ovidio* integra en su persona una historia abreviada del universo, un Génesis condensado en tres momentos y que accede a su perfección con la aparición del hombre al que la Sinagoga, negando la divinidad de Jesús, premedita rehusar la prometida redención. Nótese además que la historia de humanidad judía se coloca desde un principio bajo el signo de la violencia, simbolizada por ese *peje espada* que "en el mar océano [suele] envestir con un navio y horadarle con la espada y echarlo a fondo" (Covarrubias); violencia animal a la que responde, en otro lugar de la historia, la violencia mecánica de la galera con su espolón (C9).

Otra serie simbólica es la que podría denominarse la serie egipcia, refiriéndola a la *pirámide de Egito* de C10, con la que se han de agrupar la *alquitara* (B6) del alquimista y sobre todo ese *reloj de sol* (B5) por donde afloran los cultos solares que se difundían por el antiguo Egipto desde los santuarios de Heliópolis.

Los lectores de Heródoto debían saber que los egipcios tenían más de un punto común con los hebreos:

"A diferencia de los demás hombres, que dejan las partes sexuales en su estado natural, los egipcios practican la circuncisión... sin duda como medida de limpieza, y eso desde los orígenes. Los fenicios y los sirios de Palestina reconocen haber aprendido esa costumbre de los egipcios..." (*Hist.*, pp. 36-37 y 104). Se caracterizaban además por su repugnancia al cerdo, indudablemente relacionada con el hecho de que Set hirió a Horus bajo la forma de un cerdo negro: "si alguien viene a rozarse con un puerco al pasar, corre a zambullirse en el río sin desnudarse, pues tiene al puerco por impuro... Los porqueros, aunque egipcios, son los únicos que no están autorizados a penetrar en ningún santuario de Egipto..." (*Hist.*, II, p. 47).

Sin entrar en las hipótesis de los historiadores de hoy que hacen remontar al contacto con los cultos monoteístas de Egipto la definición de la religión mosaica, es de suponer que el absolutismo faraónico y los cultos solares osiríacos descritos y analizados por Heródoto, Diodoro de Sicilia y sobre todo Plutarco, podían encaminar a un humanista como Quevedo a relacionar con el éxodo la idiosincrasia judía. ¿No intuyó lo mismo, y sin duda con menos información, el poeta judío Heinrich Heine cuando se queja de su religión como de "la plaga que arrastramos del valle del Nilo, la mórbida creencia de los antiguos egipcios"?

Con relación a la *pirámide* de C10, por la que se explicita el simbolismo egipcio, debe recordarse que el santo Job yace, según "conjetura probable y decorosa," en "una pirámide en la tierra de Hus, a los confines de Idumea, por ser costumbre de los de Arabía y Egipto que los sepulcros de sus reyes fuesen suntuosísimas pirámides" (*Constancia*, en Astrana Marín, *Prosa*, p. 1241). Quevedo, siguiendo al Padre Pineda no sin reticencias, se resuelve a sepultar al varón hebreo en una tumba faraónica, en la que no podía dejar de reconocer, por la falsa etimología: *pyr* 'ignis et flamma' (Covarrubias), que había de ser monumento ígneo y solar. ¿No era la pirámide sepulcro conveniente para Job, que fue modelo y prototipo de Fénix a quien "el sol asiste familiar con su luz"? (*Constancia*, ibid., p. 1231).

Con todo, la pirámide, sepultura de reyes, no deja de ser un símbolo de muerte, de modo que la nariz judaica es pirámide porque es muerte:[8] muerte del hombre desposeído de su redención, y también, y más obviamente, muerte de Cristo, de quien Job es "prodigioso diseño" (*Constancia*, ibid., p. 1239), siendo así que la pirámide donde yace es prefiguración del sepulcro de Nuestro Señor.

En cuanto al *reloj de sol* (B5), se relaciona directamente con el tema solar, como si fuera uno de esos obeliscos que se erguían en las esplanadas de los templos (Covarrubias: "destos avia muchos en Egipto, y creese averlos dedicado al sol, representando en ellos uno de sus rayos"), o como aquel del Campo de Marte que, según Plinio (*Hist.*, XXXV, 15) Augusto dedicó a medir el día.

Ahora bien: la nariz del Judío es un reloj de sol, pero *mal encarado*, restricción chistosa que, como es sabido, significa a la vez dos o tres cosas: o que lleva la aguja desviada, y por consiguiente marca en falso; o que, no hallándose frente al sol el reloj—es decir el judío con su nariz-gnomon—está en sombra, o sombrío; o finalmente que es un tipo de mala cara. Pero esas entradas del chiste, que son las que identifica con su habitual agudeza F. Lázaro Carreter ("La dificultad conceptista," p. 47), se subordinan a una lectura más profunda, propiamente simbólica, por la que el judío-reloj, no encarando bien al sol, se desvía del auténtico Dios, que es el de la Trinidad, y apartándose de su luz, permanece en el error y sombra de la Ley antigua.

Con la *alquitara pensativa* (B6) penetramos en el dominio de la alquimia. Sabido es que la *alquitara*, que Nebrija vuelve por *sublimatorium* (Covarrubias), designa el alambico o *vaso ermético* en el que se encerraban las sustancias que se habían de transmutar. La actividad judía nos orienta, pues, hacia el inventor de la alquimia, que la tradición suele designar como al Egipciano: Hermes Trismegista, que era el nombre que los griegos dieron al dios egipcio Toth. Secretario de Osiris y dios de la muerte, se le atribuye la invención de la escritura, que es el *logos* muerto, y de todas las artes y ciencias sagradas que dependen de la escritura: magia, medicina, astrología, alquimia. Quinto entre los Hermes, según Cicerón, se cuenta que "de Grecia huyó a Egipto por la muerte de Argos" (*De nat. deor.*, II,

---

[8] No dice otra cosa A. Parker en su "Buscona piramidal" (Gonzalo Sobejano, *Francisco de Quevedo*, pp. 97-105), que en el guardainfante lleva "un Holofernes degollado": pirámide sepulcral de Judith, se adelanta a la Hora, es decir a la muerte, como un *memento homo*.

22). De ahí que Tertuliano, que cita los escritos que circulaban con su nombre, lo llame Mercurio el Egipcio. Su relación con los cultos solares hace que obispos cristianos, como Cipriano de Cartago que escribe en el siglo III, le atribuyan la doctrina de un Dios único por encima de toda intelección o estimación humanas (Festugière, *La révélation d'Hermès Trismégiste*, I, pp. 67-80).

El objeto esencial de la alquimia era la piedra filosofal, y la transformación de los metales en oro, cosa que una vez más nos conduce a la consideración del sol, ya que en las tablas de correspondencias alquimísticas entre planetas y metales, al sol corresponde siempre el oro. De ahí la necesidad para el alquimista de "tomar el sol," doctrina a la que alude jocosamente Quevedo en el *Libro de todas las cosas:* "y para que veas si tiene dificultad el hacer la piedra filosofal, advierte que lo primero que has de hacer es tomar el sol, y esto es dificultoso por estar tan lejos" (Astrana Marín, *Prosa*, p. 72). Es el sol, en efecto, el que, al imprimir su imagen en la tierra, le hace concebir en su seno el oro, de modo que con razón se le puede decir padre del oro (Martinengo, *Quevedo e il simbolo alchimistico*, p. 31).

El judío es *alquitara* porque su nariz es como el caño del vaso ermético; pero es alquitara humana, dotada de pensamiento (*alquitara pensativa*), que es esencia del hombre y le confiere una insuperable eficacia alquimística.[9] ¿No practica el judío una alquimia sin falla gracias a sus tratos y oficios? "Hazte mercader y harás oro de la seda; y tendero, y harásle del hilo, agujas y aceite y vinagre; librero y harás oro del papel; zapatero, del cuero y suelas...." Y Quevedo concluye denunciando esa alquimia más verdadera que la de las alquitaras, y en que son maestros los oficiales, casi todos ellos conversos o judíos disimulados: "Y es cierto que sólo los oficiales hacen hoy oro y son alquimistas" (*Libro de todas las cosas*, ibid., p. 72). Con el tema de la emporofobia, la *alquitara pensativa* abre paso a través de la alquimia a la agresión contra el judío económico que con el alambique de la nariz, es decir con su judaicidad pensante, elabora la piedra filosofal del trato, trasmutándolo todo en oro con el fin de "destruir la Cristiandad que no [quiso]" (*Hora*, p. 318), gracias a la complicidad de esos judíos del Testamento Nuevo que son los oficiales, banqueros y hacendistas. Es significativo por lo demás que

---

[9] La variante ABB1C: una alquitara *medio viva*, es de poco sentido, pues si la alquitara es humana, y no inerte, es viva del todo, y no a medias, —y lo mismo si *viva* significa 'sutil e ingeniosa'.

entre los consejeros de Pragas Chincollo, príncipe de los Monopantos, figure un *Alkemiastos* que, anagramatizado en Ardanzo Ranfa-
los, designa con toda probabilidad al Padre Hernando de Salazar,
hábil jesuíta que intervino en las manipulaciones financieras de
1628 y en 1636 en el arbitrio del papel sellado (*Hora*, p. 499). Las
operaciones de hacienda son alquimia tan mortífera para la Cristiandad como la de los judíos. Pero después de todo, ¿no era también Toth Trismegista el dios de la muerte?

Los motivos que integran lo que hemos llamado la serie egipcia,
al par que apuntan a las herencias egipcias que gravan la doctrina
mosaica, parecen concordar en una doble temática, indisociable en
sus dos vertientes contradictorias que son el sol y la muerte: pirámide, monumento a la vez ígneo y sepulcral; sol del único Dios al
que el gnomon judaico apunta mal, dejando al hombre en sombra;
sol alquimístico que el Judío transforma en oro contante. Diríase
que a través de la nariz se simboliza el intento de un monoteísmo
mal entendido, desviante, de modo que el Judío, figura equívoca y
equivocada, lejos de engendrar luz y vida, aparece como el media-
dor de la muerte.

Pasemos ahora a la serie tercera y última que sólo consta de dos
motivos: *Ovidio Nasón* (B8), del que ya se ha dicho que representa la
emergencia del hombre en el devenir ascensional de la naturaleza,
y el *espolón de una galera* (C9) que hace juego con el *peje espada* de la
serie primera. Estos dos elementos corresponden, con toda evidencia, a la gentilidad romana, que presenció impávida e inconciente la
escena originaria: a pocos pasos de la Sinagoga de Caifás estaba el
pretorio, donde se enunciaba la ley de Roma.

Roma está representada por un poeta, con quien el Judío se
identifica es cierto, por la nariz, o mejor dicho por el *cognomen* que
su nariz le valió al romano, pero también y sobre todo porque Ovidio, en la morigerada Roma de Augusto, es el autor del desvergon-
zado *Ars amandi* que tan abiertamente incita al libertinaje y al
pecado.

Al relajamiento de las costumbres, la Roma del soneto une la
violencia homicida, simbolizada por los terribles rostros de las gale-
ras imperiales, de los que la nariz judaica es una réplica cruel, de
modo que además de rijosa—y más aún que la del Nasón—[10] se

---

[10] El Judío es aún *más narizado*, es decir más libidinoso, que el mismo
Nasón. Por eso es poco convincente la variante de ABB1: *un Ovidio Nasón
mal narigado.*

I

convierte en arma agresiva y símbolo de sanguinaria ferocidad.

Así pues, el aparente caos enumerativo desaparece como tal, por poco que se preste suficiente atención a la estructura simbólica, y en su lugar surge una organización mítico-histórica de considerable amplitud que se representa como una auténtica cosmogonía radicada en un momento específico del devenir universal: el que separa la Ley vieja de la nueva. El soneto no es más que la conceptualización mitológica de ese momento, o mejor dicho de la escena que en él se oculta, y que hemos tomado el partido, en las páginas que preceden, de designar con el nombre de *escena originaria*.

Ahora bien: esa conceptualización sitúa con relación a la escena en cuestión unos ocho nudos simbólicos que, al ensamblarse enumerativamente, determinan trayectorias del destino humano convergentes todas en el juicio de Jerusalén. A decir verdad, la cosmogonía definida por esas trayectorias constituye un Génesis de la escena originaria, es decir del universo cuya historia se condiciona en dicha escena. Pero, a diferencia del Génesis del Pentateuco, que inaugura el Libro sagrado de Israel, el del soneto *A un nariz* es un Génesis contra judíos que no tiene más objeto que acusar, con esa nariz terrible y sin embargo ridícula, la monstruosidad y pequeñez de la Sinagoga.

En toda esa enumeración antisemita no aparece más figura humana que la de Ovidio Nasón, que no es Judío sino romano. ¿Dónde está el judío? Contestar a la pregunta es como resolver una de esas adivinanzas gráficas que consisten en descubrir a un personaje oculto entre los trazos de un dibujo: el hortelano entre sus melones, o el cazador en la cola de la perdiz. El Judío, invisible y omnipresente, está todo en su nariz, en esa nariz superlativa y metonímica que es su espacio de definición. ¿Por qué la nariz?

Hay que contar, es cierto, con la mitología tradicional de la nariz judía, y tambien con la lección de los epigramatorios griegos que "con no poca agudeza fatigaron a los narigudos muchas veces" (J. O. Crosby, en Gonzalo Sobejano, *Francisco de Quevedo*, p. 275). Pero el que la *Antologia* se recupere ahora al servicio de la invectiva antisemita, es un fenómeno que ha de tener su fundamento explicativo en la misma representación de esa nariz fantástica.

La nariz es la sede del olfato, de modo que el Judío es, según apunta Quevedo en otro lugar, un *narigudo oledor*, como el del romance 728 que a semejanza del nuestro, es "alquitara con ojos, / y se va, sino le tienen, / a sayón de poco a poco" (vv. 19-23). Lo cual parece significar que una nariz proeminente es síntoma de un olfato anómalo que por su exceso perturba el equilibrio del organismo y la jerarquía humana de los sentidos.

Entre el más elemental de todos ellos, que es el tacto, y los más complejos y evolucionados que son los sentidos cognitivos del oído y de la vista,, se sitúan el gusto y el olfato, radicados en el apetito orgánico y que, como el tacto, son sentidos del contacto y de la contigüidad. Sabido es que la historia sensorial del hombre se cifra en una progresiva distanciación de los sentidos, que poco a poco se han ido abstrayendo de la tactilidad para definirse en función del oído y y de la vista que, distanciando los objetos, son los que con más evidencia anticipan representativamente la experiencia. Por más que acreciente sus posibilidades anticipativas y distanciadoras, el olfato continúa afirmando en el hombre su inferioridad como sentido distante respecto a la vista y al oído. Estos últimos se realizan en un espacio abierto y sin necesidad de palpar, mientras que el olfato, sujeto a la inmediatez de los objetos impregnados de olores, no alcanza más que "el envoltorio preperiférico de los cuerpos, una nube pretáctil," según la feliz expresión de M. Pradines (*Traité de psychologie générale*, I, pp. 508-14). Al no haberse librado de la inmediatez periférica—la del terreno que se pisa y de las fragancias depositadas a ras de suelo—, el olfato humano ha perdido gran parte de su valor con la estación vertical que, abriendo el espacio al oído y a la vista, favorece al contrario el desarrollo de los sentidos cognitivos. No así en los animales, en los que el olfato se ha transcendido en una especie de "tacto a distancia, completamente intáctil," poderosamente anticipador, y por tanto capaz de conducir al individuo por el espacio hacia los objetos más lejanos: olfato maximalista, al que el hombre ha tenido que renunciar a consecuencia de la bipedía.

Las consideraciones que preceden nos conducen a preguntarnos—no en nuestro nombre desde luego, sino desde el concepto del antisemita: ¿qué posición ocupa el Judío, respecto a su organismo sensorial, en la filogénesis humana? Planteando el problema en estos términos, que por su exacerbado racismo convienen perfectamente a Quevedo, damos con la clave de una posible lectura simbólica de la *nariz superlativa*. Esa hipertrofia nasal ¿no delata en el personaje una potencia olfactiva que no corresponde a la sensibilidad normal del organismo humano? Diríase que el judío, con su nariz ingente y desproporcionada, representa una fase más primitiva de la especie, como si no fuera hombre del todo, sino que, retenido en una infrahumanidad filogenética, compartiera con los animales unas aptitudes olfactivas que no son las de la bipedía y que se significan en esa nasalidad monstruosa. Con lo cual Quevedo construye una zoología fantástica, en la que marca su posición al Judío, pues pese a su condición pensante no es más que un caso de animalidad: un animal hecho a imagen y semejanza del hombre. ¿Quién negará además que se ha de ser "muy animal," hablando familiarmente, para juzgar y dar muerte a Nuestro Señor? ¿Será el Judío un modelo de humanidad zoomorfa, o un ejemplo de antropomorfia animal? Es difícil llevar más lejos, con rictus jocoso, el odio y el insulto.

Pero eso no es todo. El simbolismo de la nariz nos conduce a zonas aun más profundas del inconciente. María Rosa Lida ("Para las fuentes de Quevedo," in RFH, I, p. 372) ha apuntado que un modelo evidente del soneto es el chiste de Cicerón que cuenta Macrobio en las *Saturnales* (II, 3): "Al ver su yerno Léntulo, que era de talla pequeña, con una gran espada ceñida al cuerpo, dijo: '¿Quién ha atado mi yerno a esa espada?'"

¿La nariz pasa a ser espada? O al contrario, ¿será la espada la que se ha hecho nariz? El trueque es fácil: ambos objetos son símbolos fálicos transparentes. De ahí nace una analogía que el mismo Quevedo recalca cuando en uno de sus romances (no. 780) califica a la nariz:

> fación que nunca se afloja,
> miembro que siempre está enhiesto,
> yo sé que tiene envidiosos
> buen número de greguescos...
> (vv. 33-36)

El caso de Léntulo es perfectamente ilustrativo: si el hombrecillo es tan paticorto que parece que lo han atado a su espada, cabrá preguntarse sobre la eficacia ofensiva del arma. Por larga y buena que sea, si es enano el que la maneja, es imposible que haga daño a nadie. En otros términos, por más espada que lleve Léntulo, ha de resultar siempre inerme e impotente. La analogía con el pene es clara: el hombre a quien va disparado el soneto y que es el Judío, posee un órgano viril considerable, pero desproporcionado con relación a su persona, lo que le hace tan impotente como Léntulo: difracción castradora que implica contradictoriamente hipervirilidad e inocuidad de eunuco.

Esas dos imágenes adversas y complementarías son las que en la mente del antisemita tradicional han concurrido para forjar la representación fantástica y ambivalente del Judío: superhombre hiperviril, libidinoso y que no respeta la ley moral de la Iglesia, y, en contrapartida, enfermizo, enclenque, contrahecho y que, sujeto a menstruación como una mujer pasa por una especie de infrahombre despreciable y ridículo (L. Poliakov, *Histoire de l'antisémitisme*, I, p. 160).[11]

Esa ambivalencia es, en nuestro soneto, el argumento de la difracción por la que se establece una correlación simbólica inversiva entre el "eunuquismo" judío y la posesión de un pene-nariz descomunal. Lo cual significa que el Judío es castrado por hiperpotente, como si la castración se implicitara en ese pene excesivo, que por su mismo exceso pecador se hubiera de retajar y reprimir definitivamente, rebajando al Judío al nivel más degradante: el de la femenina menstruación.

Habráse reconocido la problemática de la circuncisión o, mejor dicho, su representación en la imaginación antisemita.

Frente al Judío deicida, que es un mal hijo porque ha dado muerte al Padre, el antisemita cristiano, que con la redención se beneficia del crimen edipiano inconciente que no ha tenido que perpetrar por su mano, se considera como el hijo bueno, con derecho a odiar o despreciar a su congénere malo, a quien atribuye todos sus malos instintos reprimidos.

La circuncisión-emasculación del Judío se le representa, pues, al antisemita como justo castigo de haber realizado deseos prohibidos; y si él mismo se salva de la mutilación a causa de su conducta "ejemplar," la circuncisión judía no deja de inspirarle repugnancia y terror: el de ser emasculado a su vez como castigo de sus propios deseos prohibidos.

La castración simbólica—enfocada desde este punto de vista que, con toda evidencia, no es el judaico—culmina en el chiste que remata el soneto:

> D13 ...nariz tan fiera
> D14 que en la cara de Anás fuera delito.

---

[11] Es curioso que esa ambivalencia siga marcándose hoy, según indica R. Lowenstein en su *Psychanalyse de l'antisémitisme* (1952, p. 20), en la relación del paciente "antisemita" con el analista judío: "teme que el psicoanalista lo quiera debilitar, desvirilizar, y cambiarlo en mujer... En tal caso, el psicoanalista judío se percibe alternativamente ya como un ser mefistofélico, ya como un hombre efeminado y castrado."

La nariz es fiera por su gigantismo, y también porque es orgiástica y violenta en su pasión deicida. Esa nariz judía es o podría ser la del mismo Anás, que fue juez principal en el Sanedrín de Jerusalén, si no fuera que por su misma enormidad desdice del pontífice desnarigado, de ese *A-nás* que, por circunciso, carece completamente de nariz (el tenerla sería en él *delito*). De modo que la nariz monstruosa del Judío no hace más que ocultar la vileza de un ser mutilado de impotente, de un *a-nás* afligido de un pene teórico, es decir de un no-pene que es el signo infamante de su terrible infrahombría.

Naricísimo / desnarizado, Anás nos introduce en el santuario de la *escena originaria* en que la nariz "sayón y escriba" decide la muerte de Dios, rechazando, prisionera de su misma impotencia, toda perspectivación del propio devenir.

Ese inmovilismo judaico, marcado de esterilidad, es el que se significa en la estructura sintáctica del soneto que, centrado en la invisible escena, ensarta su letanía: *érase... / era...* para narrar, según se ha apuntado en nuestro análisis gramatical (pp. 64-65), una historia imposible que no acaba porque no empieza, y que es la de una "esperanza sin fin" (*Hora*, p. 314), indefinidamente perdurable porque se funda en desesperanza de un Mesías que no ha de venir: "esperamos siempre por disimular que siempre desesperamos" (*Hora*, ibid.). De allí que no le pase nada a esa nariz estéril, si no es, oculto entre las sombras de un soneto, un juicio de muerte con el que se protege para poder perdurar en sí misma sin encontrar jamás un punto de ruptura en esa trama de esperanza / desesperanza que es la historia clausurada del judaísmo.

El soneto *A un nariz* suele pasar por jocoso. Sin duda lo es, pero de una jocosidad un tanto agria, como siempre en Quevedo, y que oculta el alcance verdadero de la invectiva. El comentario de González de Salas se limita a recordar el carácter tópico del chiste, aduciendo el Libro II de la *Antología griega*. Sin embargo, el mismo Quevedo parece haber dado cierta importancia al soneto, si son de él las variantes que arrojan los manuscritos. Sea lo que fuera, el tema judaico, o mejor dicho la agresión antisemita, han pasado desapercibidos, sin duda porque en tiempos de Quevedo, debía ser tan banal la burla del judío, y además tan evidente en el soneto, que no merecía comentario.

De hecho, las reminiscencias clásicas y los alardes conceptistas parecen como destinados a desviar el interés hacia el arte y el ingenio, inocentando los chistes profundos, y con ellos, el proyecto cosmogónico que constituye un requisitorio inflexible contra los judíos. El soneto ofrece, pues, un nivel superficial de lectura, que es el que se ha practicado siempre: la nariz caricaturesca, las agudezas de doble o triple entrada, el equívoco sobre el nombre de Anás que, referido al tema nasal, es tan insulso que casi hace olvidar quién era Anás y su papel determinante en la muerte de Cristo (de ahí el interés que hoy suscitan variantes más llamativas y de una sospechosa truculencia).

Muy otras son las perspectivas si se desciende al nivel simbólico: entonces es cuando el soneto adquiere su estructura verdadera, organizándose en torno a un momento específico y secreto: el del juicio de Jerusalén, tan indecible como el nombre de Dios,—con lo que se hace plenamente plausible la intervención de Anás y la agresión chistosa contra el juez de Jesús.

Pero la agresión no se dispara contra Anás, sino que el blanco del chiste es un personaje real e inmediato: el Judío, mediatizado por el pontífice deicida. El chiste aparece, pues, como una descarga de violencia que se resuelve en ingenio para eludir los obstáculos morales que se oponen al impulso hostil, abriendo fuentes de un placer en principio inaccesible (S. Freud, *El chiste*, pp. 92-93). Lejos de apagar la violencia, el chiste la multiplica y recupera en satisfacción instintiva, apreciable además porque incita al tercero, lector u oyente, a tomar con su risa el partido del agresor contra el Judío. Téngase también en cuenta en el análisis del chiste, que el obstáculo al insulto no es sólo moral sino real, en la medida en que el Judío no sólo es una figura mítico-religiosa, sino que representa a la Sinagoga con toda la presión económica que podía ejercer en los asuntos de la Cristiandad (véase a este respecto en la *Hora de todos* el episodio de los Monopantos); de modo que la agresión chistosa se presenta como una rebelión verbal contra un poder real y efectivo, atacado en sus cimientos por vía ideológica.

Nuestra conclusión es obvia: todo nos conduce a impugnar la tesis, muy difundida en ciertos sectores de la crítica, de que Quevedo es ante todo un hombre de ingenio, un artista estetizante que no capta la realidad sino como material virgen transmutable en escritura, creador puro atento sólo a su portentoso proyecto estético. Semejante actitud implica la presuposición de que el artista opera libre y gratuitamente, procurando un goce que no reposa sino en sí mismo y es su propio fin, como si la producción artística pudiera ser autónoma y libre de toda función utilitaria, de toda intención de usar de ella para satisfacer las grandes necesidades vitales.

es verdad Dios que yo siempre lo sospeché, porque era su tienda el burdel de los libros, pues todos los cuerpos que tenía eran de gente de la vida, escandalosos y burlones. [. . .] Más iba a decir, sino que un demonio le comenzó de atormentar con humazos de hojas de sus libros y otro a leerle algunos dellos" (pp. 115-16). But even then, the narrator quickly reassumes a somewhat moralistic pose when he says to himself: "Si hay quien se condena por obras malas ajenas, ¿qué harán los que las hicieron propias?" (p. 116). His irony is double-edged, of course, but the reader is shown why the bookseller and other authors end up in hell. Those who produce and sell bad books—especially those that teach "hasta el lacayo" to latinize and to read Horace in the vernacular—attempt to upset the natural order of things by turning *tontos* into *sabios.*

The narrator's questions draw attention to his inquisitive mind and thereby draw attention to the expanded role he plays in the *Sueño del infierno.* Quevedo, however, gives him even more power when he introduces two more devices not employed in the *Juicio final* or in the *Alguacil endemoniado.* The narrator's role is no longer limited to reporting or recording: he now has the ability to talk to himself as evidenced by his numerous asides, and to comment on his experiences directly to the reader. Both devices function to halt the narrative, to direct the reader to focus on these parenthetical remarks and to share the narrator's private and public opinions. The narrator's sense of interiority and of authorial control over what he has already narrated closely resemble the narrative technique implicit in the first-person point of view in the *Buscón* so thoroughly analyzed by Gonzalo Díaz-Migoyo in his recent book.[4] The asides generally refer to the actions in the narrative; the direct addresses to the reader contain the narrator's moralistic opinions on those actions or function to bring in evidence that contradicts what he witnesses. A few examples will demonstrate how these interruptions affect the narrative structure.

The narrator first knows that he is going to hell like the others he has seen on the road when he hears voices behind him ordering him aside to let the *boticarios* pass through: "¿Boticarios pasan?— dije yo entre mí—: al infierno vamos" (p. 113). His aside is confirmed instantly when he sees where he is: "Y fue así porque al punto nos hallamos dentro por una puerta como de ratonera, fácil

---

[4] *Estructura de la novela: Anatomía de El Buscón* (Madrid: Fundamentos, 1978).

de entrar e imposible de salir" (ibid.). His interruption marks off
the introductory section of the *Sueño* because up to this point the
two roads he encountered at the beginning of his journey have
been confused: "Noté como al fin del camino de los buenos,
algunos se engañaban y pasaban al de la perdición; porque como
ellos saben que el camino del cielo es angosto y el del infierno
ancho, y, al acabar, veían al suyo ancho y el nuestro angosto,
pensando que habían errado o trocado los caminos, se pasaban acá,
y de acá allá los que se desengañaban del remate nuestro" (p. 112).
His reference to the *boticarios* confirms his worst fears and acts as a
road sign, directing the reader's attention to the door ahead at the
same time that it announces the proper entry into a narrative
whose primary topic is hell itself. Dead *boticarios* prepare the way
for murderous *médicos* who are never far behind.

Later the narrator encounters a group of poets who, while
professing Christianity, speak the "palabras de gentiles." Their
souls are those of "heretics," their thoughts of "alarbes" (p. 141).
The narrator expresses his discomfort at the association and allows the reader to overhear his thoughts: "—Si mucho me aguardo
—dije entre mí—, yo oiré algo que me pese" (ibid.). He immediately
leaves the scene: "Fuime adelante y déjelos con deseo de llegar
adonde estaban los que no supieron pedir a Dios." His refusal to
hear about the poets and thus about himself is an indirect message
to his reader, who for the first time in the *Sueño del infierno*,
recognizes the narrator among those in hell who have derived
their identity and existence on earth from the manipulation of
language, from the creation of fictions and heresies. They are
condemned by what they have written, by their twisting reality to
fit the constraints of rhyme. As one of the poets indicates: "Dije
que una señora era absoluta, / y siendo más honesta que Lucrecia, /
por dar fin al cuarteto, la hice puta. / Forzóme el consonante a
llamar necia / a la de más talento y mayor brío..." (p. 140). The
narrator's desire to quit the scene points to his own role as a poet
of truth, refusing to be identified with the heretics who fictionalize
reality and whose fictions are their realities.

The narrator's attitude as expressed in his asides is that of a
teacher who continues to guide our perception of those he meets
and of the value system that he implicitly places on his readers. His
direct addresses to the reader perform the same function. Without
warning he stops narrating in the past tense to change to the
present, to the time frame in which the reader is following his

own textual journey. These addresses take the form of brief sermons that refer to the moral implications of the characters' speech and behavior. After noting several women who are kissing the robes of a group of hypocrites, he remarks: "Vi algunas pedirles hijos, y sospecho que marido que consiente en que pida hijos a otro la mujer, se dispone a agradecérselo si se les diere. Esto DIGO por ver que pudiendo las mujeres encomendar sus deseos y necesidades a San Pedro, a San Pablo, a San Juan... y otros santos, que sabemos que pueden con Dios..." (p. 110). Later he reports seeing some "escandalosos" and reminds the reader what God has said about such people: "Y vi a todos los que penaban, que cada uno los metía en sus penas, y así pasaban las de todos como causadores de su perdición. Pues éstos SON que enseñan en el mundo malas costumbres, de quien Dios dijo que valiera más no haber nacido" (p. 134).

Throughout this *Sueño* we have seen how the author uses the narrator's direct address to the reader when Quevedo wishes to emphasize a specific point. The narrator's longest and most detailed direct address is reserved for his encounter with Judas. The reader has already been prepared for the meeting and reminded of the traditional image by a narrator anxious to find the archvillain: "Dije yo entre mí: —¿Al justo vendiste? Este es Judas—" (p. 121). In his eagerness he has made a mistake: "Y lleguéme con codicia de ver si era barbinegro o bermejo, cuando le conozco, y era un mercader que poco antes había muerto" (p. 121). When the narrator at last reaches the deepest part of hell the non-traditional Judas he finds shocks both narrator and reader. Though the narrator assures his reader that he believes the view of Judas espoused by the Roman Church, he must nonetheless report his own experience:

> Hícelo así, y vi a Judas, que me holgué mucho, cercado de sucesores suyos. Y de su cara no sabré decir sino que me sacó de la duda de ser barbirrojo, como le pintan los españoles por hacerle extranjero, o barbinegro como le pintan los extranjeros por hacerle español, porque él me pareció capón. [...] ¿Y quién sino un capón tuviera tan poca vergüenza, que besara a Cristo para venderle? [...] Ello yo creo por muy cierto lo que manda la Iglesia Romana; pero, en el infierno, capón me pareció que era Judas. (p. 135).

If the narrator is surprised by what Judas looks like, he is even more surprised by what the villain has to say. Confronted with the traditional epithets, Judas offers an unconventional response: "¿Pues vosotros por qué os quejáis de eso? Que sobrado de bien os estuvo. Pues fui el medio y arcaduz para vuestra salud. Yo soy el que me he de quejar y fui a quien le estuvo mal", (p. 136). Judas takes the role of a preacher, almost that of a theologian, in justifying his treacherous deed. More significantly, he informs the narrator that the world has numerous Judas-imitators who go unrecognized but willfully sell all that is holy: "Y no penséis que soy yo sólo el Judas, que después que Cristo murió hay otros peores que yo y más ingratos, pues no sólo le venden, pero le venden y compran, azotan y crucifican ... Y después por salir con mi tema, y vender el ungüento [de la Magdalena], vendí al Señor que le tenía; y así remedié más pobres que quisiera" (p. 136).

Quevedo uses a full range of narrative devices to emphasize this passage. However, unlike earlier references—remember the narrator's clear and emphatic equation of devils with *alguaciles*—these Judases who abound in contemporary society are never clearly identified within the text.

Quevedo has deliberately drawn our attention to the episode and deliberately left its meaning obscure. Raimundo Lida has supplied the key for understanding this passage.[5] He argues that Judas' references to "vender al Señor" and to "remediar los pobres" are virtually duplicated in the *Política de Dios*: "Un Escariote disimulado es, en la *Política de Dios*, el ministro, o ladrón con disfraz de ministro, que dispone 'se quite de la autoridad y reverencia del rey para venderlo y darlo a los pobres.'"[6] If Lida's interpretation is correct, and I believe that it is, it explains the uncharacteristic obscurity of the passage.

In the *Sueños* Quevedo the traditionalist attacks those who would pervert the natural order of things—ministers of justice who would drive true Justice from the kingdom; business men who would subvert the economy for their own gain; *arbitristas* who would dismantle the divinely-ordered system; advisors who would betray the just king; hypocrites who would endanger the true Church. On all sides he sees malicious men exercising false au-

[5] "Dos *Sueños* de Quevedo y un prólogo," *Actas del Segundo Congreso Internacional de Hispanistas*, ed. J. Sánchez Romeralo and N. Poulussen (Nimegen, Holland, 1967), 93-107.

[6] Lida, "Dos *Sueños*," p. 97.

thority. Quevedo confronts that authority which dictates the prevailing norms of his society, revealing the contradictions that lie beneath a veil of respectability.

But he does so very carefully. Quevedo employs several narrative devices to distance himself from his social commentary. He creates a narrator and cloaks that narrator with providential authority. When the messages he wishes to deliver are too strong for the narrator, he puts them in the mouths of devils. When he attacks the ministers of the king, the words are ascribed to Judas and the reference is left somewhat unclear.[7] Finally, he employs the *Sueño* form, a fantasy that frees the narrator from his normal social world and allows Quevedo latitude to expound at length on subjects which are held taboo in the "real" world. Quevedo seeks to expose the private sins—the "desnudas verdades"—of his peers, but unlike the *pícaros* of 1591, he plays hide-and-seek behind the masks of his narrators when confronting the powerful institutions that controlled his life and society.

Several historians have recently argued that some kind or kinds of crisis besieged sixteenth- and seventeenth-century Europe as a result of major transformations of Europeans' *Weltanschauung* in the decades after 1500. Theodore K. Rabb has suggested that this crisis centered on the location of authority. I would like to quote his remarks to conclude my paper:

> To the question "where does authority come from"? or "What is authentic authority?" there were a number of corollaries: "Are there solid and stable certainties?", or "What is order and how certain is it?", or "What is truth and how is it achieved?" or, most extreme, "can one rely on anything?" Throughout these metamorphoses the basic concern remained the same—in a world where everything had been thrown into doubt, where uncertainty and instability reigned, could one attain assurance, control, and a common acceptance of *some* structure where none seemed within reach?[8]

Quevedo seems to say "yes": The narrators of his *Sueños* thread their way through a world transformed literarily into hell, point to

---

[7] There is a rhetoric of "non-saying" for this purpose; cf. Oswald Ducrot, *Dire et ne pas dire: Principes de sémantique linguistique* (Paris, 1972).

[8] *The Struggle for Stability in Early Modern Europe* (New York: Oxford University Press, 1975), p. 33.

the uncertainties and lies of society, and emerge at the other end
more assured of the nature of truth. Even though their powers of
perception have been questioned seriously, they are *desengañados* in
a world of *engaño*. There is a sense of ultimate control that stands
beyond the discontinuities of human existence. And it is through
Quevedo's linguistic control that ultimate authority is assured.

THE JOHNS HOPKINS UNIVERSITY

Semántica de la ficción:
El vacío de *El mundo por de dentro*

GONZALO DÍAZ-MIGOYO

> Pour juger des apparences que nous recevons des sujets, il nous faudrait un instrument judicatoire; pour vérifier cet instrument, il nous y faut de la démonstration; pour vérifier la démonstration, un instrument: nous voilà au rouet. Puisque les sens ne peuvent arrêter notre dispute, étant pleins eux-mêmes d'incertitude, il faut que ce soit la raison: nous voilà à reculons jusques à l'infini.
>
> MONTAIGNE, "Apologie de Raimond Sebond"

UEVEDO EL ESCÉPTICO, Quevedo el contradictorio, decía Américo Castro hablando de un libro que desafortunadamente nunca llegó a escribir. Aducía en apoyo de sus afirmaciones principalmente dos textos de 1612: *El mundo por de dentro* y aquella parte de *La cuna y la sepultura* primeramente conocida como *Dotrina moral del conocimiento propio, y del desengaño de las cosas agenas*. Dos textos, en efecto, muy estrechamente relacionados como ejemplos de, por así decirlo, epistemología moral el primero ante la moral epistemológica del segundo. Etica y epistemología, he aquí la doble preocupación a la que contestaron las dos escuelas de pensamiento más en boga en Europa a finales del siglo XVI y principios del XVII, el escepticismo y el estoicismo.

Las problemáticas relaciones de estas dos empresas intelectuales quedan plasmadas en ambos textos con claridad ejemplar. Pero me propongo centrar la atención sólo en el primero de ellos, *El mundo por de dentro*, para explorar con algún detalle la dimensión semántica de las ficciones del discurso literario, esto es, la significancia de la palabra literaria y su necesario fundamento en el engaño confesado, en la ficción evidente. Siguiendo lo apuntado por Américo

Castro, tomaré el camino que lleva a explorar la relación existente entre el escepticismo y la contradicción en esta obra de Quevedo. Y para ello tomo pie inicialmente en varias afirmaciones confluyentes de este par de textos.

La primera y más jugosa se encuentra en una de las cartas nuncupatorias de *La cuna y la sepultura*—carta escrita en 1632 al publicarse la obra, no en 1612 al escribirse, pero evidentemente indicativa de lo que este texto, en su mayor parte de aquel temprano año, lleva a cabo—: "Considerando cuán poco puede con los hombres distraídos la autoridad, por estar los sentidos y potencias humanas más de parte de lo que ven que de lo que se les promete (de donde nace caudalosa la licencia en las culpas), he querido (viendo que el hombre es racional, y que desto no puede huir), valiéndome de la razón, aprisionarle el entendimiento en ella. Y para fabricar este lazo, en que consiste su verdadera libertad, me he valido en los cuatro primeros capítulos de la doctrina de los estoicos."[1] Estos cuatro capítulos, estoicos los tres primeros y escéptico el cuarto, están efectivamente pensados con esa manipulativa función pues al cabo de ellos y principio del quinto puede advertir Quevedo: "Ya que moralmente quedas advertido, quiero que en lo espiritual oigas con más brevedad lo que te puede ser provechoso y no molesto, que estas cosas son las que más te convienen y menos apacibles te parecen, y es menester a veces disfrazártelas o con la elocuencia o variedad o agudeza para que recibas salud del engaño" (93). Arrimando el ascua a mi sardina, quiero enfrentar estas palabras a las finales de *El mundo por de dentro*— escritas también en 1631 y no en 1612—de las que entresaco éstas, únicas del cuerpo del discurso dirigidas directamente al lector: "... hay debajo de cuerda en todos los sentidos y potencias, y en todas partes y en todos oficios. Y yo lo veo por mí, que ahora escribo este discurso, diciendo que es para entretener, y por debajo de cuerda doy un jabón muy bueno a los que prometí halagos muy sazonados."[2]

Gracias al paralelo con las observaciones coincidentes de *La cuna*

---

[1] Francisco de Quevedo, *La cuna y la sepultura*, edición crítica, prólogo y notas de Luisa López-Grigera (Madrid: Boletín de la Real Academia Española, 1969), pps. 16-17. Las demás citas, por la página de esta edición.

[2] Francisco de Quevedo, *El mundo por dentro*, en *Sueños y Discursos*, edición de Felipe C.R. Maldonado (Madrid; Castalia, 1972), p. 184. Las demás citas, por la página de esta edición.

y la sepultura que se acaban de citar esta función del discurso que se dice advertida a posteriori revela todo su significante artificio. Artificio del que no me interesa destacar el coincidente propósito moral sino su característica común de revelación mediante el engaño lingüístico. Porque esta atención al valor epistemológico de la ficción es quizás materia secundaria en *La cuna y la sepultura*, pero adquiere en cambio una llamativa preeminencia en *El mundo por de dentro:* es en cierto modo uno de sus temas principales.

No de otro modo cabe entender su título. En él se promete revelar cómo es el mundo por de dentro, es decir, cómo es contrariamente a una apariencia exterior que sin duda no necesita ni merece revelaciones especiales. El simple anuncio de que el mundo tiene esta otra dimensión—independientemente de la finalidad a que se dedique la revelación—instaura ya un desvío respecto de nuestra visión acostumbrada e inconsciente; obliga a una toma de conciencia que reduce a mera aparencialidad el estatuto cognoscitivo de las verdades recibidas. En efecto, el mundo sólo puede tener esa dimensión interior que el título anuncia si estamos dispuestos a desechar nuestra acostumbrada actitud inmediata respecto de él; si consentimos en dudar de la solidez de lo que nos ofrecen los sentidos y el sentido común. Nos incita a ello la introducción al lector, que intenta hacernos compartir la óptica radicalmente crítica del escepticismo: "Es cosa averiguada," dice, "... que no se sabe nada y que todos son ignorantes. Y aun esto no se sabe de cierto: que a saberse ya se supiera algo; sospéchase" (161).

La afirmación de esta ignorancia general no tiene función de conclusión que invalide todo posible discurso futuro. Más bien ha de entenderse, al modo de Descartes, como duda radical necesaria para, descentrando el funcionamiento acostumbrado de la razón, permitirle explorar sus propios engaños. Más que un comentario general que recapitule el discurso, es pues el acicate necesario para emprenderlo, para que la razón, sacada de madre, vaya abriendo su propio cauce por terrenos desconocidos.

Esta declaración de principio puede dar lugar, según el discurso, a cuatro distintas actitudes: la de quienes se esfuerzan por vencer su ignorancia, la de quienes la desconocen, la de quienes la confiesan sólo hipócritamente y la de aquéllos que sinceramente confiesan que ni saben ni creen saber ni quieren saber. Quevedo adopta, e invita al lector a adoptar, la última: "como uno de éstos, y no de los peores ignorantes," dice, "... ahora salgo... con *El mundo por de dentro*" (162).

Se justifica entonces la escritura a partir de ese escepticismo porque "como gente que en cosas de letras y ciencias no tiene qué perder tampoco," esto es, los ignorantes de ese cuarto tipo, "se atreven a imprimir y sacar a luz todo cuanto sueñan" (162), vale decir, todo cuanto imaginan fuera del área acostumbrada de la razón. La gratuidad misma de la expresión es lo que la justifica; incluso lo que la hace posible. No se trata en estas frases de una pirueta retórica intrascendente, una lúdica mentira que oculte transparentemente, esto es, que revele, una escondida teleología, sino de un sacar fuerzas de flaqueza consistente en convertir la ignorancia en la condición de posibilidad del saber. Más que justificación, aunque adopte esta apariencia, es un ejemplo de falta de justificación transformada por su carácter negativo en la única consideración pertinente del posible origen del discurso: un origen que está en su mismo vacío y no en una justificación exterior y ajena. Con este razonamiento final el prólogo adopta en realidad la postura fundamental que informa y sostiene al discurso de la razón: esa ironía simultáneamente autocancelante y autogenerativa que Sócrates, partero de la razón, hizo famosa. Ironía que es al mismo tiempo método, instrumento de investigación y objeto de sí misma. La justificación del discurso está en su propia actividad discursiva, en su propio existir.

En estas circunstancias, da igual que el interlocutor sea "cándido o purpúreo, pío o cruel, benigno o sin sarna": sea "como Dios me lo deparare" (161), puesto que el discurso carece de motivación o propósito otros que el de su propio dinamismo. Lo cual no quita para que Quevedo pueda afirmar al final del texto que el entretenimiento que prometía llevaba bajo cuerda una buena reprehensión. En vista del tenor de la introducción resulta impertinente preguntarse si la reprehensión era el motivo oculto del discurso. Hay que intentar creer en la buena fe de la falta de justificación inicial para comprender que la lección es posible precisamente porque no informa la voluntad del escritor: es la añadidura imprevisible, producto del discurso mismo, un rédito surgido no se sabe de dónde. Este fantasmal incremento automático del sentido obedece al ontológico fundamento en la ausencia que le confiere el escepticismo inicial. Escepticismo que des-sustancializa cualquier afirmación que en el futuro pueda hacer el texto para permitir que surja el sentido de la negatividad misma, libre de preconcepciones en las que ya estuviera implícito. Esta labor del texto de negación de posibles afirmaciones sobre el mundo es lo que me propongo perfilar a continuación siguiendo los esguinces y fintas de que se vale el discurso para destilar una huella de sentido a modo de película en negativo que no admitiera impresión positiva o que sólo la admitiera bajo capa de ficción, de positividad forzosamente ilusoria.

El cuerpo del discurso, propiamente dicho, se ajusta a tres movimientos o fases claramente diferenciados: primero, desde las palabras iniciales "Es nuestro deseo siempre peregrino" hasta donde dice "llegamos a la calle mayor"; segundo, desde aquí hasta el punto en que acababa el texto de la edición príncipes, final del desengaño de la hermosura femenina, con las palabras "y avergüénzate de andar perdido por cosas que en cualquier estatua de palo tienen menos asqueroso fundamento"; tercero, todo el añadido de la edición de *Juguetes de la niñez*, dedicado a la revelación del mundo "bajo cuerda."

En un sentido estas tres partes corresponden respectivamente a una introducción, un cuerpo y una conclusión, pero en otro son variaciones sobre un mismo tema, pues se repite en cada una de ellas, en distinta clave, la misma función reveladora del engaño de las apariencias del mundo. La repetición y el cambio son complementarios y ayudan a discriminar cada vez más específicamente una característica de la actividad desengañadora que informa el discurso todo.

La introducción o primer tratamiento del tema centra la cuestión mediante el contraste entre varias ficciones recíprocamente energéticas. La primera de ellas es la ficción representativa de la opinión común, base para el juego de las demás ficciones contrapuestas y esclarecedoras. Consiste en reducir la actividad vital a un deseo individual enfrentado al mundo. Es elemento crucial de esta ficción el entender que el apetito mismo sea producto de "la ignorancia de las cosas," pues, dice, "si las conociera, cuando codicioso y desalentado las busca, así las aborreciera, como cuando, arrepentido, las desprecia" (163). Esta condición o pasión del deseo es, así, axiomáticamente, de carácter reactivo y no activo. Quiere ello decir que para paliar sus inclinaciones no valen admoniciones directamente contrarias ni esfuerzos de la voluntad. Unicamente cabe neutralizarlo indirectamente mediante la modificación de su estímulo, esto es, convirtiendo lo deseable en indeseable. De otro modo, "en lugar de desear salida al laberinto," el deseo procurará alargar el engaño sin ni siquiera "dejar sentido al cansancio" (163-4).

Con ese objeto, esta ficción lleva implícito el también ficticio corolario de la apariencia engañosa del objeto del deseo: engañoso porque no es capaz de satisfacerlo: eso sólo la verdad podría hacerlo. Una premisa indemostrable, naturalmente. Lo mismo pudiera haberse aceptado el (ficticio) postulado alternativo de que el deseo es objeto de una continua renovación tras haberse satisfecho en las cosas que pretende o necesita. Mas si no se hablara de engaño no sería posible hablar de insatisfacción tampoco o, al revés, la satisfacción haría innecesario pensar en términos de engaño: para explicar la supervivencia del deseo bastaría esa simple renovación tácita que llamamos carácter cíclico de la vida—sin comprender muy bien de qué se trata, es verdad.

Esta ficción de base, con todas sus inherentes paradojas, es sin embargo la que informa y describe la opinión común acerca de la situación del individuo en el mundo. Da lugar, como toda ficción, a soluciones igualmente ficticias: por definición el apetito insatisfecho persevera en el engaño; por tanto, desengañarle no será tanto satisfacerlo como hacerle equivocarse de objeto, engañarle una segunda vez, trocándole su objeto de bello que le parecía (engañosamente) en (también engañosamente) aborrecible; sustituyendo, pues, la apariencia de beldad por otra de maldad igualmente falsa. Con lo cual la energía adquisitiva del deseo, aunque intacta, es desviada hacia un ficticio vacío en donde, por aparente falta de objeto amable, languidezca y muera, alcanzando así la deseada insensibilidad estoica o la ataraxia escéptica.

Adviértase sin embargo que si bien se trata de una finta epistemológica puesta al servicio de la ética, la posición moral, a su vez, ha sido producto de otra tácita ficción epistemológica que sólo es aceptable como verdadera en la medida en que se confiesa ficticia; es decir, cuya realidad es la ilusoria realidad de la ficción confesada.

Para llevar a cabo este desengaño o engaño del engaño, se establecen alrededor de la ficción principal otras ficciones contradictorias descubiertas y evidentes esta vez—es decir, ficticias desde el punto de vista de la tácita ficción de la opinión común. La primera de ellas es la conocida analogía estoica del mundo como gran población cuyas calles corresponden a los más señalados vicios humanos. Por ellas, siendo infinitas, discurría el narrador "de tal manera confuso," dice, "que la admiración aún no dejaba sentido para el cansancio" (164).

Hubiera bastado quizás con esta primera ficticia analogía para conseguir el desengaño identificando acertadamente en cada caso a quienes por ellas se pasearan, por muy encubiertos y engañosos que fueran: todo individuo que se encontrara en una u otra de ellas quedaría descubierto como vicioso según uno u otro título. Mas esta expeditiva artimaña desengañadora habría modificado el objeto mismo del discurso. En efecto, en esas hipotéticas circunstancias textuales el narrador no indicaría ni permitiría imaginar el ambiguo valor que tiene la ficción reveladora misma; no hubiera podido ofrecer más que el escueto resultado del desengaño. Y no se trataba únicamente de eso. En vez del descubrimiento de vicios particulares, aunque gracias a ellos, sin duda, el objeto del discurso es la revelación del denominador común de todos ellos: la engañosidad misma de las apariencias, ese carácter que permite a los vicios pasar inadvertidos.

Esto es lo que consigue la introducción en escena de un alegórico personaje, el Desengaño, en figura de "viejo venerable en sus canas, maltratado, roto por mil partes el vestido y pisado. No por eso ridículo: antes severo y digno de respeto" (164).

En la medida en que el narrador había adoptado o representaba la postura del individuo engañado, no estaba listo para el desengaño. Su mundo carecía de un por de dentro: en eso consistía su error. Hacía falta, pues, hacerle aceptar ante todo la verdad de la duplicidad del mundo o, si se quiere, su propia condición de ignorancia al respecto. Sólo entonces sería posible dar ejemplos concretos de la oculta interioridad del mundo. El argumento que con ese propósito esgrime el Desengaño va a ser el fondo justificativo contra el cual adquieran significancia las revelaciones concretas posteriores. Claro está que este fondo no tiene tampoco carácter de verdad absoluta—aunque se presente precisamente como si lo tuviera—sino que es otra ficción más. Ante todo una ficción instrumental que introduce en el narrador la duda suficiente respecto de su conducta como para hacerle aceptar la duplicidad de la realidad. Es el trillado "memento mortis," rematado con la también obligada coletilla: "Cuerdo es sólo el que vive cada día como quien cada día y cada hora puede morir" (164). Su eficacia es inmediata en este caso. Es decir, Quevedo nos lo impone como fondo último de la significancia de todos los razonamientos por venir. Y así hace decir a su narrador: "Eficaces palabras tienes, buen viejo. Traído me has el alma a mí, que me llevaban embelesada vanos deseos" (165).

No estará de más señalar la ficción implícita en estas consideraciones preliminares del Desengaño. Pues, ¿qué tiene, en efecto, que ver la muerte y su carácter de término, con la desinclinación a gozar de la vida siguiendo al deseo? ¿No sería más lógico o, al menos, igualmente lógico, entender, como en tantas ocasiones hace la humanidad, que la brevedad del plazo y su contingencia son el mejor acicate y justificación para dar rienda suelta al deseo? Recordar lo impredecible del término que la muerte pone a la vida podría ser, y ha sido, la mejor manera de aconsejar que nos olvidemos de ella. Naturalmente no cabe esta alternativa cuando se comienza por presuponer que existen dos niveles de vida, una verdadera, después de la muerte, que es la del alma, y la aparencial del deseo en este mundo, cuya insatisfacción, ya se ha dicho, es prueba de su carácter equivocado y caedizo. Presuposiciones tan indemostrables como generalmente aceptadas y, por ello mismo, retroactivamente aceptables.

Todo lo antedicho no está sin duda dicho expresamente en el discurso, pero no deja de estar utilizado. De ahí que sea su conocimiento el que permita al lector entender más cabalmente la función y el objeto de los distintos aspectos o elementos del mismo; entender por qué entiende lo que entiende; por qué y en qué medida va a resultar verdad aquella afirmación del autor acerca de la reprehensión personal que bajo cuerda ha dirigido al lector.

Volvamos al texto. El Desengaño, pues, promete enseñar "el mundo como es" a un personaje ya consciente de estar engañado. Para ello le lleva a su calle mayor, la calle de la Hipocresía, porque "es calle que empieza con el mundo y se acabará con él y no hay nadie casi que no tenga si no es una casa, un cuarto o un aposento en ella" (165). Se trata, otra vez, de la misma ficción ya señalada del mundo como gran población, pero la analogía queda ahora resumida en lo que aquella otra tenía de más básico: no los vicios con sus calles particulares, sino el fondo común de todos ellos, la hipocresía.

El resto de esta primera fase del discurso, fiel a su doble carácter de introducción y de primer tratamiento del tema, inicia ahora una serie de ejemplos de (desengaño de la) hipocresía, que van desde lo concreto y particular hasta lo abstracto y general: comienza con media docena de estampas visuales: sastre que aparenta ser hidalgo, hidalgo que aparenta ser caballero, caballero con ínfulas de señoría, etc.; continúa con el examen de la hipocresía existente en el nombre de las cosas; y acaba con unas paradójicas conclusiones acerca del fundamento hipócrita de todos los pecados—corolario de la idea antedicha de que el vicio forzosamente ha de tentar con apariencias de virtud puesto que el deseo sólo apetece lo amable.

Esta progresión en tres tiempos introduce una importante discriminación en el tema. Discriminación antitética, como siempre, entre el engañador y el engañado, que viene a concluir irónicamente que estas dos actitudes son en realidad una misma: el hipócrita o engañador es hipócrita en parte porque es engañado por un vicio que le tienta con apariencias de virtud. Pero a su vez el crédulo es engañado en parte porque su propia hipocresía le lleva a dar visos de verdad a lo que desea en vez de esforzarse por ver lo que tiene ante los ojos. La progresión de uno a otro es paralela a una desvoluntarización del engaño: éste pasa insensiblemente de ser un deseo individual de aparentar lo que no se es, al impersonal e insoslayable carácter engañoso con que tienta al individuo el pecado mismo. La falta de solución de continuidad entre uno y otro polo, entre los personajes que se hacen pasar por lo que no son y la apariencia virtuosa del pecado, la asegura el lenguaje, los nombres de las cosas: el signo lingüístico como presencia de lo ausente que media entre el engañador y el engañado.

La actuación del Desengaño en esta primera parte se limita a ser instructiva: su tarea se ciñe a la demostración de la doble cara de la realidad, demostración que lleva a cabo prácticamente sin diálogo ni intercambio alguno de importancia con su interlocutor. Señala, en distintos terrenos, el aspecto ocultante y el aspecto ocultado de toda realidad, desde la más concreta e inmediata, los individuos, a la más abstracta y sutil, el pecado. La revelación de esta duplicidad, sin insistir todavía en uno u otro aspecto, prepara el terreno para el momento de la inminente revista en la calle de la Hipocresía. Entonces, en cambio, su actuación será dialógica y consistirá en llevar la contra al narrador, con lo cual entre ambos presentan, en términos dialécticos concretos, lo que hasta ahora no ha sido más que apuntado.

"En esto llegamos a la calle mayor. Vi todo el concurso que el viejo me había prometido. Tomamos puesto conveniente para registrar lo que pasaba" (168), dice el narrador. Cinco son los casos registrados: el entierro de una mujer, el velatorio del difunto por una viuda y sus amigas, un alguacil con su entrañable acompañamiento de escribano y corchetes, un rico rodeado de sirvientes y aduladores y acreedores, y una hermosa con su corte de enamorados. O, cambiando la clave, un aparente ejemplo de fidelidad amorosa masculina, de desvalimiento de la viudez, de heroísmo y diligencia de la Justicia, de riqueza y poder del hombre y de belleza y poder femeninos.

Los casos individuales adoptan un esquema tripartito que se

repite en cada ocasión: primero la presentación de la escena y los personajes; luego la reacción engañada del joven observador y finalmente el desengaño a cargo del anciano cicerone. Esta disposición es la primera diferencia notable respecto de la presentación del tema en la primera fase. Donde antes había una intervención prácticamente monologante del Desengaño, ahora se da un diálogo con el observador, al que se añade la intervención preparatoria de una tercera voz. A pesar de la naturalidad narrativa del procedimiento, en cuanto se intenta identificar el origen de esta tercera voz se tropieza con graves dificultades. El problema ha sido señalado por algunos comentaristas y consiste en que esa tercera voz es la del narrador mismo, un narrador que toma también parte en la acción como personaje. Resulta que el ambiguo tenor de sus descripciones preliminares no concuerda con la ignorancia en que demuestra estar como personaje. Las descripciones tienen en común una actitud tan manifiestamente escéptica respecto de lo observado que anuncian más la sabiduría del Desengaño que la ingenuidad del personaje engañado. Sería inconsecuente que un mismo narrador fuera simultáneamente inocente y desengañado.

La cuestión es una de simple técnica narrativa que no resulta difícil de acordar. En efecto, el narrador del discurso escribe desde una perspectiva temporal posterior a la de su actuación como interlocutor del Desengaño. Ya está enterado por tanto de la duplicidad del mundo y no puede dejar de reflejar este conocimiento sin faltar a la verdad de su situación escribiente. Dicho de otro modo, el origen temporal de su visión descriptiva es un momento presente ya desengañado. Desde la perspectiva de este momento sus palabras anteriores como dialogante son las de otro personaje más, un hombre ignorante que, aunque sea él mismo, no es ya el que habla o escribe, el que describe. No hay que dejarse llevar por la ilusión lectora hasta el punto de no advertir que lo que hace esta tercera voz es describir aquellas escenas que los interlocutores estaban observando, pero que no las está viendo; mientras que éstos hacen o hicieron sus comentarios no respecto de la descripción sino de los incidentes que dieron lugar a ella. Esto es, las palabras descriptivas no se pronunciaron nunca más que en este texto, mientras que las escenas observadas tuvieron lugar en el pasado, respecto del presente narrativo.

Esta simple discriminación temporal-funcional devuelve toda su licitud técnica al procedimiento narrativo empleado, pero no hace sino complicar otro aspecto de la cuestión bastante más importante, el aspecto semántico. Se puede resumir en la siguiente pregunta: ¿Cuál es el referente de las palabras de esa tercera voz narrativa: la escena tal como la veía el narrador inocente o la escena tal como la veía el Desengaño? No puede ser la primera por la disparidad que ya se ha dicho, pero tampoco puede ser la segunda porque esa descripción ha de servirle al lector de base común para las observaciones contrapuestas de los interlocutores. Estos no reaccionarán ante la descripción sino ante el espectáculo que tienen ante los ojos—que ven muy distintamente—, pero el lector, que no dispone sino de esa única descripción, ha de advertir en ella ambas visiones o, al menos, la posibilidad de ambas visiones. La descripción ha de abarcarlas a ambas, pues, ha de llevar inscrita en sus términos la relación existente entre las opiniones de uno y otro interlocutor. ¿Cómo se lleva a cabo este malabarismo verbal? Para entenderlo es preciso aclarar primero cuáles son las características principales de las visiones respectivas de los interlocutores.

Todas las observaciones del joven tienen en común el ser respuestas a un aspecto virtuoso o deseable de lo que captan sus sentidos, o, más precisamente, al aspecto literal de las escenas. Ante las señales de tristeza del viudo confiesa quedar "lastimado de este espectáculo" (169) y sus exclamaciones responden a la apariencia de fe amorosa del marido y al sentimiento de los amigos. El espectáculo de la viuda, a su vez, le hace enternecerse y pedir licencia para "llorar semejante desventura y juntar [sus] lágrimas a las de estas mujeres" (173). En este caso su reacción va aun más lejos pues la refuerza al santificar el desvalimiento de la viuda con una larga disquisición acerca del "mucho cuidado [que] tuvo Dios con ellas en el Testamento Viejo y en el Nuevo" (172). Pero visto desde la perspectiva de la viuda, se recalca así la fuerza de la apariencia desconsolada y débil de las mujeres sin marido, causa de aquella apasionada reacción.

Ese mismo tipo de reacción es el que tiene ante el aparente heroísmo y diligencia del alguacil: "¿Con qué podrá premiar una república el celo de este alguacil, pues, porque yo y el otro tengamos nuestras vidas, honras y haciendas, ha aventurado su persona? Este merece mucho con Dios y con el mundo" (175).

En los dos últimos casos, en cambio, el joven observador no reacciona ante la virtud, espiritual o cívica, sino ante la magnificencia de un hombre rico, por un lado, y ante la hermosura de una mujer, por otro. Ambos tienen en común con las escenas anteriores el ser apariencias naturalmente atractivas, dignas de admira-

ción y de respeto. Así, ante la grandeza del rico, exclama: "Para ti
se hizo el mundo,... que tan descuidado vives y con tanto descanso
y grandeza. ¡Qué bien empleada hacienda! ¡Qué lucida! ¡Y cómo
representa bien quién es este caballero!" (177) Y ante la hermosa—
sin duda a modo de contrapartida natural de la fuerza que hace al
espíritu la debilidad de la viuda—exclama: "Quien no ama con
todos sus cinco sentidos una mujer hermosa, no estima a la naturaleza su mayor cuidado y su mayor obra" (178), para concluir, al
cabo de un repaso de los atractivos de su belleza, que "todos son
causa de perdición, y juntamente disculpa del que se pierde por
ella" (178-79).

Si se tiene en cuenta que el joven ha quedado caracterizado en
la introducción como encarnación de ese deseo humano "siempre
peregrino en las cosas de esta vida [que] con vana solicitud, anda de
unas en otras, sin saber hallar patria ni descanso" (163), se advierte
que su actuación en estos pasajes equivale a la de un personaje tan
alegórico como el Desengaño. Se advierte pues que sus exclamaciones no tienen por objeto caracterizarle como individuo concreto
sino servir de reactivo indicador de la "fuerza grande que tiene [el
mundo], pues promete y persuade tanta hermosura" (163); esto es,
servir de índice del aspecto virtuoso o naturalmente deseable con
que el mundo se presenta al individuo. Sus reacciones son en realidad la mejor prueba, directa e incontrovertible, de aquella anterior
advertencia del Desengaño: "Claro está que cada vez que un pecado... se hace, que la voluntad lo consiente y le quiere, y, según su
natural, no pudo apetecerle sino debajo de razón de algún bien"
(167-68). El joven apetece o admira o se conduele no por tener un
natural concupiscente o débil, ni siquiera por tener una natural
inclinación a la virtud, sino a causa de la apariencia de bondad que
tiene ante los ojos. Es simplemente su capacidad crítica la que está
en cuestión. O, si se quiere, el objeto de estas escenas es la capacidad engañosa del mundo no tanto por la fuerza con que estimula al
apetito como por la fuerza con que inhibe el funcionamiento de la
razón.

La labor del Desengaño no consistirá pues en contradecirle en
el terreno moral acerca de la bondad o maldad de su reacción sino
en mostrar la impertinencia de su opinión. Esto es, consistirá en
mostrar el carácter aparencial del aspecto virtuoso observado. Aunque la situación narrativa se presente como una interacción entre
dos individuos dialogantes, su función de figuras alegóricas requie-
re que se deseche toda consideración personalizante o humanizante

respecto de sus intervenciones, relegándolas a simple instrumentalidad al servicio de un propósito distinto, el de discriminar intelectualmente las características aparenciales del mundo.

El Desengaño, al instruir al joven acerca de esos cinco casos, no pretende mostrarle la maldad escondida por el aspecto exterior del mundo. Le basta con mostrar que ese aspecto exterior tiene una función encubridora, artificiosa. Para decirlo de una vez, el Desengaño sólo está interesado en revelar la hipocresía del mundo y no sus vicios particulares, y es que según él "todos los pecadores tienen menos atrevimiento que el hipócrita, pues ellos pecan contra Dios; pero no con Dios ni en Dios. Mas el hipócrita peca contra Dios y con Dios, pues le toma por instrumento para pecar" (168). No sólo es la hipocresía el mejor instrumento de los pecados sino que es, viene a decir, con el refuerzo de las palabras de Cristo mismo, el origen de todos los pecados, de modo que "en no ser hipócritas está el no ser en ninguna manera malos, porque el hipócrita es malo de todas maneras" (168).

La aparencialidad de la virtud queda patente en cuanto se divorcia la acción de la intención. Esto se logra, indistintamente, bien señalando la existencia de una intención contraria a la literalmente presupuesta, bien descubriendo la intención encubridora misma. Aunque la hipocresía aparezca más nítidamente en este último caso, ella es también el objetivo a que apunta el Desengaño en el primer caso. Como lectores creo que no debemos dejarnos cegar por la satirización de vicios particulares hasta el punto de no ver que lo que el Desengaño, o Quevedo, lleva aquí a cabo es principalmente la condena del encubrimiento mismo. Obsérvese cómo las palabras del Desengaño destacan en todos los casos ese común denominador de hipocresía. Adviértase también cómo cada uno de los cinco casos presenta un aspecto ligeramente distinto de la misma, hasta configurarse una especie de argumentación progresiva análoga a la que informaba sus palabras en la primera parte del discurso.

En el caso del entierro la tristeza de los amigos y del viudo es quizás real y verdadera, pero no se debe a la fe y al amor por la difunta sino a otras consideraciones menos virtuosas. Con la viuda y sus acompañantes, en cambio, lo que el Desengaño pone de manifiesto no es la distinta motivación sino la voluntad engañosa de las mujeres: "con hablar un poco gangoso, escupir y remedar sollozos, hacen un llanto casero y hechizo, teniendo los ojos hechos una yesca. ¿Quiéreslas consolar? Pues déjalas solas y bailarán en no habiendo con quien cumplir" (173). Hipocresía en ambos casos, aunque por distintas razones.

La hipocresía es quizás más difícil de advertir como blanco de la ira del anciano en el caso del alguacil y el escribano. Es verdad que dice de ellos: "Sábete que ese alguacil no sigue a este ladrón ni procura alcanzarle por el particular y universal provecho de nadie; sino que, como ve que aquí le mira todo el mundo, córrese de que haya quien en materia de hurtar le eche el pie delante, y por eso aguija por alcanzarle" (175). Como en otras ocasiones, Quevedo no puede evitar la agudeza de calificar al alguacil de ladrón espoleado por el prurito de competir con sus compinches—lo cual sería una repetición de lo dicho respecto del viudo: que sus motivos reales son distintos de los aparentes—, pero a continuación despersonaliza el vicio individual del personaje: "No es culpable el alguacil porque...prendió [al ladrón] siendo su amigo, si era delincuente. Que no hace mal el que come de su hacienda; antes bien y justamente. Y todo delincuente y malo, sea quien fuere, es hacienda del alguacil y le es lícito comer de ella" (175). Aceptada la naturaleza malhechora del alguacil, lo que insinúa el Desengaño es que su hipocresía no es sólo suya sino también de quienes prefieren no advertirla por el beneficio que de ello se les sigue: "Y renegad de oficio que tiene situados sus gajes donde los tiene situados Bercebú" (175). La hipocresía institucional y social es la consistente en ver como virtud lo que, bien mirado, no es más que una competición entre malhechores. Es la hipocresía implícita en exaltar como heroica y benéfica una institución que en realidad no es más que un apéndice de la maldad el mundo. Al oficio y a la sociedad más que al individuo van dirigidas pues las acusaciones del Desengaño, justamente porque goza de una hipócrita reputación, cuando dice: "de sí el oficio es con los buenos como la mar con los muertos, que no los consiente y dentro de tres días los echa a la orilla" (176).

El ejemplo del rico insinúa un paso más en este progresivo desplazamiento que va desde la hipocresía en cierto modo inconsciente del viudo, a la consciente de la viuda, a la más impersonal de toda una profesión. La magnífica apariencia del caballero, sus signos exteriores de riqueza, que diría el Fisco, le resultan a él mismo una mayor pesadumbre que la pobreza: "más trabajo le cuesta la fábrica de sus embustes para comer, que si lo ganara cavando" (177). Tan es ello así que se trocan los papeles y es el hipócrita de grandeza quien resulta su mayor víctima: inversión epitomizada en su relación con el bufón que, en realidad, "tiene por su bufón al que le sustenta y le da lo que tiene" (177). Concluye el anciano:" [se] diferencian muy poco, porque el uno es juglar del otro. De esta suerte, el rico se ríe con el bufón, y el bufón se ríe del rico" (177).

La revista de estos distintos ejemplos de hipocresía concluye con el examen de la mujer hermosa. Es la suya al mismo tiempo la más sutil y la más pura de las hipocresías. Sutil porque no se trata del pecado bellamente desfigurado sino de la belleza misma hecha pecaminosa. Pura porque no es instrumento para otro fin que sí misma. Se trata de una máscara, un signo totalmente objetivo e independiente de la conducta del individuo. Pero por ello mismo es la más poderosa de las hipocresías y la que mayores peligros encierra. Recuérdense los extremos que había hecho ante ella el joven interlocutor: "De todas las cosas del mundo aparta y olvida [el] amor correspondido [de una mujer hermosa], teniéndolo todo en poco y tratándolo con desprecio" (178). Este signo no refiere sino a sí mismo y es por sí mismo amable. No es ya una hipocresía como las anteriores que hace víctima al observador sólo, o que depende de cierta connivencia entre engañador y engañado; ni siquiera es una hipocresía que comience por tener engañado al engañador: es la hipocresía totalmente independiente del individuo; es la virtud misma en lo que tiene de virtuoso y atractivo, independientemente de la intención oculta o descubierta de la persona. En última instancia, el poder de esta hipocresía no depende más que de quien se deje engañar por ella. Así lo advierte el Desengaño: "considera ahora este animal soberbio [la mujer hermosa] con nuestra flaqueza, a quien hacen poderoso nuestras necesidades" (180). El paralelo de las observaciones del Desengaño en esta sección con las que había hecho en la primera parte es evidente. Curiosa, pero en cierto modo también típicamente, el final de la segunda serie, hipocresía de la belleza, hace eco, aunque invertido, a la paradoja con que acababa la primera serie, la hipócrita belleza del pecado.

Ahora estamos en condiciones de volver a las descripciones que preceden a los diálogos de esta segunda parte, armados con el conocimiento del valor de las actuaciones de los interlocutores. Siendo la intención del Desengaño probar la hipocresía de las aparentes virtudes a las que reaccionaba el joven, esas descripciones iniciales han de servir al lector de punto de referencia común de ambos aspectos, el virtuoso y el hipócrita; han de tener un carácter hipócritamente virtuoso. Eso es efectivamente lo que ocurre. Pensadas como están para beneficio exclusivo del lector y no de los personajes, que no las necesitaron, su función es la de insinuar simultáneamente el engaño y la bondad del objeto, con independencia de la actitud personal de los observadores, actitud que sólo tiene un carácter instrumental. Con independencia también de la psicología individual de los cinco o seis personajes que desfilan por el texto. (Esto no quiere decir que los personajes no estén individualmente caracterizados, especialmente en el caso de la viuda y sus acompañantes, en que lo están magistralmente. Es necesaria esta caracterización verosímil para que la cualidad que se quiere destacar sea característica de una situación convincentemente humana y no una árida conceptualización deshumanizada, desnaturalizada, sin encarnación en personaje creíble alguno.) Las descripciones destacan pues el carácter de signo de la conducta humana. En ese sentido hay que entender la ambigüedad que en ellas se insinúa. Ambigüedad que sirve para mantener al lector atento a la artificiosidad de los rasgos descritos, a su valor, en este discurso, como simples signos de la virtud más que como manifestaciones de la situación anímica o existencial de unos personajes interesantes por sí mismos. Signos de la virtud que los interlocutores se encargan de interpretar contradictoria, pero complementariamente: el joven lee en ellos el aspecto virtuoso, un significado que para él es literalmente idéntico con el referente; mientras que el anciano lee su carácter de simple signo, esto es, el significado le hace retroceder hasta el significante.

Resultaría de lo antedicho que incluso los personajes secundarios tendrían más de figuras alegóricas que sirven de complejo soporte de varios aspectos de la virtud, que de individuos concretos. Esto es lo que insinúa el cuidado con que las descripciones resaltan el carácter de signos de la conducta y la apariencia humanas: el acompañamiento del entierro está dotado de todos los extremos significativos de los últimos respetos debidos al difunto. Y a eso se limita: a la apariencia exigida por el rito o por el código: la excesiva indumentaria luctuosa del viudo, por ejemplo, subraya lo significante de su propiedad, pero deja de considerar la medida en que sea producto del sentimiento personal. Minimiza pues un aspecto que sería en circunstancias normales el indicado. Igualmente ocurre con todos los extremos de dolor de la viuda: se resalta en ellos su carácter "hechizo" o de encargo. O con la neutralidad divertida con que el narrador describe el espectáculo del alguacil y el escribano y el apuro del ladrón. O la insistencia, en el caso del rico, en las señales de grandeza y dignidad que parecen ser toda su preocupación y hasta todo su ser: "iba tan hinchado... preten-

diendo parecer tan grave... iba muy derecho, preciándose de espe-
tado... tan olvidado de sus coyunturas que no sabía por dónde
volverse a hacer una cortesía ni levantar el brazo a quitarse el sombrero, el cual parecía miembro, según estaba fijo y firme" (176-77).
Espectáculo que no es el de un hombre sino más bien el de una
máquina significante.

La más clara a este respecto es la descripción de la hermosa
porque indica expresamente la utilización que la mujer hace de la
belleza precisamente en este sentido de signo autónomo que únicamente tiene que mostrarse para ser eficaz: "Iba ella con artificioso
descuido escondiendo el rostro a los que ya le habían visto y descu-
briéndole a los que estaban divertidos. Tal vez se mostraba por
velo, tal vez por tejadillo. Ya daba un relámpago de cara con un
bamboleo de manto, ya se hacía brújula mostrando un ojo solo, ya
tapada de medio lado, descubría un tarazón de mejilla" (178).

Todas las descripciones reflejan un teatro de signos capaces de
dos lecturas, una ignorante o ingenua y otra sabia y desengañada.
Posibilidad de doble lectura que, como ya se ha dicho, no se debe a
la ambigüedad misma de las escenas o personajes sino a la diferencia
de punto de vista de los intérpretes, que se encuentra incorporada
en las palabras mismas. Diferencia posible, casi obligada, para el
lector, gracias al hecho de que la realidad está descrita irónicamente, único modo de preservar en un mismo enunciado la duali-
dad antitética con que fue enfocada por la pareja de observadores.
En ese sentido la descripción no es fiel a la realidad de uno u otro
sino a la de ambos: apunta al referente que es objeto de la atención
del joven, pero para negarle validez sustantiva y atribuirle, en cambio, sólo validez funcional como signo de su contrario—segunda
fase de la interpretación que es la que lleva a cabo el anciano. A su
vez este contrario, nótese, no tiene más validez que la puramente
instrumental de anular la sustancialidad aparencial de la realidad
vista. Esta disposición irónica de la realidad, inescapable en cuanto
se entiende ésta como signo, consigue en esta segunda parte del
discurso no ser fiel representación de la visión ni de uno ni de otro.
Pero así y todo puede que quede la duda de si la sabia interpretación del anciano no será una realidad verdadera y más sólida que la
contraria interpretación del joven. Dicho sencillamente: parece
afirmarse que lo descrito por el Desengaño sea la verdadera e indudable realidad del mundo, su realidad interior. Es éste un peligro
que siempre corre el enunciado irónico. Por eso se define generalmente como expresión que da a entender lo contrario de lo que

dice, en donde lo contrario se entiende como realidad positiva designada por este procedimiento negativo. En realidad, el contrario dado a entender por la ironía no es más que una necesaria ilusión instrumental que reduce también a ilusión la realidad literalmente designada. Es decir, lo que da a entender la ironía mediante lo contrario de lo que dice es que no puede decir lo que literalmente dice. Si se insiste en encontrar la intención positiva de la ironía sin duda habría que buscarla en la razón de ese rehusamiento de lo dicho, en ese significado ausente o rehusado.

La reducción del contrario enunciado por el Desegaño a simple ilusión funcional se lleva a cabo en la tercera parte del discurso. En ésta se introduce una ficción adicional—ficción tanto desde el punto de vista de la ficticia opinión común inicial (la vida como deseo siempre insatisfecho a causa de su ignorancia), como desde el punto de vista de todas las demás ficciones confesadas (la gran población del mundo, la calle de la Hipocresía, el alegórico Desengaño)—: se trata de una cuerda tendida de una a otra parte en el mundo. Al acogerse bajo ella—y actuar, en consecuencia, "bajo cuerda"—los individuos hacen visible lo que ocultaban sus virtuosas apariencias.

Esta ficción revela lo mismo que revelaba el Desengaño. Tan es ello así que hubiera sido igualmente posible neutralizar la ingenua reacción del joven mediante esa cuerda haciéndole ver de entrada y sin ambages la oculta realidad de la conducta humana. Se trata pues de un reprise de lo ya indicado anteriormente en el discurso. Pero no se limita a recapitularlo. Sirve también de conclusión que modifica, por especificación, el alcance del procedimiento común a las otras dos partes.

En primer lugar, la cuerda es capaz de revelar cierta realidad justamente porque es un instrumento de ocultación: actuar bajo cuerda es figuradamente actuar ocultamente. Aquí es pues irónicamente la actuación oculta la que resulta ser la actuación descubridora. Consigue lo mismo que el anciano y esta coincidencia de resultados arroja nueva luz sobre la actuación de éste: la razón personificada por el anciano tiene el mismo carácter que la cuerda: revela porque oculta: la discriminación del Desengaño es también un engaño. Lo uno por lo otro: es una ficción y por eso es por lo que es capaz de revelar el engaño de otra ficción, la del sentido común, que en ella se apoya: revelada la ficcionalidad del signo en que se apoyaba la supuesta verdad del sentido común, ésta se desvanece.

En segundo lugar, esa cuerda no simboliza persona, objeto o capacidad humana algunos. No simboliza nada. Es literalmente un simple modismo lingüístico. No un ente capaz de cierta energía reveladora sino un simple instrumento verbal que encauza las energías de los usuarios. Pero un instrumento que invierte el sentido de esa energía a despecho del usuario. Es de nuevo su semejanza funcional con la tarea del Desengaño la que ayuda a calificar a éste retrospectivamente reduciéndolo a una per-sona: un portavoz a través del cual el lenguaje es capaz de llevar a cabo su labor desengañante.

La novedad de la labor desengañante que ocurre en esta tercera parte está en que su base material no es ya un hombre, incluso alegórico, a cuyas facultades intelectuales, a cuya razón, pudiera atribuirse la capacidad de desengaño, sino que es el lenguaje mismo (manipulado, eso sí, por un hombre real, Quevedo; pero éste está ausente del texto que estamos leyendo y el hecho de que su ausencia no disminuya la eficacia de la escritura sería otra prueba más de la capacidad autónoma del lenguaje). La revelación depende pues en última instancia del sistema lingüístico y no de persona o conciencia algunas. La cuerda refiere a una ficción universal cuyos términos y alcance son los mismos que los del público lenguaje.

Visto desde otra perspectiva: lo que en la primera parte del discurso habían sido afirmaciones abstractas y generales de un personaje llamado Desengaño, y en la segunda habían sido ejemplos concretos de su actuación, en esta tercera parte es una concreción absoluta, pero concreción inmaterial y ficticia sin otra realidad que la del lenguaje: los interlocutores no necesitan ya usar el lenguaje, les basta con ser espectadores del espectáculo lingüístico, de esa cuerda tendida de parte a parte en el mundo.

¿Estamos nosotros, los lectores, haciendo algo muy distinto con el texto de lo que hacen el narrador y el Desengaño con la cuerda? No me parece. ¿No deberíamos entonces, al advertir la paradoja de que esta máxima concreción del instrumento desengañante se base en la más sutil de las existencias, no deberíamos maravillarnos con el narrador y asombrarnos con él de que "siendo esta cuerda una línea invisible, casi debajo de ella [quepan] infinitas multitudes" (183)? Ello nos haría quizás compartir con él la duda de que "si a tan delgada sombra, fiando su cubierta del bulto de una cuerda, son tales los hombres, ¿qué serán debajo de tinieblas de mayor bulto y latitud?" (183). ¿Qué otras tinieblas de mayor bulto y latitud son concebibles cuando ésta es capaz de tan completo desvirtuamiento de la significación? Habríamos adoptado entonces una actitud de escepticismo radical, la misma que desde la introducción nos estaba esperando. Y puestos ya en el disparadero, no dejaríamos de considerar que quizás la imaginación de la existencia de esas tinieblas de mayor bulto y latitud no sea más que insinuación de que la revelación posible gracias al lenguaje no es quizás más que otra ficción.

Habría que recordar entonces el alcance de aquella caracterización general de la conducta humana como hipócrita. Alcance que se revela al advertir el valor etimológico de la palabra: "hipocresía: acción de desempeñar un papel teatral; hipócrita: actor." Esta acepción no podía haber pasado inadvertida al helenista Quevedo. Introduce en el discurso una penúltima ficción, la muy conocida analogía del mundo como teatro. Con ello complica inextricablemente las cambiantes premisas epistemológicas hasta ahora empleadas.

Estas son, en efecto, algunas de las consecuencias más inmediatas de esa acepción de la palabra: el papel que representan los actores, los hipócritas, sería el consistente en utilizar la virtud como cobertura. Pero ¿cobertura de qué? ¿Cuál sería su encubierta realidad no-actora? ¿La del pecado? No puede ser. El pecado es justamente la hipocresía. Se trata más bien de que el papel en que consiste la vida humana sea el de una actor, esto es, que su representación tenga por objeto otra representación: la virtud sería la apariencia que encubre al pecado, pero éste a su vez sería la apariencia que encubre a la virtud, en un abrazo dialéctico imposible de desanudar. Doble representación u ocultamiento que borra las fronteras entre lo oculto y lo ocultante, entre la realidad y la apariencia, a modo de espejos enfrentados en los que cada una de las imágenes no tuviera más origen real reconocible que la ilusoria imagen del espejo opuesto.

El mundo por de dentro no sería entonces más que una ficción, reflejo de otra ficción, la del mundo por de fuera. Por de dentro el mundo sería un vacío, pero un vacío que al ser aceptado provisionalmente como realidad permite advertir la ficción del mundo por de fuera. Vacío útil, pues, pero que no tiene más realidad que la que le preste nuestra provisional e interesada adhesión. Por eso sin duda es por lo que "no se sabe nada... Y aun esto no se sabe de cierto:... sospéchase" (161).

Ultimo rizo de esta espiral escéptica, se despide Quevedo en las líneas finales de su discurso con estas inquietantes palabras: "Con esto el viejo me dijo: —Forzoso es que descanses. Que el choque de tantas admiraciones y de tantos desengaños fatigan el seso, y temo se te desconcierte la imaginación. Reposa un poco para que lo que resta te enseñe y no te atormente. Yo, tal estaba, di conmigo en el sueño y en el suelo, obediente y cansado"(184). Al cabo de la lectura de este texto estamos tan hechos a las piruetas, y hasta saltos mortales, del ingenio de Quevedo que me parece casi inevitable sospechar que ese sueño es algo más que un detalle circunstancial, nada más que la contestación adecuada al cansancio del narrador. Porque se recuerda que los demás textos de la colección comienzan con el sueño y narran su contenido mientras que ahora, al revés, el sueño es el término de una fantástica vigilia imaginativa. Se duerme el narrador para descansar de la verdad, porque esta verdad no ha resultado ser otra cosa que la insoluble mentira del mundo. Volver al sueño es para él volver a una zona libre de ficciones, a lo real quizás. Mas ¿no es el sueño lo que acostumbramos a tener por reino de lo irreal? ¿Hemos perdido fondo irremisiblemente o hacemos pie en las arenas movedizas de una dialéctica infinita?

Esta última observación de Quevedo hace difícil no advertir, además, el carácter de contrapartida antifónica de este discurso de *El mundo por de dentro* respecto de los presupuestos de los tres textos de la colección propiamente titulados sueños. Antífona o complemento dialéctico que reduce a pura ficción la realidad a partir de la cual se aceptaban los contenidos oníricos de aquéllos. Es difícil no advertirlo sobre todo si se tiene en cuenta que el discurso espacialmente simétrico de éste, el de *El alguacil endemoniado*, número dos de la colección, lleva a cabo en distinta clave una pareja inversión epistemológica—como explico en otro lugar—del valor recíproco de la ficción y la realidad.

Creo que no sería simple juego de palabras ornamental sino conclusión apropiada acabar afirmando que la calle de la Hipocresía, teatro del espectáculo de este texto, es, ni más ni menos, un escéptico callejón sin salida en el que nos vemos forzados a caminar sin encontrar nunca el fondo ciego capaz de detenernos.

THE UNIVERSITY OF TEXAS AT AUSTIN

Quevedo y Erasmo
en el *Buscón*

ANTONIO VILANOVA

I

PESE AL TENAZ empeño con que el maestro Marcel Bataillon pretendió negar, casi hasta los últimos años de su vida, el influjo directo del pensamiento erasmista en los grandes escritores españoles del siglo XVII, es justo reconocer la certera intuición con que supo adivinar el rastro inconfundible de la sátira erasmiana en la obra satírica de Quevedo, y más concretamente en las páginas del *Buscón*. En efecto, en el postrer capítulo de su obra capital, *Erasmo y España*, dedicado a historiar los últimos reflejos del espíritu erasmista en la literatura española del Barroco, al enfrentarse con la figura genial y solitaria de Quevedo, a quien dedica escasamente dos páginas, el insigne hispanista pone lúcidamente de relieve la reticente ambigüedad de las contadas alusiones quevedescas a la obra erasmiana: "El caso de Quevedo—escribe—, es mucho más complejo; no pretendemos ponerlo en claro aquí. Quevedo asoció al humanismo devoto de San Francisco de Sales, el estoicismo cristiano de Justo Lipsio, y, al mismo tiempo, encarnó el espíritu satírico más virulento. Parece, pues, que en él se ve renacer esa alianza de un íntimo sentimiento cristiano con un humor burlón, que es tan característico del erasmismo. Y sin embargo—añade—, no parece que Erasmo lo haya seducido."[1]

Y acto seguido, tras señalar el claro sabor erasmista del famoso

---

[1] Marcel Bataillon, *Erasmo y España*, 2ª ed., trad. Margit Frenk y Antonio Alatorre (México: Fondo de Cultura Económica, 1966), pp. 774-75.

opúsculo quevedesco, *La cuna y la sepultura*, en el que—dice—, "Erasmo y los erasmistas españoles hubieran reconocido una piedad hermana de la suya" (XIV, III, 775), añade Marcel Bataillon, apuntando un posible influjo que hasta ahora nadie se ha preocupado de aclarar:

> Habría que estudiar asimismo el *Buscón* y toda la obra satírica de este *enfant terrible* del nuevo humanismo cristiano, si se quiere ver cómo actúa un tremendo espíritu de irreverencia que renueva el género picaresco puesto de moda por el *Guzmán de Alfarache*. Mateo Alemán se había mostrado mucho más prudente. Ya en 1610, cuando quiere publicar *El Sueño del Juicio Final*, Quevedo causa escándalo con una frase que pinta una desbandada burlesca de canónigos y sacristanes, a quienes se suman un obispo, un arzobispo y un inquisidor. *El Buscón* permanecerá largo tiempo inédito por razones análogas. Su autor no podrá imprimirlo sin quitar de él buen número de alusiones a las cosas de la religión, que irritaban a los censores y que chocaban en un libro tan desvergonzadamente picaresco. Hay en todo esto, algo que hace pensar en Erasmo y que está a cien leguas de la manera de Erasmo. (XIV, III, 775-76)

Como puede verse, en opinión de Marcel Bataillon, la más significativa coincidencia entre Quevedo y Erasmo, se encuentra, en la obra satírica quevedesca, en la mezcla constante de un íntimo sentimiento cristiano con un humor burlón, muy característico del erasmismo. Y en lo que respecta a su originalísima novela picaresca, sobre la que escribirá posteriormente unas páginas magistrales, está claro que para el gran hispanista francés, el rasgo más genuinamente erasmiano del *Buscón* es el irreverente desenfado con que se burla de las cosas de la religión, con una mezcla de audacia y de cinismo a menudo rayana en la impiedad. Es evidente, sin embargo, que aunque la proverbial afición quevedesca a las agudezas conceptuosas y a los juegos de ingenio, no se detiene ni ante las cosas más sagradas, la intención primordial del *Buscón* no es la crítica del fariseísmo y de la superstición encubierta con apariencias piadosas, ni su principal rasgo distintivo es la irreverencia religiosa, ni la finalidad que persigue, pese a algún que otro rasgo de parodia sacrílega, es poner en entredicho cuestiones dogmáticas o artículos de fe. No porque la amarga historia del Buscón Don Pablos sea una mera creación esteticista, sin contenido y sin objeto, como algunas veces se ha creído, sino porque la idea central de la agria novela picaresca de Quevedo, responde más bien a la honda preocupación sociológica y moral que inspira buena parte del *Moriae Encomium* y de los *Coloquios familiares* de Erasmo.

En efecto, al margen de sus indiscutibles valores estilísticos y estéticos, el *Buscón* de Quevedo es, ante todo, una sarcástica invectiva contra el frustrado intento de ascensión social de un pobre pícaro segoviano de origen converso, hijo de un barbero ladrón, que acabará sus días colgado en la horca, y de una bruja, ramera y alcahueta, condenada por la Inquisición a morir en la hoguera. Personaje desastrado y miserable, pero despejado y de agudo ingenio, con un natural talento de impostor y de arribista nato, que sin otros méritos que su audacia y su falta de escrúpulos, pretende renegar de su propia casta, evadirse de su baja condición y estado, adoptar el atavío, el lenguaje y los modales de la clase aristocrática, y, valiéndose de la superchería, la astucia y el engaño, ingresar por la puerta falsa en las filas de la nobleza y hacerse pasar por un caballero.

Aunque el propio Pablos, que narra su historia en la edad madura, después de haber sido rufián, criminal y ladrón, y de haber pasado a Indias buscando mejor suerte, atribuye sus quiméricas pretensiones nobiliarias a un vano e ilusorio delirio de grandezas, es lo cierto que sus verdaderas motivaciones hay que buscarlas en el lógico afán de sustraerse al oprobio y la vergüenza que proyectan sobre él la infamia y deshonra de sus padres y la falta de limpieza de sangre de su linaje. Por lo que le ha enseñado su propia experiencia y ha podido observar en torno suyo, el joven pícaro segoviano, que conoce sin duda el origen converso de muchas ilustres familias segovianas ennoblecidas por el poder del dinero, como la de su amo el caballerito Don Diego Coronel,[2] ha llegado a la conclusión de que el único medio de abrirse paso en la vida, alcanzar una posición honrosa y respetable y desempeñar un papel destacado en la sociedad, sin ser objeto constante del desprecio y la burla de los demás, es poseer el rango y la consideración social de un caballero. Plenamente convencido, en un principio, de que para llegar a ser un caballero, o por lo menos para comportarse como tal y poder parecerlo a los ojos de los demás, es absolutamente indispensable una buena educación y una conducta recta y virtuosa, el

---

[2] Sobre esta cuestión, véase el trabajo fundamental de Augustin Redondo, "Del personaje de Don Diego Coronel a una nueva interpretación de *El Buscón*," *Actas del V Congreso Internacional de Hispanistas* (Bordeaux, 1977), pp. 699-711.

joven Pablos, que asegura orgullosamente que "siempre tuvo pensamientos de caballero desde chiquito,"[3] se siente, como es lógico, profundamente avergonzado por lo infame y deshonroso de las actividades delictivas de sus padres, cuya vileza e ignominia recaen sobre él.

Este íntimo sentimiento de humillación y de vergüenza ante la infamia de los padres, a los que en el fondo desprecia y aborrece por ser su principal obstáculo para ascender socialmente, aparece claramente de relieve en lo abultado de los rasgos negativos que acumula sobre ellos y en su manifiesto propósito de achacarles el fracaso de sus aspiraciones nobiliarias y de su escalada social. Se trata del propósito deliberado de atribuir al estigma imborrable de los pecados de los padres la responsabilidad de las propias culpas, claramente perceptible en el amargo sarcasmo con que Pablos, después de reprocharles la estrechez de miras de que han dado muestras a la hora de buscarle una profesión, refiere cómo empeñados en convencerle de que siga sus mismos pasos, no han sido capaces de brindarle otra alternativa que la de ser, como ellos, rufián o ladrón. Aunque por una amarga ironía del destino, en la que pesa decisivamente el moralismo determinista del autor, Pablos ejercerá posteriormente ambas profesiones, con lo que seguirá a pesar suyo las huellas de sus padres, de las que quiso apartarse para emprender un camino completamente distinto, la sola idea de desempeñar dos oficios tan bajos y ruines hace que se sienta profundamente herido en su amor propio y en sus buenos propósitos de convertirse en un hombre de bien.

De ahí que este trepador nato, naturalmente inclinado a la impostura y la mentira, acuciado por el ambicioso empeño de ascender socialmente y deseoso de librarse, al propio tiempo, del estigma de vileza y abyección moral que sus padres le han legado por herencia, se niegue rotundamente a imitarles en el oficio, como ellos le sugieren con cínico pragmatismo, actitud qu' Pablos, excesivamente confiado en sus propias fuerzas, les reprocha amargamente en un sarcástico comentario que cierra el primer capítulo: "Yo me quedé solo, dando gracias a Dios porque me hizo hijo de padres tan hábiles y celosos de mi bien" (I, I, 87). Como consecuencia de ello, y

---

[3] Francisco de Quevedo, *El Buscón*, ed. Domingo Ynduráin, texto fijado por Fernando Lázaro Carreter (Madrid: Cátedra, 1980), p. 84. Todas las citas de la novela que aparecen en el presente trabajo se refieren a esta edición.

dando claras muestras de su ingenua vanidad y de su infantil inexperiencia, Pablos decide hacer caso omiso de los consejos paternos, según los cuales "quien no hurta en el mundo no vive," y, de acuerdo con un proyecto vital que él mismo se ha trazado libremente y que, a la larga, será incapaz de llevar a buen fin, adopta el firme propósito de "aprender virtud resueltamente" y de asistir a la escuela para recibir una instrucción adecuada, "pues sin leer ni escribir no se podía hacer nada" (I, I, 86). Al descubrir muy pronto que, a pesar de la adulación y el servilismo de que da muestras en su trato con el maestro y con sus compañeros de familias nobles, el mero hecho de saber leer y escribir es absolutamente secundario para borrar, a los ojos de la sociedad en que vive, la infamia que supone ser hijo de un barbero ladrón y de una hechicera y alcahueta, Pablillos de Segovia renuncia voluntariamente al aprendizaje de la virtud y, cediendo a sus malas inclinaciones innatas, decide emprender su escalada social valiéndose exclusivamente de la superchería, la astucia y el engaño.

Desde el punto de vista del narrador protagonista, además del básico afán de vanagloria y notoriedad que, con tal de hablar de sí mismo, lleva siempre al pícaro a alardear de su propia deshonra y a jactarse de lo que ha conseguido con su propio esfuerzo, a pesar de los condicionamientos adversos, la historia de la vida del Buscón está escrita íntegramente para justificar esta decisión de "ser bellaco con los bellacos, y más si pudiese que todos" (I, VI, 129). Decisión que Pablos adopta libremente, por venganza y por despecho, pero de forma totalmente consciente y deliberada, al darse cuenta de la inutilidad de sus esfuerzos por medrar honradamente y mejorar de estado, al encontrar cerrado, por la infamia y deshonra de sus padres, el camino del bien y de la virtud que había emprendido por pura conveniencia e interés. Decisión, en fin, que él se esfuerza en presentar como algo impuesto por las circunstancias, como la única salida que le ofrece una sociedad hostil, que le desprecia y le rechaza, en la que jamás le será posible integrarse, si se presenta tal cual es, y cuya rígida estratificación social jamás le permitiría realizar sus aspiraciones caballerescas, sin encubrir bajo una falsa identidad la infamia de sus padres y la impureza de su linaje.

II

En realidad, dentro del vasto retablo realista y satírico de la picaresca española, este ambicioso empeño de escalar una posición social superior por medios ilícitos, después de haber fracasado en el intento de progresar por caminos rectos y honrados, a partir de la publicación del *Lazarillo de Tormes* no constituye novedad alguna. Pese a sus enormes diferencias de carácter y de mentalidad, existe un evidente paralelismo entre el ansia de respetabilidad y consideración social que experimenta Lázaro de Tormes, una vez lograda la prosperidad y bienestar que le da su oficio real de pregonero, y la ambición de nobleza y señorío que siente Pablos desde niño y que determinará, años más tarde, su fracasado intento de ascender socialmente. Y existe, sobre todo, una sorprendente identidad en el propósito exculpatorio de justificación personal y de defensa propia que ha llevado a uno y otro pícaro a escribir, a instancias ajenas, la historia de su vida, y en los argumentos aducidos por los dos para valorar el triunfo o el fracaso de sus respectivos intentos de ascensión social, consistentes en ambos casos en subrayar la dificultad que supone superar por sus propios medios la infamia paterna.

En efecto, así como Lázaro de Tormes hace una deliberada ostentación de lo que don Américo Castro llamó su "genealogía antihonrosa," con el deliberado propósito de "mostrar cuánta virtud sea saber los hombres subir siendo bajos, y dejarse bajar siendo altos, cuánto vicio,"[4] Pablos, por su parte, pone especialmente de relieve las dificultades que ha encontrado para profesar honra y virtud, pues, dada la infamia de sus padres no ha tenido de quien aprenderla: "Iba yo pensando en las muchas dificultades que tenía para profesar honra y virtud, pues, había menester tapar primero la poca de mis padres; y luego tener tanta, que me desconociesen por ella; y parecíanme a mí tan bien estos pensamientos honrados, que yo me los agradecía a mí mismo. Decía a solas: 'Más se me ha de agradecer a mí, que no he tenido de quien aprender virtud, ni a quien parecer en ella, que al que la heredó de sus abuelos'" (II, II, 157-58). Pasaje, este último, en el que resuena un eco inequívoco del prólogo del *Lazarillo*, donde nuestro primer pícaro, orgulloso de su ascensión social, lograda a costa de su propia deshonra, asegura que ha escrito la historia de su vida, "porque consideren los que heredaron nobles estados cuán poco se les debe, pues fortuna fue

---

[4] *Lazarillo de Tormes*, ed. Joseph V. Ricapito (Madrid: Cátedra, 1976), p. 110. Todas las citas se refieren a esta edición. La frase de Américo Castro procede de su memorable artículo "Perspectiva de la novela picaresca," *Revista de Bibliotecas, Archivos y Museos*, XII (1935), 123-38, incluido posteriormente en el volumen, *Hacia Cervantes* (Madrid: Taurus, 1957), pp. 83-105.

con ellos parcial, y cuánto más hicieron los que, siéndoles contraria, con fuerza y maña remando salieron a buen puerto" (96-97).

Ahora bien, aunque en ambas novelas la alusión a la infamia y vileza de los padres tiene un claro propósito justificativo, destinado a vanagloriarse de los propios méritos, poner de relieve el esfuerzo realizado para superarlos y encarecer la importancia del progreso conseguido, es evidente que en la intención subyacente del autor, tiene especialmente por objeto contribuir a la caracterización moral del pícaro, al hacer que éste se retrate a sí mismo según su peculiar modo de describir y enjuiciar los vicios y defectos de sus padres. Se trata de un método de caracterización psicológica desde un punto de vista ético, esbozado en un famoso pasaje del *Protágoras* de Platón, en el que se debate la posibilidad o imposibilidad de que la virtud pueda ser enseñada o aprendida, como cree el joven Pablos, y en el cual se plantea, además, la radical diferencia existente entre los hombres virtuosos y los malvados en lo que se refiere al modo de atenuar o exagerar los defectos paternos:

> Pensaba, en efecto—dice Sócrates—, que un hombre virtuoso se violenta a veces a sí mismo para demostrar admiración o amistad a ciertas personas, muy a pesar suyo. Como por ejemplo, aquél a quien le han tocado en suerte un padre o una madre a quienes aborrece, una patria ingrata, u otra cosa análoga. Cuando sucede un caso semejante, los malos parece que lo ven con alegría, y con sus reproches y censuras denuncian los defectos de sus padres o de su patria, a fin de poder olvidarles, sin que esta negligencia les granjee las recriminaciones de los demás. Por eso les critican más de la cuenta y añaden deliberadamente nuevas causas de enemistad a las ya existentes. Los buenos, por el contrario, procuran disimular los defectos de sus padres o de su patria, se esfuerzan en hablar siempre bien de ellos, y si alguna injusticia les indigna, procuran calmarse y reconciliarse con ellos, y se esfuerzan en demostrarles sentimientos de amistad y en prodigarles palabras de elogio.[5]

Aunque es de todo punto imposible asegurarlo con absoluta certeza, se diría que Quevedo tuvo muy en cuenta este pasaje del famoso diálogo platónico al caracterizar la figura humana de Pablos

---

[5] Platón, *Obras Completas*, ed. y trad. María Araujo, Francisco García Yagüe, Luis Gil, José Antonio Mínguez, María Rico, Antonio Rodríguez Huéscar y Francisco de P. Samaranch (Madrid: Aguilar, 1974), p. 184a-b. Transcribo el texto con correcciones.

de Segovia, para poner de relieve desde el comienzo de su autobiografía, la ruindad y bellaquería de su héroe y lo arraigado de sus malas inclinaciones innatas. Ruindad de sentimientos y abyección moral que se desprenden claramente de la descarnada crudeza con que describe la infamia y vileza de sus padres, a los que en el fondo desprecia y aborrece, y cuya muerte, además de reportarle una saneada herencia, constituye para él una auténtica liberación del oprobio y la vergüenza que le han acarreado hasta entonces con sólo mencionar su nombre. Sentimiento de íntima satisfacción que Pablos reconoce, sin el menor reparo, al recibir la noticia de que su padre ha sido ahorcado y descuartizado en Segovia por su propio hermano, en el ejercicio de sus funciones de verdugo: "No puedo negar que sentí mucho la nueva afrenta, pero holguéme en parte: tanto pueden los vicios en los padres, que consuelan de sus desgracias, por grandes que sean, a los hijos" (I, VII, 145).

El despiadado cinismo de este comentario, que revela claramente la absoluta inexistencia de lazos sentimentales y afectivos entre el joven Pablos y sus progenitores, a los cuales, en su edad madura, retrata sin el menor rastro de afecto o de piedad, contrasta acusadamente con los esfuerzos de Lázaro de Tormes por dignificar y paliar, en lo posible, la infamia y vileza de sus padres con un íntimo sentimiento de comprensión y de ternura, que, sin omitir la cruda realidad de los hechos, que expone o insinúa con acerado sarcasmo, logra actualizar al propio tiempo la simplicidad e inocencia de sus años infantiles. El contraste a que me refiero, y que obedece sin duda en el *Buscón* de Quevedo a un manifiesto propósito de imitación por antítesis y a una intención paródica deliberada, explica, a mi entender, el mencionado paralelismo entre las ridículas ansias de respetabilidad y consideración social que experimenta Lázaro de Tormes, una vez lograda la prosperidad y bienestar que le ha proporcionado su oficio real de pregonero, y las grotescas e irrisorias pretensiones caballerescas del Buscón Don Pablos, en cuanto abandona su oficio de criado y entra en posesión del respetable caudal de cuatrocientos ducados, que a la muerte de su padre le han tocado por herencia.

Aunque en uno y otro caso, se trata de un mismo afán de desclasamiento y ascenso a una condición social superior, que borre la infamia y vileza de los padres y del linaje de donde proceden, y les confiera una apariencia de honradez y respetabilidad, es evidente que la sátira quevedesca del *Buscón* se endereza contra una pretensión mucho más grave y reprobable para la sociedad española de la época, que el mero afán de aparentar del pobre Lázaro de Tormes. Frente a las modestas aspiraciones de nuestro primer pícaro, que, una vez satisfecha su imperiosa necesidad de subsistir, cifra su máxima ambición en conseguir el cargo de pregonero, considerado en su época como el más bajo y vil de los oficios reales, con la sola excepción del oficio infamante de verdugo, Pablos de Segovia, llevado por una desmedida y quimérica ambición de ser y valer más, se empeña resueltamente desde sus años infantiles en el imposible intento de llegar a ser un caballero.

En efecto, pese a la extraña mezcla de orgullo y de cinismo con que Lázaro de Tormes se envanece de haberse encumbrado por su propio esfuerzo, desde la condición desastrada y miserable de mozo de ciego a la posición, sin duda mucho más alta y respetable, de pregonero público de la ciudad de Toledo, es evidente que jamás ha tenido pretensiones de nobleza e hidalguía, ni se le ha ocurrido en ningún momento hacerse pasar por un caballero. En contraste con el conformismo utilitario del pícaro salmantino, el cual, en nombre de una moral de conveniencia, asume la deshonra en aras del propio provecho y decide hacer caso omiso del qué dirán, Don Pablos, que "siempre tuvo pensamientos de caballero desde chiquito," no sólo pretende "negar la sangre" heredada, sino usurpar con falsedades y engaños el rango y la consideración social de un noble de nacimiento.

Síntoma inequívoco de lo consciente y deliberado de esas dos actitudes contrapuestas, es que, a diferencia de Lázaro de Tormes, quien, a pesar de su deshonrosa situación conyugal se siente profundamente orgulloso y satisfecho de sí mismo, Pablos de Segovia es, desde que descubre la infamia de sus padres y de su origen adulterino, un ser inadaptado y conflictivo, lleno de insatisfacción y descontento, atormentado por el resentimiento y por un evidente complejo de inferioridad social, y, en el fondo, profundamente avergonzado de su familia y de sí mismo. En este sentido, frente a la "falsa ingenuidad cínica" con que, al decir de Marcel Bataillon, Lázaro asume la herencia de infamia de sus padres,[6] de los cuales jamás reniega ni se avergüenza, el Buscón Don Pablos, que como ha señalado mi querido amigo Maurice Molho, "tiene plena con-

---

[6] Marcel Bataillon, *Novedad y fecundidad del "Lazarillo de Tormes"* (Madrid: Anaya, 1968), p. 64.

ciencia de su radical ignominia,"[7] es incapaz de soportar la constante humillación y el renovado sentimiento de oprobio y de vergüenza que le produce la deshonra de su nacimiento, la infamia de sus padres y la vileza de su linaje.

Este íntimo sentimiento de vergüenza del joven Pablos contrasta acusadamente con el desafiante cinismo con que, una vez descubierta la inutilidad de la honradez y de la virtud, decide cambiar de vida, seguir el mal ejemplo de los demás, y ser el más bellaco entre los bellacos. Esta decisión, que Pablos adopta después de ser víctima de las crueles novatadas de Alcalá, y que es en la vida del pícaro quevedesco, el equivalente exacto de la resolución que toma Lázaro de Tormes después de recibir la feroz calabazada contra el toro de piedra, es, sin duda, junto a la clara conciencia que demuestra a cada paso de su ingenio y valer, uno de los rasgos más originales e innovadores del *Buscón*. En este sentido, se diría que el genio acre y mordaz de Quevedo ha querido crear un nuevo tipo de pícaro, dominado por la ambición y el orgullo, que, partiendo de la absoluta falta de conciencia moral del Lázaro maduro, posea desde su adolescencia, no sólo el deseo de honra y el ansia de grandezas, sino el cinismo y la falta de escrúpulos que ha alcanzado con los años el flamante pregonero de Toledo.

Por eso el Buscón Don Pablos, personaje radicalmente distinto de su primer modelo, es, más que una recreación, una contrafigura de Lázaro de Tormes, el cual es, en cuanto logra llegar a la cumbre de su prosperidad y buena fortuna, un bellaco sin vergüenza y dignidad, que prefiere pasar por simple e ingenuo a los ojos de los demás antes que renunciar al provecho que le reporta su desairado papel de marido engañado y consentido. Un cínico solapado y astuto, que al mostrarse sinceramente orgulloso de su escalada social, aparece engañosamente como la encarnación misma de la más estólida necedad y de la vanagloria satisfecha. En contraste con esa actitud de satisfacción y autocomplacencia que caracteriza, dentro de su cínico e interesado conformismo, su ridícula figura de marido cornudo y contento, el hiriente sarcasmo y el amargo desengaño del Buscón reflejan un carácter y una mentalidad completamente distintos, en los que es claramente perceptible bajo el alarde jactancioso y vano de su propia maldad y bellaquería, el íntimo sen-

---

[7] Mauricio Molho, *Semántica y Poética (Góngora, Quevedo)* (Barcelona: Crítica, 1977), *Vid.* "Cinco lecciones sobre el *Buscón*," p. 100.

timiento de despecho que produce el insatisfecho delirio de grandezas y la ambición defraudada.

En efecto, en opinión de Erasmo en uno de los más curiosos capítulos del *Moriae Encomium*, "la primera condición de la felicidad es que cada uno sea aquello que quiere ser,"[8] es decir, esté contento de ser lo que es, beneficio que la vanidad y el amor propio proporcionan a la mayor parte de los mortales, pues consiguen que "nadie tenga la menor queja de su propio aspecto, de su propio carácter, de la propia familia, de su propio oficio, de la propia conducta, de su propia patria" (XXII, 141). Desde este punto de vista, es evidente que Pablos de Segovia tiene poderosas razones para no ser feliz, pues al cobrar muy pronto clara conciencia de ser distinto a los demás, por infame y mal nacido, y superior al propio tiempo al medio familiar de que procede, por su ingenio y valer, ni está satisfecho de los padres que le engendraron, ni está contento de ser lo que es. Ello explica que desde sus años infantiles, en que asiste por vez primera a la escuela y tiene ocasión de codearse con otros niños de su edad, muchos de ellos hijos de caballeros y de personajes de la nobleza, este arribista precoz, deseoso de escapar del ínfimo estado social a que pertenece, y consciente de la imposibilidad de triunfar en buena lid, con la sola ayuda de la virtud, la cultura y el estudio, de los injustos privilegios del rango sobre el mérito, conciba el ambicioso proyecto de romper con su familia, clase y condición, negar su linaje y su sangre, y hacerse pasar por un caballero.

III

El hecho responde a una realidad social característica de la España del Barroco, época en la cual, como ha señalado José Antonio Maravall, se produce "un desmedido incremento de las aspiraciones sociales," reiteradamente censurado por Quevedo, ya en sus primeros escritos, en los cuales "relacionaba la locura del mundo en su tiempo con la desmesura que a todos impulsa a subir más."[9] En efecto, ya en la *Genealogía de los modorros*, que es una de sus obras primerizas, fechada en 1597, escribe el gran satírico madrileño en

---

[8] Erasmo de Rotterdam, *Elogio de la Locura*, ed. y trad. Oliverio Nortes Valls (Barcelona: Bosch, 1976), p. 141.

[9] José Antonio Maravall, *La cultura del Barroco. Análisis de una estructura histórica* (Barcelona: Ariel, 1975), p. 312.

relación con este fenómeno, típico de la rígida sociedad estamental
de la España del siglo XVII:

Esto acontece ahora cada día en nuestros tiempos; que ha
crecido tanto la locura y vanidad del mundo, que no hay hombre, aunque no tenga sino una espada y una capa, que no quiera
que ande su hijo como hijo de caballero y de señor; y los pecadores de los padres que tal hacen yerran claramente, porque mejor
les sería criar sus hijos y dotrinalles y hacelles trabajar y entender en oficios virtuosos donde pudiesen aprovecharse, que no en
consentilles con su pluma en la gorra y su espada en el lado, la
contera en la cabeza, el seso en el calcañal.[10]

Este afán de aparentar una nobleza que no tienen, por parte de
plebeyos enriquecidos que sólo poseen un caudal muy exiguo, sólo
es posible en una sociedad estamental rígidamente estratificada en
la cual, como ha señalado Marcel Bataillon, la clase y condición
social se reconocen en el vestido, en cuanto su jerarquía coincide
normalmente con la de la riqueza, y en la que el rango se demuestra sobre todo por la respetabilidad de la honra externa, basada, a
los ojos de los demás, en un elegante atuendo, un lujoso tren de
vida y unos distinguidos modales. Este culto de las apariencias
externas propicia, lógicamente, la superchería y el engaño de falsa-
rios e impostores que, al adoptar el atavío y los modales de los
caballeros y arrogarse sus principales rasgos y defectos, logran
muchas veces suplantarles con éxito. Tal es el caso, satirizado por
Quevedo en el siguiente pasaje de las *Premáticas y aranceles generales*,
escritas probablemente hacia 1600:

Item. Habiendo visto las vanas presunciones de los medio
hidalgos y de atrevidos hombrecillos que con poco temor se atreven a hurtar las ceremonias de los caballeros, hablando recio por
la calle, haciendo mala letra en lo que escriben, tratando siempre
de armas y caballos, pidiendo prestado y haciendo otras muchas
ceremonias y cosas que sólo a los caballeros son lícitas, mandamos que a los tales, siendo como va dicho, los llamen caballeros
chanflones, motilones y donados de la nobleza y hacia caballeros."[11]

---

[10] Francisco de Quevedo, *Obras Completas*, 2ª ed., ed. Luís Astrana
Marín. *Obras en prosa* (Madrid: Aguilar, 1941) pp. 5b-6a.

[11] *Ed. cit.*, p. 34a. El mismo pasaje reaparece nuevamente en la *Premática
del tiempo*, con una ligera pero significativa variante inicial, que ilumina deci-

Esta maliciosa sátira quevedesca contra las vanas pretensiones de nobleza e hidalguía de escuderos y lacayos, que se atreven a usurpar los atavíos, los modales y las apariencias externas de los caballeros, constituye en forma abreviada el primer esbozo de la sarcástica invectiva contra las aspiraciones nobiliarias y los delirios de grandeza del joven Don Pablos. Claramente inspirada, como veremos en seguida, en ideas erasmianas, la acre sátira picaresca del *Buscón* no se dirige tanto contra las ansias de ascensión social de un plebeyo advenedizo de bajo nacimiento, que en principio Quevedo considera perfectamente lícitas, ni contra su falta de sangre limpia, como descendiente de judíos conversos, que es un mero agravante de la infamia y deshonra de los padres, sino contra los medios reprobables e indignos de que se vale para aparentar una falsa nobleza, que no tiene desde la cuna, y que no ha sido capaz de conquistar por sus propios méritos. En ese sentido, y como es claramente perceptible en el siguiente pasaje del *Sueño del infierno*, fechado el 3 de mayo de 1608, Quevedo comparte plenamente la tesis del humanismo cristiano de Erasmo, según la cual la verdadera nobleza no estriba en el linaje sino en la virtud:

—Acabaos de desengañar—dice un diablo—, que el que des ciende del Cid, de Bernardo y de Gofredo, y no es como ellos, sino vicioso como vos, ese tal más destruye el linaje que lo hereda. Toda la sangre, hidalguillo, es colorada. Parecedlo en las costumbres, y entonces creeré que descendéis del docto, cuando lo fuéredes, o procuráderes serlo, y si no, vuestra nobleza será mentira breve en cuanto durare la vida; que en la chancillería del infierno arrúgase el pergamino y consúmense las letras, y, el que en el mundo es virtuoso, ése es el hidalgo, y la virtud es la ejecutoria que acá respetamos, pues aunque descienda de hombres viles y bajos, como él con divinas costumbres se haga digno de imitación, se hace noble a sí y hace linaje para otros. Reímonos acá de ver lo que ultrajáis a los villanos, moros y judíos, como si en éstos no cupieran las virtudes que vosotros despreciáis [...] Acierta a tener muchas letras el hijo del labrador, es arzobispo el villano que se aplica a honestos estudios, y el caballero que desciende de César y no gasta como él en guerras y

---

sivamente el alcance sociológico de la sátira quevedesca: "Item, ha parecido, habiendo visto las varias presunciones de medio escuderos y lacayos, atrevidos hombrecillos, que por verse que van delante y dejan atrás sus señores, como si fueran de más importancia, con poco temor se han atrevido a usurpar las ceremonias de los caballeros, etc.... " (p. 60a).

victorias el tiempo y vida, sino en juegos y rameras, dice que fue mal dada la mitra a quien no desciende de buenos padres, como si hubieran ellos de gobernar el cargo que les dan. Quieren, ¡ved qué ciegos!, que les valga a ellos, viciosos, la virtud ajena de trescientos mil años, ya casi olvidada, y no quieren que el pobre se honre con la propia.[12]

Esta rigurosa exigencia ética explica por qué el autor del *Buscón* censura con idéntica acritud, a todo lo largo de su obra, la injustificada soberbia de los aristócratas y grandes señores, indignos de su ilustre ascendencia, pero extremadamente celosos de la limpieza de sangre de su linaje; la vana presunción y altanería de los pobres hidalgos sin medios de fortuna, empeñados, por mantener honra, en vivir por encima de sus posibilidades, y la ridícula vanidad de villanos y plebeyos enriquecidos, obstinados, por encubrir lo bajo y rastrero de su oficio, en vestir como hidalgos y en darse aires de señorío. Tal es el caso del siguiente pasaje de *El mundo por de dentro*, cuya dedicatoria está fechada el 26 de abril de 1612, en el que pasa revista a los principales representantes del vicio de la hipocresía:

> ¿Y ves aquel que gana de comer como sastre y se viste como hidalgo? Es hipócrita, y el día de fiesta, con el raso y el terciopelo y el cintillo y la cadena de oro, se desfigura de suerte que no le conocerán las tijeras y agujas y jabón, y parecerá tan poco a sastre, que aun parece que dice verdad. ¿Ves aquel hidalgo con aquel que es como caballero? Pues, debiendo medirse con su hacienda e ir solo, por ser hipócrita y parecer lo que no es, se va metiendo a caballero, y, por sustentar un lacayo, ni sustenta lo que dice ni lo que hace, pues ni lo cumple ni lo paga. Y la hidalguía y la ejecutoria le sirve sólo de pontífice en dispensarle los casamientos que hace con sus deudas: que está más casado con ellas que con su mujer.[13]

La sátira quevedesca contra este afán de aparentar una falsa nobleza, que caracteriza la sociedad española del siglo XVII, y más concretamente contra lo que el maestro Marcel Bataillon calificó de "insolente usurpación de identidades honradas,"[14] dejando aparte la

---

[12] Francisco de Quevedo, *Sueños y Discursos*, ed. Felipe C. R. Maldonado (Madrid: Castalia, 1973), pp. 123-24.

[13] *Sueños y Discursos*, pp. 165-66.

[14] Marcel Bataillon, *Pícaros y picaresca*, trad. Francisco R. Vadillo (Madrid: Taurus, 1969), p. 210.

autobiografía picaresca de Pablos de Segovia, de la que ha sido su principal motivo inspirador, tiene su más típico exponente en la breve receta para ser caballero o hidalgo, incluída por Quevedo en el *Libro de todas las cosas y otras muchas más,* escrito, según parece, en 1627, que parece una síntesis, abreviada y esquemática, del argumento del *Buscón:*

> Para ser caballero o hidalgo, aunque seas judío y moro, haz mala letra, habla despacio y recio, anda a caballo, debe mucho y vete donde no te conozcan, y lo serás.[15]

Ahora bien, aunque el hecho ha pasado hasta ahora prácticamente inadvertido,[16] la idea de que el mejor medio de que dispone un plebeyo ambicioso y sin fortuna para medrar y ascender socialmente, es trasladarse a un lugar donde no le conozcan, asumir un nombre supuesto y una falsa identidad, usurpar la indumentaria y los modales de la clase social elevada, y, valiéndose de ese disfraz, hacerse pasar por un caballero, aparece por vez primera en el coloquio erasmiano *Ementita nobilitas,* que significa literalmente "nobleza fingida" o "falsa nobleza." No incluído en ninguna de las ediciones de la versión castellana de los *Colloquios familiares* de Erasmo (Sevilla, 1529), traducidos, ocho de ellos, por Fray Alonso de Virues, otro por el protonotario Luis Mexía, y los demás por algún traductor anónimo, *Ementita nobilitas,* que ostenta en realidad el título griego de 'Iππεὺσ ἄνιππoσ, o *Eques sine equo,* es decir, "caballero sin caballo,"[17] es uno de los coloquios erasmianos que han influído más decisivamente en el episodio del escudero del *Lazarillo,* antes de proporcionar a Quevedo uno de los principales estímulos inspiradores del *Buscón.*

Escrito, según parece, en 1525, en él Erasmo nos presenta a un

---

[15] *Obras Completas. Prosa,* ed. cit., p. 71.

[16] En realidad, los sorprendentes paralelismos entre el coloquio de Erasmo *Ementita nobilitas* y el motivo de la falsa nobleza en el *Buscón,* fueron entrevistos por vez primera por Ilse Nolting-Hauff, en su excelente libro, *Vision, sátira y agudeza en los "Sueños" de Quevedo* (Madrid: Gredos, 1974). *Vid* III, *El falso noble,* pp. 130-37, que apunta sólo dos o tres rasgos coincidentes, pero no procede a un cotejo sistemático entre ambos textos.

[17] Todas las citas de *Ementita nobilitas* proceden del texto de los *Colloquia familiaria* de Erasmo, publicado en la edición de *Opera Omnia* (Leiden, 1703-1706) 10 vols., según el ejemplar existente en la Biblioteca Nacional de Madrid. *Vid.* Tomo I, cols. 834D-837F.

joven lugareño, sin medios de fortuna y de origen plebeyo, pero avispado, ambicioso y de buena presencia, que responde al significativo nombre de Harpalo, el cual, como el de Harpagon, que significa "garfio," lleva implícita una caracterización del personaje como hombre rapaz y de presa. Se trata, en efecto, de un aventurero sin escrúpulos, con todas las características de un verdadero pícaro trepador y arribista, deseoso de ascender socialmente y de alcanzar los privilegios y la consideración social de los nobles de nacimiento, cuyas virtudes, que envidia y admira, quisiera imitar, y cuyos vicios, con los que está profundamente familiarizado, se ha apropiado sin el menor esfuerzo (836 A). En animado coloquio con su amigo Nestorio, hombre ya maduro, prudente y experimentado, verdadero maestro en toda clase de astucias y bellaquerías, que encarna la voz de la sabiduría, el joven Harpalo le pide que le aleccione y aconseje sobre los medios de que puede valerse para simular una falsa nobleza y hacerse pasar por un caballero. Aunque Harpalo no quiere revelar hasta el final las verdaderas razones que le mueven a ambicionar esta nobleza fingida, el carácter pragmático y utilitario de las enseñanzas que recibe sobre el arte de practicar la impostura y la mentira, muestra bien a las claras que sus pretensiones nobiliarias no se deben a un mero afán de respetabilidad social, ni a un vano delirio de grandezas, sino a motivaciones puramente materiales, egoístas e interesadas, entre las que figura en primer término, "el deseo de poder permitirse impunemente todo cuanto se le antoje" (837 E).

Ahora bien, aunque a primera vista esto le diferencia radicalmente del joven Pablos, quien asegura con petulante cinismo que siempre tuvo pensamientos de caballero desde chiquito, es fácil darse cuenta de que existen entre ambos extraordinarias semejanzas, no sólo en el común objetivo que persiguen y en las razones profundas que les mueven, sino en las tretas e imposturas de que se valen para hacerse pasar por auténticos caballeros. En este sentido, aunque Pablos de Segovia escribe la historia de su vida para demostrar al desconocido personaje a quien se dirige, que no es un pícaro despreciable ni un vulgar rufián, sino un hombre de valía, ingenio y saber, que tuvo en su día aspiraciones más altas, prematuramente frustradas por la infamia de su origen y los reveses de una suerte adversa, a partir del momento en que resuelve ser bellaco con los bellacos, sus coincidencias con el personaje erasmiano son verdaderamente abrumadoras. Dejando aparte, claro está, la influencia determinante y decisiva que tiene en el pícaro quevedesco, lo que el inolvidable maestro don Américo Castro llamó "su genealogía antihonrosa," de la que carece el protagonista de *Ementita nobilitas*, y que el autor del *Buscón* añadió al nuevo tipo de impostor y arribista esbozado por Erasmo, por influjo de la novela picaresca anterior, "nacida en una sociedad que funda sus valores en las nociones de categoría y da casta."[18]

A diferencia de esta genealogía antihonrosa que, desde Lázaro de Tormes a Pablos de Segovia, ostentan agresivamente todos nuestros pícaros, y que hace, como subrayó certeramente don Américo Castro, que estén ya "previamente juzgados al exhibir su ascendencia" (p. 88), el Harpalo erasmiano, un plebeyo de origen villano, nacido en un oscuro villorrio de las riberas del lago de Como, es un personaje sin historia y sin pasado, del que desconocemos por completo el nombre de los padres y su ascendencia familiar, y cuya vida anterior, ambiente social en que se mueve, profesión u oficio que desempeña, y medios de que se vale para subsistir, permanecen para nosotros totalmente ignorados. Por lo que se deduce de la burlesca alusión a las cántaras de leche y a las cabezas de patos salvajes, como motivos heráldicos que podrían figurar en el blasón de su escudo (835 A), se trata, posiblemente, de un joven campesino, dotado, como Pablillos de Segovia, de despejada inteligencia y agudo ingenio, lo que le ha permitido recibir una cierta instrucción, pues no sólo sabe leer y escribir, sino que se jacta de sus habilidades caligráficas para imitar cualquier tipo de letra (835 D). Un joven pobre, avispado y ambicioso, de menguada hacienda, que, según se deduce, abandonó un día su lugar natal deseoso de ver mundo, ignoramos si para ser estudiante o ladrón, y que una vez agotado su exiguo caudal en el juego, el vino y las mujeres, cargado de deudas y carente de medios de fortuna, pero muy poco inclinado a arrostrar como soldado los riesgos y penalidades de la guerra, en la que, según dice, no ha participado jamás, ha llegado a la conclusión de que el único medio para poder vivir impunemente de la estafa, la trampa y el engaño, es hacerse pasar por un caballero.

Dejando aparte esta prehistoria del personaje, que es forzoso reconstruir a base de alusiones dispersas e indicios fragmentarios, suficientes a duras penas para que el lector se haga cargo de su baja extracción social y de su absoluta carencia de escrúpulos morales,

---

[18] Américo Castro, *art. cit. Vid. Hacia Cervantes*, p. 88.

las coincidencias y paralelismos entre Pablos de Segovia y el Harpalo de Erasmo en su común pretensión de usurpar el nombre, el atavío y los modales de un caballero de noble condición, son continuas a todo lo largo de *La vida del Buscón*. La primera de ellas es, justamente el hecho de que la desfachatez, el cinismo y la osadía de este propósito de simular una falsa nobleza y de hacerse pasar por un caballero, son fruto de una decisión deliberada y consciente, que aparece justificada, en uno y otro caso, por el mútuo afán de medrar a toda costa sin reparar en medios y por el deseo de enmendar lo que ambos consideran una injusticia de la suerte y de la sociedad, que, por razón de su nacimiento, les ha excluído de las ventajas y privilegios de que gozan, sin poseer mayores méritos, los individuos de la nobleza.

En este sentido, es extraordinariamente significativa la maliciosa y disolvente afirmación que Erasmo pone en boca de su héroe, el cual, con aire de ingenua rusticidad que no logra atenuar la gravedad de sus palabras, insinúa burlescamente que, según ha podido comprobar por propia experiencia, "la sangre de los patos es colorada, igual que la sangre humana": *rubet sanguis anserinus aeque atque humanus* (835 A). Idea que parece haber inspirado la amarga reflexión del mísero y famélico hidalgo Don Toribio Rodríguez Vallejo Gómez de Ampuero y Jordán, que aparece en el *Buscón*, con quien topa el joven Don Pablos en su camino de Segovia a la corte: "Pero ya, señor licenciado, sin pan y carne, no se sustenta buena sangre, y por la misericordia de Dios, todos la tienen colorada, y no puede ser hijo de algo el que no tiene nada" (II, V, 188-89). Idea de la que previamente Quevedo se había hecho eco en el *Sueño del infierno*, donde uno de los diablos le advierte a un hidalgo presuntuoso y entonado, que anda con un pergamino en la mano: "Toda la sangre, hidalguillo, es colorada" (p. 123).

Junto a este argumento igualitario, que en España penetra incluso en el refranero: "El algo hace al hidalgo, que la sangre toda es bermeja" (Correas, *Vocabulario*, p. 172), la razón fundamental que aduce el joven Harpalo para justificar su ambiciosa pretensión nobiliaria, es, precisamente, que "nacer nobles no está en nuestra mano" (834 D), idea de la que Quevedo también se hizo eco en el *Marco Bruto*, donde afirma que "el nacer no se escoge, y no es culpa nacer del ruín, sino imitarle" (708 a). Ahora bien, puesto que Harpalo no tiene recursos económicos suficientes para comprar un título nobiliario, que, según asegura desdeñosamente su interlocutor, el Emperador le concedería por muy poco dinero; y teniendo en cuenta que conquistar una ejecutoria de nobleza por sus propios méritos y ser así principio de su linaje, es algo superior a sus fuerzas, no le queda otro remedio que recurrir a Nestorio para que le indique, punto por punto, cómo debe actuar para aparentar lo que no es. Plenamente convencido de que "cuando se carece de algo, lo más cercano es aparentar tenerlo": *cum res abest, proximum est opinio* (834 E), el joven Harpalo no pretende en absoluto llegar a ser noble de verdad, sino averiguar, según dice, "los medios de adquirir a los ojos del vulgo una apariencia de auténtica nobleza" (834 E).

IV

La primera condición que Nestorio le impone para hacer posible su impostura nobiliaria, es la de alejarse de su patria y de su lugar natal y trasladarse a una ciudad donde nadie le conozca (834 E). Se trata de un consejo que el joven Pablillos, corrido y avergonzado por su fracaso como rey de gallos, empieza a poner en práctica cuando decide abandonar la escuela y la casa de sus padres, para entrar al servicio de su amigo el caballerito Don Diego Coronel. Y que más tarde, una vez finalizada su estancia en Alcalá, volverá a seguir nuevamente, con el deliberado propósito de romper con el pasado y empezar una nueva vida, cuando emprende el viaje a la corte, después de pasar por Segovia para cobrar la herencia de su padre, que recibe de manos de su tío el verdugo Alonso Ramplón. "Consideraba yo que iba a la corte, adonde nadie me conocía—que era la cosa que más me consolaba—, y que había de valerme por mi habilidad allí" (II, V, 186). Se trata de una solución a la que recurre en numerosas ocasiones, entre ellas después de ser desenmascarado por su antiguo amo y de hacer de mendigo en la corte: "Determiné de salirme de la corte, y tomar mi camino para Toledo, donde ni conocía ni me conocía nadie" (III, VIII, 257).

El primero de los dos casos mencionados se produce, significativamente, en el momento en que Pablos se siente definitivamente liberado del oprobio y la vergüenza que pesaban sobre él, gracias a la muerte de su padre, colgado en la horca y hecho cuartos, que su propio tío el verdugo Alonso Ramplón ha sembrado por los caminos, y ante la desaparición inminente de su madre, presa por la Inquisición de Toledo y condenada a morir en la hoguera por bruja y alcahueta. Momento, además, en que, para romper definitivamente con el pasado y borrar la infamia que supone la afrentosa muerte de sus padres, el joven Pablos se propone orgullosamente negar la sangre heredada, cortar para siempre todos sus vínculos familiares, y ser uno solo de su linaje, soberbio empeño que, como hemos visto, el Harpalo erasmiano se sentía incapaz de conseguir. En efecto, al lamentarse Harpalo, ante su amigo y consejero, de no ser noble de nacimiento, puesto que nacer en noble cuna es algo que no está en nuestra mano, el prudente Nestorio, que finge ignorar los fines puramente egoístas que persigue, le advierte que siempre cabe la posibilidad de conquistar la nobleza por sus propios méritos: "Si no está en tu mano nacer noble, esfuérzate en realizar acciones meritorias para que tu nobleza empiece en ti": *ut a te initium capiat nobilitas* (834 D). Harpalo encuentra este procedimiento excesivamente largo, arduo y difícil, al igual que Pablos de Segovia, que no cesa de lamentarse de "las muchas dificultades que tenía para profesar honra y virtud, pues había menester tapar primero la poca de mis padres, y luego tener tanta, que me desconociesen por ella" (II, II, 157-58).

Contribuye decisivamente a este ambicioso propósito de ser y valer más que exige trasladarse, como hemos visto, a un lugar donde nadie le conozca, para que surta efecto la impostura de una nobleza fingida, el encuentro de Pablos con el mísero y famélico hidalgo Don Toribio Rodríguez Vallejo Gómez de Ampuero y Jordán, que con toda su nobleza de hidalgo montañés de casa y solar conocido, se dirige a la corte para vivir a costa de los demás mediante la trampa y el engaño: "Tras esto dijo que iba a la corte, porque un mayorazgo roído como él, en un pueblo corto, olía mal a dos días, y no se podía sustentar; y que por eso se iba a la patria común, adonde caben todos" (II, V, 190). Con ello, este hidalgo apicarado, que es un verdadero caballero de industria, no hace más que seguir el consejo atinado y sagaz del prudente Nestorio en el coloquio de Erasmo, cuando recomienda a su joven amigo: "huye de los lugares pequeños, donde no se puede pedir nada en préstamo sin que todo el mundo lo sepa. En las ciudades grandes y populosas hay más libertad para todo" (837 D).

Los sorprendentes paralelismos que acabo de apuntar no son, ni mucho menos, las únicas coincidencias entre el coloquio erasmiano *Ementita nobilitas* y el *Buscón* de Quevedo, pues desde sus años infantiles en la escuela, el joven Pablillos parece seguir puntualmente las instrucciones del sabio Nestorio, cuya segunda recomendación al joven Harpalo precisamente es la de arrimarse a los buenos: "procura introducirte y frecuentar el trato de algún grupo de jóvenes verdaderamente nobles pues con ello la gente creerá que perteneces a la misma clase que los compañeros que frecuentas" (834 E).

Esto es, exactamente lo que hace el pequeño Pablos en la escuela, donde, además de adular rastreramente al maestro y a su mujer, para tenerles obligados, y de prestarse a aplicar a sus compañeros los castigos corporales que el maestro les impone, procura con todas sus fuerzas captarse la amistad y simpatía de los hijos de los caballeros: "Llegábame, de todos, a los hijos de caballeros y personas principales, y particularmente a un hijo de don Alonso Coronel de Zúñiga, con el cual juntaba las meriendas. Ibame a su casa a jugar las fiestas, y acompañábale cada día" (I, II, 89).

Es evidente, por supuesto, que el joven Pablos, no por arrimarse a los buenos logra ser uno de ellos, ni consigue en ningún momento que la gente le confunda con los niños nobles de quienes ha logrado hacerse amigo, pues el resto de sus compañeros, que sienten por él odio y desprecio, le recuerdan a todas horas la infamia de sus padres y la vileza de su linaje: "Pero los otros—escribe—, porque no les hablaba, o porque les parecía demasiado punto el mío, siempre andaban poniéndome nombres tocantes al oficio de mi padre [...] Al fin, con todo cuanto andaban royéndome los zancajos, nunca me faltaron, gloria a Dios. Y aunque yo me corría, disimulábalo" (I, II, 89-90). Es innegable, sin embargo, que la amistad con Don Diego Coronel va a tener una importancia decisiva en la trayectoria humana del pícaro Don Pablos, pues al entrar como criado a su servicio, no sólo le acompañará en el pupilaje del Dómine Cabra y en la posada de estudiantes de Alcalá, sino que a su lado se acostumbrará al trato de los jóvenes de la nobleza, los cuales al alabar su ingenio (I, VI, 138), y considerarle "travieso y agudo entre todos" (I, VI, 141), le harán cobrar conciencia de su propio valer, aunque es evidente, por mucho que se esfuerce en disimularlo, que desempeña para ellos el papel de bufón. Al propio tiempo, esta relación de amistad y afecto, que no es en el fondo más que una servidumbre disfrazada, es importante para Pablos porque durante el período que permanece al servicio del joven Don Diego, que constituye para él "la mejor vida que hallo haber pasado" (II, I, 147), encontrará en él, más que un modelo de conducta, que no se propone seguir ni es capaz de imitar, una imagen perfecta de lo que es un caballero auténtico y un vivo ejemplo de lo que desde niño hubiera querido ser.

En relación con las ventajas que ofrece el hecho de alternar con personajes de la nobleza para ser tomado por uno de ellos y hacerse pasar por un caballero, el coloquio erasmiano *Ementita nobiiitas* contiene otras recomendaciones útiles que el genio humorístico y satírico de Quevedo ha desarrollado por su cuenta de forma plenamente original. Así por ejemplo, el agudo consejo de Nestorio al joven Harpalo: "Procura siempre arrimarte a los grandes, o más bien, mezclarte con ellos" (836 E), ha dado origen en el *Buscón* a una serie de escenas y situaciones cómicas, que no son más que variaciones sobre un mismo tema, inspiradas las más de las veces en rasgos psicológicos, formas de conducta y actitudes humanas descritas en los *Caracteres morales* de Teofrasto. Véase la que parece más directamente inspirada en la idea erasmiana de simular conocimiento, amistad o parentesco con personas de calidad, a las que ni siquiera conoce, para usurpar a los ojos de los demás una parte de la honra que poseen. Se trata de un pasaje correspondiente al episodio en que Pablos, disfrazado de caballero bajo el falso nombre de Don Felipe Tristán, recurre a toda clase de artimañas para pescar mujer noble, hermosa y de buen dote:

> Visité no sé cuántas almonedas, y compré mi aderezo de casar. Supe dónde se alquilaban caballos, y espetéme en uno el primer día, y no hallé lacayo. Salíme a la calle Mayor, y púseme enfrente de una tienda de jaeces, como que concertaba alguno. Llegáronse dos caballeros, cada cual con su lacayo. Preguntáronme si concertaba uno de plata que tenía en las manos; yo solté la prosa y, con mil cortesías, los detuve un rato. En fin, dijeron que se querían ir al Prado a bureo un poco, y yo, que si no lo tenían a enfado, que los acompañaría. Dejé dicho al mercader que si viniesen allí mis pajes y un lacayo, que los encaminase al Prado. Di señas de la librea, y metíme entre los dos y caminamos. Yo iba considerando que a nadie que nos veía era posible el determinar cúyos eran los lacayos, ni cuál era el que no le llevaba (III, VI, 236).

La inicial sugestión erasmiana de mezclarse con los caballeros y grandes señores para confundirse con ellos, se funde en este pasaje con el influjo directo de uno de los capítulos más certeros de los *Caracteres* de Teofrasto, que lleva por título *De la fanfarronería*, vicio que el gran moralista griego define como la simulación de bienes que no existen:

> La fanfarronería parece ser algo así como una simulación de bienes que no existen, y el fanfarrón, un hombre tal como para contar a extranjeros, que tiene mucho dinero en asuntos de mar, y disertar acerca de qué cosa tan grande es el negocio de préstamo y de cuánto es lo que él ha ganado y perdido, y, mientras exagera de este modo, despachar a su esclavo al banco, donde no

tiene ni una sola dracma. [...] Y acercarse a los que venden caballos buenos y fingir que tiene ganas de comprar; y llegarse a las tiendas para elegir vestidos hasta un importe de dos talentos, y luego reñir al esclavo que le acompaña por no llevar dinero encima. Y, habitando en casa alquilada, decir, al que no lo sabe, que es su hogar paterno, pero que va a venderla, porque le resulta demasiado pequeña para recibir huéspedes en ella.[19]

Para darse cuenta de las dotes persuasivas de Don Pablos, de la habilidad con que representa su papel y de la perfección de su disfraz de hidalgo, baste con decir que los dos caballeros principales de quienes se ha valido para darse tono y aparentar que se codea con personajes de la nobleza, según él mismo dice: "iban embelesados y, a mi parecer, diciendo:—'¿Quién será este tagarote escuderón?'— porque el uno llevaba un hábito en los pechos, y el otro una cadena de diamantes, que era hábito y encomienda todo junto—, dije yo que andaba en busca de buenos caballos para mí y otro primo mío, que entrábamos en unas fiestas" (III, VI, 236-37).

El tema del caballo alquilado o ajeno, que el protagonista se apropia indebidamente o que simula querer comprar, y que como puede verse procede inicialmente de Teofrasto, simboliza en cierto modo la falsa nobleza del pícaro quevedesco, por influjo evidente de Harpalo, el aventurero erasmiano de *Ementita nobilitas*, cuya condición plebeya se refleja precisamente en el hecho de ser, como reza el título del coloquio, *Eques sine equo*, un caballero sin caballo. A diferencia de éste, que sólo hacia el final, para demostrarle su agradecimiento a su mentor Nestorio y dando claras muestras de sus instintos de rapiña, le promete "mandarte como regalo el primer caballo digno de ti que encuentre en estos prados" (837 E), el tema del caballo como atributo de nobleza que es necesario exhibir públicamente y agenciarse como sea, aparece reiteradamente en las páginas del *Buscón*. Según dice el mísero hidalgo Don Toribio: "Estamos obligados a andar a caballo una vez cada mes, aunque sea en pollino, por las calles públicas" (II, VI, 194). En lo que se refiere a las pretensiones de Pablos de pasar por un caballero y alardear de buen jinete ante su dama, el episodio más representativo, en el que

[19] Teofrasto, *Los Caracteres Morales*, ed. Manuel Fernández Galiano (Madrid: Instituto de Estudios Políticos, 1956), pp. 36-37

aparece también una reminiscencia de los *Caracteres* de Teofrasto,[20] es el siguiente:

> Consoléme con esto algo de lo sucedido, y, a la mañana, me levanté a buscar mi caballo, y no hallé por alquilar ninguno; en lo cual conocí que había otros muchos como yo. Pues andar a pie pareciera mal, y más entonces, fuime a San Felipe, y topéme con un lacayo de un letrado, que tenía un caballo y le aguardaba, que se había acabado de apear a oír misa. Metíle cuatro reales en la mano, porque mientras su amo estaba en la iglesia, me dejase dar dos vueltas en el caballo por la calle del Arenal, que era la de mi señora. Consintió, subí en el caballo, y di dos vueltas calle arriba y calle abajo, sin ver nada; y, al dar la tercera, asomóse doña Ana. Yo que la vi, y no sabía las mañas del caballo ni era buen jinete, quise hacer galantería. Díle dos varazos, tiréle de la rienda; empínase y, tirando dos coces, aprieta a correr y da conmigo por las orejas en un charco (III, VII, 245).

En cuanto a la técnica de apropiación imaginaria de lo ajeno, basada en el engañoso efecto de las apariencias, de que se vale reiteradamente el protagonista, el propio Don Pablos la había utilizado ya en uno de los primeros episodios de su estancia en Madrid, después de recibir las provechosas enseñanzas de Don Toribio Rodríguez Vallejo y Gómez de Ampuero, en una prodigiosa escena de ilusionismo y fantasmagoría, en la que el Buscón presume, a los ojos de los demás, de un paje que no está a su servicio, de una casa que no le pertenece, de un coche que no es suyo, de unos conocidos a quienes no conoce, y de unos criados ajenos, que ni siquiera saben quien es:

> Yo me aproveché de la ocasión, diciendo que había sido atrevimiento ofrecerles nada, pero que me hiciesen merced de acetar unas telas que me habían traído de Milán, que a la noche llevaría un paje (que les dije que era mío, por estar enfrente aguardando a su amo, que estaba en otra tienda, por lo cual estaba descaperuzado). Y para que me tuviesen por hombre de partes y conocido, no hacía sino quitar el sombrero a todos los oidores y caballeros que pasaban, y, sin conocer a ninguno, les hacía corte-

---

[20] Me refiero al siguiente pasaje del capítulo que lleva por título *Del afán tardío de educación*, en el que Teofrasto describe al hombre afanoso de una educación tardía, como alguien capaz: "Cabalgando hacia su campo en caballo ajeno, de ponerse a practicar la equitación, caerse y romperse la cabeza" (*Caracteres Morales*, p. 44).

sías como si los tratara familiarmente. Ellas se cegaron con esto, y con unos cien escudos en oro que yo saqué de los que traía, con achaque de dar limosna a un pobre que me la pidió. [...] Y con intento de estafarme en más, se fiaron de mí y preguntá- ronme mi posada, diciéndome que no podía entrar paje en la suya a todas horas, por ser gente principal. Yo las llevé por la calle Mayor, y, al entrar en la de las Carretas, escogí la casa que mejor y más grande me pareció. Tenía un coche sin caballos a la puerta. Díjeles que aquella era, y que allí estaba ella, y el coche y dueño para servirlas. Nombréme don Alvaro de Córdoba, y entréme por la puerta delante de sus ojos. Y acuérdome que, cuando salimos de la tienda, llamé uno de los pajes, con grande autoridad, con la mano. Hice que le decía que se quedasen todos y que me aguardasen allí—que así dije yo que lo había dicho ; y la verdad es que le pregunté si era criado del comendador mi tío. Dijo que no; y con tanto, acomodé los criados ajenos como buen caballero (III, II, 212-13).

Un recurso idéntico utiliza nuevamente don Pablos, después de haberse caído del caballo en presencia de su dama, para desvanecer en lo posible las crecientes sospechas de su antiguo amo Don Diego Coronel que, a pesar del disfraz, ha creído reconocer en él a un criado que en otro tiempo tuvo en Segovia:

Comí, y a la tarde alquilé mi caballico, y fuime hacia la calle; y como no llevaba lacayo, por no pasar sin él, aguardaba a la esquina, antes de entrar, a que pasase algún hombre que lo pareciese, y, en pasando, partía detrás dél, haciéndole lacayo sin serlo; y en lle- gando al fin de la calle, metíame detrás de la esquina, hasta que volviese otro que lo pareciese; metíame detrás, y daba otra vuelta (III, VII, 247).

V

Lo realmente curioso y sorprendente de los pasajes quevedescos mencionados hasta ahora, es que, mientras el tono y estilo del des- arrollo narrativo son plenamente originales y cobran existencia estética gracias al prodigioso genio idiomático y creador de don Francisco de Quevedo, buena parte de los motivos temáticos me- diante los cuales el gran escritor nos muestra las sorprendentes habilidades del Buscón en el arte de la simulación, la impostura y el engaño, se encuentran previamente apuntados, aunque sea en forma muy concisa y escueta, en las páginas de *Ementita nobilitas*. Tal es, sin ir más lejos, además de los ejemplos ya citados, la decisiva importancia que Erasmo atribuye a la complicidad de los supuestos criados, conocidos y amigos, para acreditar la autenticidad de los falsos títulos de nobleza, las imaginarias riquezas, las propiedades inexistentes y el nombre fingido que forzosamente debe atribuirse todo aquel que pretenda hacerse pasar por un caballero.

En efecto, en el mencionado coloquio erasmiano, una de las principales recomendaciones de Nestorio, hombre experimentado en toda suerte de astucias y bellaquerías, al joven Harpalo, verdadero aprendiz de pícaro, consiste precisamente en la necesidad y conveniencia de asegurarse la complicidad de unos cuantos individuos a sueldo, que desempeñen el papel de servidores y amigos, para dar un aire de veracidad a sus embustes y patrañas: "Hay que buscar unos cuantos amigos y criados que te cedan el paso y te traten de señoría delante de todos. Y no hace falta que te preocupes por el gasto, pues hay muchos jóvenes que se prestarán de balde a representar esta farsa" (835 E). Un eco directo de este consejo erasmiano se encuentra en las páginas del *Buscón*, concretamente en el intento que hace Pablos, al salir de la cárcel, de acreditarse ante las dueñas de la posada en que vive, las cuales, a su entender, por no andar "tan bien vestido como era razón," no le hacen el caso que merece:

> Di, para acreditarme de rico que lo disimulaba, en enviar a mi casa amigos a buscarme cuando no estaba en ella. Entró uno, el primero, preguntando por el Señor don Ramiro de Guzmán, que así dije que era mi nombre, porque los amigos me habían dicho que no era de costa el mudarse los nombres, y que era útil. Al fin, preguntó por don Ramiro, "un hombre de negocios rico, que hizo agora tres asientos con el Rey." Desconociéronme en esto las huéspedas, y respondieron que allí no vivía sino un don Ramiro de Guzmán, más roto que rico, pequeño de cuerpo, feo de cara y pobre. —"Ese es"—replicó—"el que yo digo. Y no quisiera más renta al servicio de Dios que la que tiene a más de dos mil ducados." Contóles otros embustes, quedáronse espantadas, y él las dejó una cédula de cambio fingida, que traía a cobrar en mí, de nueve mil escudos. Díjoles que me la diesen para que la acetase, y fuese (III, V, 229-230).

A ese astuto expediente para presentarse como un acaudalado hombre de negocios y para adjudicarse el don y el tratamiento de señoría, aun a costa de dar una desfavorable descripción física de sí mismo, de la que hablaremos en seguida, añade Quevedo, acto seguido, un rasgo de humor genial: será el propio Don Pablos disfrazado quien, haciéndose pasar por el mayordomo de don Ramiro de Guzmán, se adjudique generosamente a sí mismo tierras, títulos y señoríos:

> Al fin, llegamos a los túes, y yo, para alimentar más el crédito de mi calidad, salíme de casa y alquilé una mula, y arrebozado y mudando la voz, vine a la posada y pregunté por mí mismo, diciendo si vivía allí su merced del señor don Ramiro de Guzmán, señor del Valcerrado y Vellorete. —"Aquí vive"—respondió la niña—"un caballero de ese nombre, pequeño de cuerpo." Y, por las señas, dije yo que era él, y la supliqué que le dijese que Diego de Solórzana, su mayordomo que fue de las depositarías, pasaba a las cobranzas, y le había venido a besar las manos. Con esto me fui, y volví a casa de allí a un rato. Recibiéronme con la mayor alegría del mundo, diciendo que para qué les tenía escondido el ser señor de Valcerrado y Vellorete. Diéronme el recado. Con esto, la muchacha se remató, cudiciosa de marido tan rico (III, V, 231).

Aunque en forma paródica y burlesca, en los dos pasajes quevedescos que acabo de mencionar, se plantean varios temas típicamente erasmianos, claramente inspirados en otros tantos pasajes de *Ementita nobilitas*. El primero de ellos, sin lugar a dudas, es el que se refiere a la conveniencia de cambiar de nombre cuando, sin ser de noble linaje ni tener medios de fortuna para comprar un título por dinero, se pretende aparentar ante los demás una falsa nobleza y gozar de los privilegios y la consideración social de un caballero. En torno a este tema, la fuente clásica de toda la literatura europea del Renacimiento se encuentra en el siguiente pasaje del mencionado coloquio de Erasmo, que sin duda tuvo muy en cuenta el anónimo autor del *Lazarillo*. Se trata, además, de un posible antecedente, no señalado hasta ahora, del famoso pasaje del capítulo primero del *Quijote*, en el cual, el ingenioso hidalgo manchego decide poner un nombre adecuado, sonoro y significativo a su rocín, y buscar luego otro apropiado para llamarse a sí mismo, que declare al propio tiempo su linaje y su patria, tomando el sobrenombre de ésta para hacerla famosa, como hizo Amadís de Gaula.

En opinión de Nestorio, la cuestión del nombre—a la que Erasmo dedicó uno de sus *Coloquios familiares*, el que lleva por título *De rebus ac vocabulis*—, es de primordial importancia, junto con el atavío y los modales, para encubrir la verdadera identidad de un advenedizo de bajo nacimiento y origen plebeyo, que quiera atribuirse, con simulaciones y engaños, falsos títulos de nobleza:

"En primer lugar"—le dice a su amigo Harpalo—, "debes tener mucho cuidado en no permitir que te llamen Harpalo Comensano, a la manera vulgar y plebeya, sino Hárpalo de Como. Ser llamado de este modo es propio de gente noble, lo otro, de sórdidos teólogos" (835 B). Ahora bien, según se deduce de las palabras de Nestorio, para encontrar un apellido sonoro e ilustre o inventar un falso título nobiliario, hay que recurrir al nombre del lugar de nacimiento, de la patria o region de origen, o de alguna heredad o hacienda, como harán Lázaro de Tormes, por haber nacido junto al río; Guzmán de Alfarache, en recuerdo de la heredad donde fue engendrado; y Don Quijote de la Mancha, para inmortalizar la región de donde era natural. Ocurre, sin embargo, que el ambicioso Harpalo, que es un pícaro desarraigado, sin oficio ni beneficio, no sólo carece de bienes de fortuna, sino de una casa solariega, heredad o hacienda de las que sea dueño, de las que tenga pleno derecho a llamarse señor natural, y con cuyos nombres pueda improvisar un apellido ilustre o inventar un falso título nobiliario, como puede verse en el siguiente diálogo:

NESTORIO.   —¿No tienes nada de que puedas llamarte señor?
HARPALO.   —Ni una pocilga para los puercos.
NESTORIO.   —¿Naciste en una ciudad ilustra?
HARPALO.   —Para no mentir a quien he pedido ayuda, nací en una humilde aldea.
NESTORIO.   —Está bien. Pero, ¿junto a esta aldea no hay ningún monte?
HARPALO.   —Sí lo hay.
NESTORIO.   —¿Y no tiene alguna roca en alguna parte?
HARPALO.   —Tiene una, muy escarpada.
NESTORIO.   —Entonces, llámate Hárpalo de Como, caballero de la Roca Dorada (835 C).

Este nombre ilustre y magnífico, que recuerda el de un paladín de los libros de caballerías, nace de un procedimiento inverso al que ha utilizado el genio realista y satírico de Quevedo para acuñar su correspondiente versión burlesca, plebeya y degradada en las páginas del *Buscón*, donde Pablos de Segovia, al adoptar el falso nombre de Don Ramiro de Guzmán, para completar sus ínfulas nobiliarias se adjudica a sí mismo, como hemos visto, el título ridículo y estrafalario de Señor de Valcerrado y Vellorete. La coincidencia en la utilización de esas dos técnicas contrapuestas de idealización y envilecimiento de la realidad, para acuñar falsos títulos nobiliarios, sería en sí misma absolutamente secundaria de no referirse a dos personajes que aspiran a encubrir con nombres pomposos y fingidos su falta de apellidos ilustres y de legítimos títulos de nobleza. Por otra parte, Quevedo, que sigue la misma técnica de deformación grotesca, degradante y envilecedora empleada por Góngora en sus romances burlescos, y que fue un verdadero genio en el arte de la nominación, no necesitaba para nada la sugestión erasmiana sobre la invención de nombres falsos y de títulos nobiliarios inexistentes, cuyo mecanismo Cervantes hizo suyo en el primer capítulo del *Quijote*. En realidad, si a pesar de los procedimientos antitéticos que utilizan, he puesto de relieve este paralelismo, es para mostrar, una vez más, que en el momento de escribir la historia del *Buscón*, Quevedo tenía muy fresco en la memoria el recuerdo de las múltiples artimañas, imposturas y engaños, recomendadas por Erasmo en *Ementita nobilitas* para simular una falsa nobleza.

En este sentido, uno de los extremos a los que el sabio Nestorio atribuye una mayor importancia, para que el flamante aspirante a caballero pueda lograr felizmente sus propósitos, es el que se refiere a su porte y atavío, es decir, no sólo a su apostura física, sino a la apariencia externa de su persona. A este respecto, lo que más encarecidamente le recomienda Nestorio al joven Hárpalo, el cual, según se deduce de las palabras de aquél, es hombre físicamente apuesto y bien parecido, es que procure borrar todo aire plebeyo de su persona, no sólo en lo que se refiere a los modales rústicos y vulgares, sino, sobre todo, a la ropa que vista, el primero de los signos externos que puede delatar su verdadera clase social:

NESTORIO.   —Procura no llevar nada plebeyo.
HARPALO.   —¿En qué sentido?
NESTORIO.   —Me refiero al vestido. Que tus ropas no sean de lana, sino de seda, o, si no puedes comprarla, es mejor el fustán o, por lo menos, el lienzo de cáñamo, que el paño.
HARPALO.   —De acuerdo.
NESTORIO.   —Procura no llevar nada entero, sino que el sombrero, el jubón, las calzas, los zapatos y, si es posible, las uñas, estén cortados y acuchillados. Y no hables con humildad a nadie (834 E-F).

En lo que se refiere a este último detalle, es curioso comprobar que Pablos procura seguirlo al pie de la letra cuando, bajo el nombre de Don Alvaro de Córdoba, se hace pasar por un noble caballero, con una gran casa, coche en la puerta, y numerosos pajes, criados y lacayos, como puede verse en el siguiente pasaje, citado ya anteriormente a propósito de la técnica de apropiación simulada de lo ajeno, tan frecuente en el *Buscón*:

Y acuérdome que, cuando salimos de la tienda, llamé uno de los pajes, con grande autoridad, con la mano. Hice que le decía que se quedasen todos y me aguardasen allí—que así dije yo que lo había dicho—; la verdad es que le pregunté si era criado del comendador mi tío. Dijo que no; y con tanto, acomodé los criados ajenos como buen caballero (III, II, 213).

En lo que respecta a la utilidad y conveniencia de sustituir las ropas plebeyas y vulgares de ganapán, de criado o de pícaro, por el hábito noble y costoso de hombre de bien, es algo que se le ocurre poner en práctica por vez primera a Lázaro de Tormes, por influjo del precedente pasaje erasmiano de *Ementita nobilitas*, que, como ha visto muy bien Joseph R. Ricapito, ha dejado una huella evidente en el Tratado VI del *Lazarillo*.[21] Me refiero al momento en que Lázaro de Tormes, con los ahorros que ha logrado reunir en su duro trabajo de aguador, decide vestirse "muy honradamente de la ropa vieja," y comprar a un ropavejero "un jubón de fustán viejo, y un sayo raído o manga tranzada y puerta, y una capa que había sido frisada, y una espada de las viejas primeras de Cuéllar" (VI, 198). Se trata, por parte de Lázaro, de un burdo y ridículo intento de enmascarar su verdadera identidad y de disimular la clase social a que pertenece, mediante un disfraz hecho con ropa usada y compuesto por diversas prendas de segunda mano, que le permita trocar sus vestiduras rotas y andrajosas de pícaro aguador, por el bizarro atavío, entre ahidalgado y soldadesco, de esbirro o de corchete, es decir, de oficial inferior de la justicia al servicio de un alguacil.

Evidentemente, aunque la sugestión inicial se encuentra en *Ementita nobilitas* de Erasmo, la idea de las ventajas que puede reportarle semejante disfraz y encubrimiento le viene a Lázaro, dentro de la novela, del ejemplo y modelo del altivo y famélico escudero de Toledo, en cuyo atavío y continente, llenos de dignidad y nobleza, ha tenido ocasión de comprobar la decisiva importancia de las apariencias externas para merecer la consideración ajena y vivir, con deudas, trampas y engaños, a costa de los demás. En este sentido, la posibilidad de cambiar la propia identidad para mejorar de

---

[21] *Ed. cit.*, p. 198, nota 6.

estado, modificando la manera de vestir, es decir, alterando los signos externos que revelan más claramente la adscripción o pertenencia de una persona a un determinado estamento o clase social,
es algo que Lázaro de Tormes pone en práctica por vez primera y
constituye, sin duda alguna, el más directo antecedente de las
imposturas nobiliarias del Buscón. No porque Lázaro tenga, ni por
un momento, la absurda pretensión de hacerse pasar por un caballero, sino por el manifiesto propósito de encubrir su origen bajo y
plebeyo, su oficio bajo y servil y su desastrada condición de pícaro
bajo la honrosa apariencia que a su entender le confieren la espada
que lleva al cinto y su hábito de hombre de bien. Y aunque en
ningún caso presume de nobleza e hidalguía, ni pretende usurpar,
como hará el Buscón Don Pablos, una identidad nobiliaria que no
tiene, es evidente que el disfraz seudocaballeresco que adopta al
ceñirse la espada, es el que le permitirá ingresar muy pronto en el
mundo apicarado y rufianesco de los esbirros, porquerones y corchetes, que convierte a nuestro primer pícaro en un representante
de la justicia, aunque sea de ínfimo rango.

En este sentido, es preciso tener en cuenta que el futuro pregonero de la ciudad de Toledo, no se disfraza solamente por el buen
parecer y por su íntimo deseo de honra y alabanza, sino por conveniencia e interés, con una finalidad básicamente utilitaria, por el
provecho material que puede reportarle emanciparse de su condición servil y por la satisfacción moral que constituye para él ascender en la escala social y entrar, aunque sea por la puerta falsa, en
un estado social más alto. Como ha señalado certeramente mi buen
amigo Francisco Márquez Villanueva, a quien tanto debe la comprensión del sentido profundo del *Lazarillo* a la luz de los influjos
erasmistas: "Lázaro no se conforma con seguir siendo lo que es;
quiere honrarse, subir, ennoblecerse, que es el sentido simbólico de
la espada herrumbosa que se cuelga. [...] Entre nosotros, el subir
en categoría social, en honra mundana, valía de momento más que
el oro, o más bien, que, en la práctica, aquélla era el mejor medio de
llegar a éste. Lázaro ansía y logra calzarse un oficio real porque es
cosa honorífica y que viste bien, al mismo tiempo que provechosa,
'viendo que no ay nadie que medre sino los que le tienen.'"[22]

[22] Francisco Márquez Villanueva, "La actitud espiritual del *Lazarillo*," en
Espiritualidad y literatura en el siglo XVI (Madrid: Alfaguara, 1968), pp. 95-97.

VI

Junto a la trascendencia decisiva que Erasmo, siempre obsesionado por el problema de las apariencias, atribuye al vestido como disfraz, que permitirá al impostor Harpalo usurpar con toda impunidad una identidad nobiliaria que no tiene y una consideración social que no le corresponde ni merece, está la cuestión de las cualidades físicas y de las prendas personales que hagan posible realizar con éxito este cambio de clase social. A este respecto, y en contraste con la descripción de la apostura física del joven Harpalo que aparece en *Ementita nobilitas*, es evidente que la irónica alusión a la figura poco agraciada de Pablos de Segovia y a la fealdad de este picaresco precursor del Marqués de Bradomín, tiene una clara intención satírica, encaminada a mostrar, no sólo lo absurdo de sus pretensiones nobiliarias, sino el poder omnímodo del dinero cuando va acompañado del engañoso espejismo de una falsa nobleza.

En efecto, según se deduce de las palabras de Nestorio en dos pasajes muy próximos del coloquio erasmiano, el joven Harpalo posee todas las dotes físicas de atracción personal y buena presencia, necesarias para aspirar ventajosamente a un matrimonio de conveniencia con una rica heredera:

> Ahora, amigo Harpalo—le dice su buen consejero—, por poco se me olvida otro medio de medrar que debía de haber mencionado antes. Deberías pescar en las redes del matrimonio a una doncella con un buen dote. Llevas en ti mismo el bebedizo para enamorarla: eres joven, apuesto, tienes una conversación ingeniosa y una risa agradable. Haz correr la voz de que has sido llamado a la corte del César, donde te espera un brillante porvenir. A las jóvenes casaderas, les encanta casarse con altos personajes del Imperio (837 B).

El proyecto de Nestorio, perfectamente razonable y sensato, dada la apostura de buen mozo del joven Harpalo, tiene su equivalente versión satírica y grotesca en los ambiciosos proyectos matrimoniales que le sugieren a Don Pablos el Licenciado Brandalagas y demás compinches y amigos carcelarios. Planes para los que se prepara cuidadosamente, a pesar de carecer a todas luces de las prendas físicas necesarias para ello:

> Di traza, con los que me ayudaron, de mudar de hábito, y ponerme calza de obra y vestido al uso, cuellos grandes y un lacayo en menudos: dos lacayuelos, que entonces eran uso. Animáronme a ello, poniéndome por delante el provecho que se me seguiría de casarme con la ostentación, a título de rico, y que era

cosa que sucedía muchas veces en la corte. Y aun añadieron que
ellos me encaminarían parte conveniente y que me estuviese
bien, y con algún arcaduz por donde se guiase. Yo, negro cudi-
cioso de pescar mujer, determinéme. Visité no sé cuántas almo-
nedas, y compré mi aderezo de casar (III, VI, 235-36).

Ahora bien, en el coloquio erasmiano, Harpalo, personaje cínico
y contradictorio, que no tiene el menor escrúpulo en simular una
falsa nobleza, y al propio tiempo se muestra muy sensible al hecho
de que "el vulgo se ríe de la nobleza comprada con dinero" (834 D),
da muestras desde el principio de un carácter desconfiado y rece-
loso, dominado por el miedo al ridículo y el temor a la opinión
ajena, rasgo que parece haber heredado, de modo insospechado,
Pablos de Segovia, siempre abrumado, a pesar de su bellaquería,
por un íntimo sentimiento de vergüenza ante los escarmientos o
las afrentas recibidas. De ahí que, aun reconociendo que muchos
han logrado escalar con éxito una brillante posición social gracias a
un matrimonio de conveniencia, confiese que tiene miedo de ser
descubierto antes de conseguir sus propósitos:

> Por lo demás—dice—, ¿que ocurrirá si se divulga el engaño y
> los acreedores caen sobre mí? En tal caso se reirán de mí por
> haber querido representar el papel de un caballero. Porque para
> ellos esto es mucho más vergonzoso que cometer el sacrilegio de
> saquear un templo. (837 C)

Los temores expresados por Harpalo en este pasaje de *Ementita
nobilitas*, ante la posibilidad de que sea descubierto se engaño, se
corresponden también, aunque de forma esquemática y abreviada,
con los hechos que, en el *Buscón*, conducen al descubrimiento de la
impostura nobiliaria de Don Pablos, el cual origina el fracaso de sus
proyectos matrimoniales, al ser desenmascarado por su antiguo
amo después de caerse ridículamente de caballo en presencia de su
dama. Situación afrentosa y desairada, en la que Pablos se ve
expuesto una vez más a la vergüenza pública, que tan hondamente
mortificó su orgullo cuando niño, y de la que, sacando fuerzas de
flaqueza, intenta salir airoso con audacia y presencia de ánimo, dis-
imulando lo mejor posible. Todo ello en una escena, en la que se
diría que sigue al pie de la letra las instrucciones de Nestorio al
joven Harpalo, para el caso en que resulten ciertos sus temores de
ser descubierto y corra el peligro de quedar en evidencia delante de
todos:

> En tal caso, conviene que no te olvides de desechar la ver-

güenza. Ante todo, porque nunca ha sido tan frecuente como hoy valerse de la audacia en vez de la prudencia. Conviene que inventes algo que te sirva de excusa. Nunca faltarán personas cándidas que crean tus embustes. Ni faltarán tampoco otras más discretas que disimularán, a pesar de haberse dado cuenta del engaño. Finalmente, si no te queda otro medio de escapar, tendrás que acogerte a la rebelión o a la guerra. (837 C)

Instrucciones que Pablos sigue casi al pie de la letra, sobre todo en lo que se refiere a inventar una interminable sarta de embustes, patrañas y mentiras, que justifiquen un lance tan desairado para un buen jinete, den razón de haber montado un caballo ajeno sin permiso de su dueño, y reafirmen, con sus jactancias y bravatas, su cada vez más dudosa condición de noble caballero:

Todo pasaba a vista de mi dama y de don Diego: no se ha visto en tanta vergüenza ningún azotado. Estaba tristísimo de ver dos desgracias tan grandes en un palmo de tierra. Al fin, me hube de apear; subió el letrado y fuese. Y yo, por hacer la deshecha, quedéme hablando desde la calle con don Diego, y dije:—"En mi vida subí en tan mala bestia. Está ahí mi caballo overo en San Felipe, y es desbocado en la carrera y trotón. Dije cómo yo le corría y hacía parar; dijeron que allí estaba uno que no lo haría, y era éste deste licenciado. Quise probarlo. No se puede creer qué duro es de caderas; y con mala silla, fue milagro no matarme."—"Sí fue"—dijo don Diego—; "y, con todo, parece que se siente v.m. de esa pierna." —"Sí siento"—dije yo—; "y me querría ir a tomar mi caballo y a casa." La muchacha quedó satisfecha y con lástima de mi caída, mas el don Diego cobró mala sospecha de lo del letrado, y fue totalmente causa de mi desdicha, fuera de otras muchas que me sucedieron. (III, VII, 246-47)

Como puede verse, la coincidencia del episodio quevedesco del *Buscón* con el pasaje erasmiano de *Ementita nobilitas* llega hasta el punto de que la hermosa Doña Ana desempeña el papel de persona cándida que cree a pies juntillas los embustes de Don Pablos, mientras que su antiguo amo, Don Diego Coronel, hace las veces de hombre discreto, que disimula, por el momento, a pesar de haberse dado cuenta del engaño. En cuanto al proyecto de contraer un matrimonio de conveniencia con una rica heredera, para ascender socialmente, la cínica propuesta de Nestorio tiene su exacta homología funcional en el papel que desempeñan los dos amigos y compañeros de Don Pablos, cuando le aconsejan que no desista de sus pretensiones matrimoniales con Doña Ana, la hermosa prima de

Don Diego Coronel, aun después de haber topado con éste. En realidad, el audaz proyecto de Nestorio, que en el pícaro quevedesco se convierte en temeraria osadía y en necia e imprudente obstinación, tiene su base y fundamento en la aceptación de un riesgo perfectamente calculado y en una absoluta confianza en el engañoso espejismo que produce a los ojos de los demás la contemplación de la apariencia externa de las cosas. Y, más concretamente, de su vasta y dilatada experiencia del poder omnímodo que posee el uso comúnmente admitido y reiteradamente censurado por Erasmo, de juzgar a los hombres por el atavío que llevan o el hábito que ostentan. Buena prueba de ellos son las palabras con que Nestorio se esfuerza en disipar los temores del joven Harpalo, después de aconsejarle que se aproveche sin reparos de su disfraz de caballero para dedicarse a la estafa, el robo y la rapiña:

> ¿Qué temes? ¿Quién se atreverá a sospechar de un hombre tan bien vestido, que habla tan pomposamente, del Caballero de la Roca Dorada? Y si hubiese alguien tan mal criado que fuese capaz de sospecharlo, ¿quién se atrevería a decírtelo? (836 F)

En lo que respecta a los requisitos de elegancia y buena presencia que posee cumplidamente el joven Harpalo, no constituyen precisamente las dotes más destacadas del Buscón de Quevedo, cuya apariencia física parece ser más bien canija y desgarbada, pues, en opinión de los huéspedes de la posada en que vive, es "pequeño de cuerpo, feo de cara y pobre." Cualidades todas ellas muy poco adecuadas para enamorar a una mujer rica y noble, joven y hermosa, como es el caso de la linda Doña Ana, a quien Don Pablos pretenderá más tarde en matrimonio, codicioso de atrapar su dote. Y aunque en el episodio de la moza de la posada, "rubia y blanca, miradora, alegre, a veces entremetida," que "ceceaba un poco," se preciaba de hermosas manos y "tenía miedo a los ratones" (III, V, 228), Quevedo atribuye a su héroe buena parte de los atractivos y de las habilidades del joven Harpalo, excepto se apostura física, es lo cierto que surten muy escaso efecto para enamorar a la hermosa muchacha, hasta que presume, con engaños, de poseer cuantiosas riquezas:

> A mí no me pareció mal la moza para el deleite, y lo otro la comodidad de hallármela en casa. Di en poner en ella los ojos; contábales cuentos que yo tenía estudiados para entretener; traíales nuevas, aunque nunca las hubiese; servíales en todo lo que era de balde. Díjelas que sabía encantamentos, y que era

nigromante, que haría que pareciese que se hundía la casa y que se abrasaba, y otras cosas que ellas, como buenas creedoras, tragaron. Granjeé una voluntad en todos agradecida, pero no enamorada, que, como no estaba tan bien vestido como era razón—aunque ya me había mejorado algo de ropa por medio del alcaide, a quien visitaba siempre, conservando la sangre a pura carne y pan que le comía—, no hacían de mí el caso que era razón (III, V, 229).

Plenamente consciente, después de esta primera experiencia, de los graves impedimentos que opone a sus pretensiones matrimoniales su menguada apostura física, la escasa elegancia de su atuendo y su falta de esplendidez, decide contrarrestar los pocos atractivos de su persona, con la ostentación primero de unas riquezas fingidas, y con el alarde después de unos falsos títulos de nobleza, valiéndose del escaso dinero de que dispone. En este sentido, la oportuna ostentación e unas riquezas inexistentes es, en opinión del Nestorio erasmiano, uno de los medios más efectivos para hacerse pasar por hombre opulento y acaudalado. "*¡Semper ostenta!*"—le dice a su joven amigo, su astuto mentor y maestro—. "*¿Y de qué puede hacer ostentación el que no tiene nada?*"—inquiere, sorprendido, el joven Harpalo. A lo que responde su consejero, siempre dispuesto a valerse de los recursos ajenos:

Si algún amigo te ha confiado dinero en depósito, haz ostentación de él como si fuese tuyo, pero procura disimular tu estratagema para que parezca un hecho casual. De vez en cuando toma una cantidad en préstamo, que restituirás poco después. De una bolsa bien repleta de monedas de cobre, saca dos escudos de oro que hayas depositado en ella previamente (836 C).

Este ingenioso recurso erasmiano para hacer pasar un montón de monedas de cobre por una bolsa repleta de oro, con la exclusiva finalidad de cobrar fama de hombre opulento y acaudalado, parece haber inspirado la escena ya mencionada del *Buscón*, en la cual Don Pablos, para alardear de sus muchas riquezas ante dos damas de la corte, saca una bolsa llena de escudos de oro:

Ellas se cegaron con esto, y con unos cien escudos en oro que yo saqué de los que traía, con achaque de dar limosna a un pobre que me la pidió (III, II, 212-13).

Episodio estrechamente relacionado, por cuanto persigue la misma finalidad, con la artimaña de que se vale el propio Pablos para hacer ostentación de sus riquezas fingidas antes la madre y la niña de la posada:

> Una noche, para confirmarlas más en mi riqueza, cerréme en mi aposento, que estaba dividido del suyo con sólo un tabique muy delgado, y, sacando cincuenta escudos, estuve contándolos en la mesa tantas veces, que oyeron contar seis mil escudos. Fue esto de verme con tanto dinero de contado, para ellas, todo lo que yo podía desear, porque dieron en desvelarse para regalarme y servirme (III, V, 230).

La inagotable inventiva del Nestorio erasmiano, tan rico en experiencia como fértil en recursos, no limita las posibilidades de acreditar la falsa nobleza a los ojos de los demás, a los casos mencionados hasta ahora, cuya malicia, astucia e ingenio hicieron, como hemos visto, las delicias de Quevedo. Entre las múltiples sugerencias que le brinda generosamente al joven Harpalo, figura también en lugar muy destacado la idea de que se dirija a sí mismo una serie de cartas fingidas, que acrediten a la vez su nobleza y sus riquezas:

NESTORIO. —Para que tu fama de noble esté más arraigada entre la gente, fingirás unas cartas dirigidas a ti por grandes señores, en las cuales te darán a cada paso el tratamiento de muy ilustre caballero, y sólo se hará mención de grandezas, feudos, castillos, millares de florines, asuntos de gobierno y de un matrimonio opulento. Y harás lo posible para que esas cartas, ya porque te hayan caído de los bolsillos, ya porque te las dejaste olvidadas, lleguen a manos ajenas.

HARPALO. —Ciertamente, esto me será muy fácil, pues no sólo aprendí a leer y escribir, sino que, con la mucha práctica, he adquirido una gran habilidad para imitar fácilmente cualquier tipo de letra.

NESTORIO. —De vez en cuando dejarás alguna entre tus vestidos u olvidada dentro de un bolsillo, a fin de que allí puedan encontrarlas las mujeres a quienes hayas entregado tu ropa para zurcirla o coserla. Como ellas no callarán, se enterará todo el mundo de lo que dicen dichas cartas. Entonces, tú, en cuanto lo sepas, pondrás cara de ira y tristeza, como si el hecho te hubiese disgustado profundamente (835 C-D).

Un eco directo de las instrucciones de Nestorio acerca de las cartas fingidas, que el mismo Harpalo se encargará de escribir, de la conveniencia de hacerlas llegar a manos de aquellos a quienes se pretende engañar, y de simular un gran disgusto al ver que los demás se han enterado de su contendio, se encuentra en el siguiente episodio del *Buscón*. En él éste se hace pasar por un rico hombre de negocios, llamado don Ramiro de Guzmán, y envía un amigo, con el que se ha puesto de acuerdo previamente, a preguntar por él:

> Di, para acreditarme de rico que lo disimulaba, en enviar a mi casa amigos a buscarme cuando no estaba en ella. Entró uno, el primero, preguntando por el Señor don Ramiro de Guzmán, que así dije que era mi nombre, porque los amigos me habían dicho que no era de costa el mudarse los nombres y que era útil. Al fin, preguntó por don Ramiro, "un hombre de negocios rico, que hizo agora tres asientos con el Rey." Desconociéronme en esto las huéspedas, y respondieron que allí no vivía sino un don Ramiro de Guzmán, más roto que rico, pequeño de cuerpo, feo de cara y pobre. —"Ese es"—replicó—"el que yo digo. Y no quisiera más renta al servicio de Dios que la que tiene a más de dos mil ducados." Contóles otros embustes, quedáronse espantadas, y él las dejó una cédula de cambio fingida, que traía a cobrar en mí, de nueve mil escudos. Díjoles que me la diesen para que la acetase, y fuese. Creyeron la riqueza la niña y la madre, y acotáronme luego para marido. Vine yo con gran disimulación, y, en entrando, me dieron la cédula, diciendo: —"Dineros y amor mal se encubren, señor don Ramiro. ¿Cómo que nos esconda V.M. quién es, debiéndonos tanta voluntad?" Yo hice como que me había disgustado por el dejar de la cédula, y fuime a mi aposento. Era de ver cómo, en creyendo que tenía dinero, me decían que todo me estaba bien (III, V, 229-30).

Como puede verse, aunque la cédula de cambio fingida, que Don Pablos pretende cobrarse a sí mismo, tiende sólo a acreditar sus supuestas riquezas y se refiere, por tanto, a un solo aspecto de las falsas epístolas imaginadas por Erasmo, su función es exactamente la misma e idéntica la alevosa intención en que se inspiran. Por otra parte, Quevedo hace suya también la recomendación erasmiana de que las cartas hablen de cuestiones políticas y de asuntos de estado, expediente que imita Don Pablos para darse tono y presumir de hombre importante:

> Pasóse la mañana en aderezar lo necesario, y a la tarde ya yo tenía alquilado mi caballito. Tomé el camino, a la hora señalada, para la Casa de Campo. Llevaba toda la pretina llena de papeles, como memoriales, y desabotonados seis botones de la ropilla, y asomados unos papeles. Llegué, y ya estaban allá las dichas y los caballeros y todo. Recibiéronme ellas con mucho amor, y ellos llamándome de vos, en señal de familiaridad. Había dicho que me llamaba don Felipe Tristán, y en todo el día había otra cosa sino don Felipe acá y don Felipe allá. Yo comencé a decir que me

había visto tan ocupado con negocios de Su Majestad y cuentas de mi mayorazgo, que había temido el no poder cumplir; y que, así las apercibía a merienda de repente (III, VII, 240).

VII

Finalmente, y para terminar, también aparece esbozada en el coloquio erasmiano *Ementita nobilitas*, la descripción de las sospeches que asaltan a Don Diego Coronel, acerca de la verdadera identidad del falso caballero que pretende a su prima bajo el nombre fingido de Don Felipe Tristán, y que acaban por desenmascarar definitivamente a Pablos de Segovia:

Inquiere disimuladamente—le dice Nestorio al joven Harpalo—, lo que cada uno dice de ti Y cuando te des cuenta de que la gente empieza a preguntarse, cada vez con mayor frecuencia: "¿Qué hace? ¿Por qué reside aquí desde hace tantos años? ¿Por qué no vuelve a su tierra? ¿Por qué no se ocupa de sus castillos? ¿De dónde provienen sus títulos de nobleza? ¿De donde saca el dinero para tanto derroche?" Cuando este tipo de comentarios corran de boca en boca y vayan creciendo cada vez más, tendrás que pensar en marcharte a otro sitio lo antes posible (837 D).

Esto es, exactamente, lo que le ocurre, por impostor y falsario, al ambicioso Don Pablos, a partir del momento en que topa con su antiguo amo, Don Diego Coronel, que resulta ser primo de la hermosa Doña Ana, la joven con quien pretende casarse. Como es lógico, al encontrarse inesperadamente con él, bajo otro nombre y en hábito de caballero, Don Diego no puede menos de advertir el sorprendente parecido del flamante pretendiente de su prima con su antiguo criado, y empieza a preguntar quién es:

Preguntóles, según se echó de ver después, mi nombre, y ellos dijeron: —"Don Felipe Tristán, un caballero muy honrado y rico." Veíale yo santiguarse. Al fin, delante dellas y de todos, se llegó a mí y dijo: —"V.M. me perdone, que por Dios que le tenía, hasta que supe su nombre, por bien diferente de lo que es; que no he visto cosa tan parecida a un criado que yo tuve en Segovia, que se llamaba Pablillos, hijo de un barbero del mismo lugar." Riéronse todos mucho, y yo me esforcé para que no me desmintiese la color, y díjele que tenía deseo de ver aquel hombre, porque me habían dicho infinitos que le era parecidísimo. —"¡Jesús!"—decía el Don Diego—. "Cómo parecido? El talle, la habla, los meneos... ¡No he visto tal cosa! Digo, señor, que es admiración grande, y que no he visto cosa tan parecida." Entonces las viejas, tía y madre, dijeron que cómo era posible que a un caballero tan principal se pareciese un pícaro tan bajo como aquél. [...] El Don Diego se me ofreció, y me pidió perdón del agravio que me había hecho en tenerme por el hijo del barbero. Y añadía: —"No creerá V.M.: su madre era hechicera, su padre ladrón y su tío verdugo, y él el más ruin hombre y más mal inclinado que Dios tiene en el mundo." ¿Qué sentiría yo oyendo decir de mí, en mi cara, tan afrentosas cosas? Estaba, aunque lo disimulaba, como en brasas (III, VII, 242-43).

Ahora bien, a pesar de las sospechas que ha despertado en Don Diego y del riesgo que ello supone para él, el pícaro Don Pablos, codicioso de no perder los seis mil ducados de dote de la linda Doña Anica, en vez de seguir el atinado y prudente consejo de Nestorio a Harpalo en el coloquio erasmiano, y mudar rápidamente de tierra y lugar, se deja convencer por sus compinches, el Licenciado Brandalagas y Pero López, quienes, según dice, "consoláronme, aconsejando que disimulase y no desistiese de la pretensión por ningún camino ni manera" (III, VII, 244). Ello hace que, coincidiendo una vez más con las sabias advertencias de Nestorio en *Ementita nobilitas*, de las que se aparta obstinadamente, arrastrado por una ambición ciega que le llevará a su propia perdición, ocurra exactamente lo que Pablos debía de haber evitado a toda costa:

> Yo no sé si fue la fuerza de la verdad de ser yo el mismo pícaro que sospechaba don Diego, o si fue la sospecha del caballo del letrado, u que se fue, que don Diego se puso a inquirir quién era y de qué vivía, y me espiaba. En fin, tanto hizo, que por el más extraordinario camino del mundo supo la verdad; porque yo apretaba en lo del casamiento, por papeles, bravamente, y él, acosado de ellas, que tenían deseo de acabarlo, andando en mi busca, topó con el licenciado Flechilla, que fue el que me convidó a comer cuando yo estaba con los caballeros. Y éste, enojado de cómo yo no le había vuelto a ver, hablando con don Diego, y sabiendo cómo yo había sido su criado, le dijo de la suerte que me encontró cuando me llevó a comer, y que no había dos días que me había topado a caballo muy bien puesto, y le había contado cómo me casaba riquísimamente (III, VII, 247-48).

Con lo cual, no sólo descubre la impostura y osadía del ambicioso y temerario Don Pablos, que queda definitivamente desenmascarado en sus pretensiones de falsa nobleza, gracias a las cuales está a punto de acceder a la clase social superior mediante un matrimonio de conveniencia con una rica heredera, sino que recibe, además, un merecido castigo, al grito implacable y sañudo de: "¡Así pagan los pícaros embustidores mal nacidos!" (III, VII, 249). Aunque este escarmiento ejemplar, que acaba con todas las pretensiones caballerescas de Pablillos de Segovia, no es suficiente para que se decida, de inmediato, a cambiar de vida, es justo reconocer que al final de la novela, que narra la primera parte de su vida, acabará aceptando, como el escudero del *Lazarillo*, el consejo erasmiano de trasladarse a otra tierra y lugar, plenamente consciente, sin embargo, de la verdad de la vieja sentencia senequista y estoica, según la cual: *animum debes mutare, non caelum* (Ep. XXVIII, 1):

> Yo, que vi que duraba mucho este negocio, y más la fortuna en perseguirme, no de escarmentado—que no soy tan cuerdo—, sino de cansado, como obstinado pecador, determiné, consultándolo primero con la Grajal, de pasarme a Indias con ella, a ver si, mudando mundo y tierra, mejoraría mi suerte. Y fueme peor, como v.m. verá en la segunda parte, pues nunca mejora su estado quien muda solamente de lugar, y no de vida y costumbres (III, X, 284).

UNIVERSITY OF BARCELONA

Comer y beber
en la obra de Quevedo

ARNOLD ROTHE

L LECTOR ATENTO se da cuenta muy pronto de que *El Buscón*, la obra menos desconocida de Quevedo, se estructura en gran parte por medio de la comida—y el hambre. Para poder estimar con más exactitud cómo el autor ha usado e interpretado en sus obras la cultura de mesa contemporánea, sería necesario conocer a fondo esta misma cultura. Por falta de estudios satisfactorios dedicados tanto a la gastronomía española de entonces como a los fenómenos contiguos—socio-económicos, culturales, religiosos e ideológicos—,[1] vamos primero a traer a la memoria por lo menos aquellos hechos que se puedan deducir de los textos del mismo Quevedo (Parte I). Solamente después nos ocuparemos también de la elaboración y transformación estéticas de estos hechos (Parte II). El olor a comida y a bebida impregna, en efecto, todos los períodos de su vida y obra.[2] Son pocos, sin embargo, los críticos, citados a continuación, que se han dejado guiar por este aroma, y sólo aparecen en época reciente, inspirados

---

[1] Un estudio teórico relativamente completo, sistemático y claro del tema se encuentra, que yo sepa, por primera vez, y naturalmente con referencia a la literatura alemana, en el trabajo de Alois Wierlacher: "Der Diskurs des Essens und Trinkens in der neueren deutschen Erzählliteratur," en el *Jahrbuch Deutsch als Fremdsprache*, 3 (1977), 150-67, especialmente en las páginas 150 y 152, así como en el libro todavía no publicado del mismo autor *Die literarische Mahlzeit. Studien zur Thematisierung des Essens in der neueren deutschen Erzählliteratur* [1981].

[2] Para reducir el número de las abreviaturas, hemos citado según las siguientes ediciones:

en su mayoría por el libro del investigador soviético de Rabelais, Mijail Bakhtín: *La cultura popular en la Edad Media y en el Renacimiento* (versión española, Barcelona 1974).

I. DOCUMENTACIÓN

Tres son los sectores, uno de mayor y dos de menor importancia, que nos interesan principalmente: (1) comer y beber, (2) la abstención alimentaria, voluntaria o no, (3)—y con perdón—la defecación.

Alimentos

Veamos en primer lugar qué alimentos daba entonces el suelo, el árido suelo español. A pesar del privilegio de caza de los nobles, del "arte nobilísimo de la caza y montería" (OC I, p. 477a; cf. SI, p. 22),[3] es la carne de los animales domésticos y no de los de caza la que nombra preferentemente Quevedo en su obra. Y, dentro de los animales domésticos, aparecen más a menudo los pequeños y las aves que los grandes, representados estos últimos casi no por la *vaca* (PO, pp. 144, 1091),[4] pero sí por el *puerco, cochino* o *marrano* (B, pp. 69 ss., 191, etc.), que, al ser omnívoro, podía criarse también en la ciudad, por la que, al parecer, andaba suelto (B, p. 69).[5] Aunque no sea posible deducir con exactitud los precios basándose en los

---

A   = Eugenio Asensio, *Itinerario del entremés desde Lope de Rueda a Quiñones de Benavente*. Con cinco entremeses inéditos de D. Francisco de Quevedo (Madrid, 1965).
B   = *El Buscón*, ed. Américo Castro (Madrid, 1960).
S   = *Los sueños*, ed. Julio Cejador y Frauca (Madrid, 1954 y 1960), dos tomos.
OSF = *Obras satíricas y festivas*, ed. José Ma. Salaverría (Madrid, s.d.)
OC = *Obras completas*, ed. Felicidad Buendía (Madrid, 1958 y 1960), 2 tomos.
PO = *Poesía original*, ed. José Manuel Blecua (Barcelona, 1963).

[3] Antonio Domínguez Ortiz, *El antiguo régimen: Los Reyes Católicos y los Austrias, Historia de España Alfaguara*, III (Madrid, 1974), p. 162.

[4] Los datos que se encuentran sobre el consumo de carne de vaca varían mucho en las obras consultadas. Mientras que en Valladolid está claramente a la cabeza del consumo de carne registrado, en Madrid, al parecer, ocupa el último lugar de la escala (cf. Bartolomé Bennassar, "L'Alimentation d'une capitale espagnole au XVIe siècle: Valladolid," en Jean-Jacques Hémandinquer [ed.], *Pour une histoire de l'alimentation* [*Cahiers des Annales*, t. 28] [Paris, 1970], p. 53; José Deleito y Piñuela, *Sólo Madrid es Corte* [La capital de dos mundos bajo Felipe IV] [Madrid, 1953], p. 150).

[5] Cf. Bennassar, p. 52 y n. 1.

datos que da Quevedo, la carne muy apreciada del *carnero* parece haber sido más cara que la de *oveja* y la de *cabra* o del *cabrito* (B, p. 71; cf. SI, p. 227).⁶ Comida de pobres era el *gazapo*, un conejo nuevo (PO, pp. 1160 ss.; B, p. 148). No así las aves; de lo contrario no hubiera recogido por todas partes el hambriento parásito del *Buscón* huesos y plumas de *gallinas y capones* para, desperdigándolos más tarde en su propia casa, fingir una opulencia que no poseía (B, p. 148). La *perdiz* era, como el *faisán*, bocado exquisito y de mucho aprecio (B, pp. 36, 265; SI, pp. 79, 106; PO, p. 825).⁷ La matanza se hacía con preferencia el 11 de noviembre, día de *San Martín*, es decir a finales de otoño, cuando empezaba a escasear el pasto (B, p. 134).⁸

Por primera y única vez el buscón Don Pablos prueba el pescado en Sevilla (B, p. 265), y en sólo un poema de Quevedo se enumeran clases diferentes de pescado, nada menos que diecisiete, incluido el *pulpo*, pero no todas comestibles (PO, p. 1318). Como se equiparan aquí estas clases de pescado a tipos humanos, nos enteramos de más detalles sobre las mismas, verbigracia del precio o del aspecto; leemos así en el párrafo siguiente:

> El rico es el bonito,
> el pobre es la pescada,
> las truchas son las hijas,
> las madres son las carpas.
>
> Merluzas son las lindas,
> y por salmón se pagan.
> (PO, p. 1318)⁹

Quevedo no parece ciertamente haber estimado en mucho el pescado, pues transforma el refrán: "De los pescados, [el mejor es] el mero" en: "De los pescados, el carnero" (SI, pp. 226 ss.). La encarnación suprema del lujo superfluo representan para él los *ostiones y mariscos* (OC I, p. 1317a).

Menciona veinte verduras o *legumbres* distintas sin olvidar los

⁶ Cf. Domínguez Ortiz, pp. 162 ss.

⁷ Se habla además de *pollos* (B, pp. 49, 75 ss.) y de *palomas* (*ibid.*, p. 53). Aquí y en ocasiones semejantes se echa de menos una concordancia del léxico de Quevedo.

⁸ De hecho el ganado de matanza tenía en invierno un peso mucho más bajo que en verano (Bennassar, pp. 55 ss.).

⁹ Se nombran y caracterizan además: *tiburón, lamprea, mero, mielga, congrio, delfín, atún, abadejo, bonito, ballena, sardina* (PO, p. 1318).

hongos (PO, pp. 851, 1014), que no diferencia mayormente. Las que con más frecuencia nombra son—junto al *repollo* (*ibid.*, pp. 810, 1014) y al *rábano* (*ibid.*, pp. 812, 1014)—precisamente aquellas que le tiraban en la novela del *Buscón* al joven Pablos cuando iba de rey del carnaval: *zanahorias, nabos* y *berenjenas* (B, p. 29), evidentemente las verduras más baratas y que mejor resistían el frío del invierno.[10] Las berenjenas eran también proyectil oficial con que se hacía burla de las penitentes públicas, como la madre del propio Pablos (B, pp. 24, 29). Todas estas verduras las podemos todavía admirar en los llamados bodegones del pintor coetáneo Sánchez Cotán.[11] Por el contrario no encontramos en Quevedo guisantes, lentejas, judías ni ninguno de los productos importados de las Indias Occidentales como, por ejemplo, el maíz, la patata o el tomate. No extrañará a quien conozca la cocina española de hoy el que nuestro autor no nombre nada más que ocho especias incluso dos ultramarinas, la *pimienta* y el *clavo* (OSF, p. 230; PO, p. 142), y de ellas con frecuencia solamente una, el *ajo*, condimento universal que, como dice, "no hay hambre que no perfume" (PO, p. 1013).[12] Mejor suerte les toca a las frutas, de las que por lo menos se encuentran trece clases diferentes, centroeuropeas y especialmente del Sur, si bien, con excepción de la *uva* y su derivado, la *pasa*, suelen aparecer solamente una vez cada una. Es, en parte, gracias a la descripción que del gusto hace Quevedo, que se pueda diferenciar históricamente por ejemplo entre *cereza* y *guinda*, *lima* y *limón*, es decir, entre las variantes dulces y agrias (PO, pp. 811 ss.).[13]

Detengámonos un momento: El hecho de que Quevedo descuide el pescado[14] y no nombre ni una sola vez el maíz o el arroz—

[10] Se nombran y caracterizan además: *calabaza* (PO, pp. 810, 1058), *berro* (*ibid.*, p. 1012), *garbanzo* (B, pp. 35, 44), *lechuga, cebolla* (PO, p. 810), *castaña, alcachofa* (*ibid.*, p. 811), *acelga* (*ibid.*, p. 1013), *lampazo* (*ibid.*, p. 1014) y *puerro* (B, p. 148).

[11] Cf. el catálogo de la exposición *Stilleben in Europa*, ed. G. Langemeyer y H.-A. Peters (Münster, 1979), pp. 380-90.

[12] Además *sal, pimiento* (PO, pp. 144, 812), *romero* (*ibid.*, p. 1011), *mostaza* (*ibid.*, pp. 811), *perejil* SII, p. 204), y *laurel* (PO, p. 579).

[13] Además *melón* (PO, pp. 811, 1307), *naranja, granada* (*ibid.*, pp. 811), *durazno* (*ibid.*, p. 812), *manzana* (*ibid.*, p. 853), *ciruela* (*ibid.*, p. 1161), *higo* (*ibid.*, p. 1342), *pero* (B, p. 54).

[14] Valladolid parece haber tenido a causa de su favorable situación geográfica un consumo de pescado considerable (Bennassar, pp. 55 ss.)

cuyo cultivo ya introdujeron los árabes—hace pensar que solamente tenemos noticia por medio de él de las costumbres del interior, castellanas. En efecto: hasta hace muy poco las distancias y la topografía españolas limitaban enormemente el transporte de productos de fácil deterioro.[15] Consecuencia de estas dificultades de intercambio eran o bien las hambres regionales, o bien, en caso propicio, el que se creasen y conservasen especialidades locales que hoy han decaído en los llamados "platos típicos" para el turismo. Por otra parte, le toca siempre a la verdura—a la carne solamente en sus derivados inferiores[16]—cuando se trata de ser arrojada a alguna persona, de burlarse de ésta o de ridiculizarla por medio de comparaciones con un alimento como en la boda entre Don Repollo y Doña Berza (PO, pp. 810 ss., 1011 ss.).

Parece así ser la verdura—para Quevedo, pero no para el andaluz Góngora[17]—inferior a la carne, sucedáneo insuficiente "que huesos y carne suple" (PO, p. 1013), comparable incluso a la suciedad: "zanahoria, rábanos y perejil y otras suciedades" (SI, p. 204). De forma análoga declara en un poema: "por comer más rancio que no Adán dejo la fruta y muerdo del jamón" (PO, p. 588). Por consiguiente, el castellano se consideraba entonces gran comedor de carne,—una autoconciencia nacional que sin embargo quizás no era mucho más que la conciencia de una clase social elevada frente a las capas inferiores, las cuales no se podían permitir el consumo de la carne sino escasamente.[18] La carne, además, hay que masticarla; ahora bien, tener buenos dientes equivalía a ser joven y vigoroso (p. ej. SI, pp. 83, 131, 207).[19] De ello resulta finalmente la preferencia general por los alimentos fritos frente a aquellos que estaban hervidos.

[15] Deleito y Piñuela, p. 149.

[16] *Fiambre, pastel* y *cecina*; ejemplos en Maria Grazia Profeti, "Scrittura d'esecuzione e scrittura d'eversione in Quevedo," *Quaderni di lingue e letterature*, 2 (1977), 155 ss. y n. 23.

[17] Compárese su alabanza de los frutos del campo citada en el trabajo de James Iffland, "'Antivalues' in the Burlesque Poetry of Góngora and Quevedo," *Neophilologus*, 63 (1979), 224.

[18] Esto se infiere también de que en la ciudad se consumía casi el doble de carne que en el campo (Bennassar, p. 53, cf. Domínquez Ortiz, p. 162). Pero en total el consumo per cápita era mayor que en la España actual (Bennassar, p. 58).

[19] Más ejemplos en la obra de James Iffland, *Quevedo and the Grotesque* (London: Tamesis, 1978), pp. 142-46.

Comidas y bebidas

No extraña, por lo tanto, el que en la descripción de las comidas Quevedo no conceda importancia alguna a las verduras. Para la preparación del *brodio*—la *sopa* de los pobres—, se usaba indiferentemente toda clase de *legumbres* (PO, pp. 1012-14). La *ensalada* se hacía con *pepino*, *berro* e incluso con *anchoas* (PO, p. 1320), y seguramente con una salsa de *aceite* y *vinagre* para el aderezo (cf. PO, pp. 722, 1012, 1162; B, p. 72). Por lo demás solamente encontramos el *ajo* asado (SII, p. 280), alimento de las clases inferiores como los *huevos*. "Los amores, madre, son como güevos," escribe Quevedo en una poesía, comparando a continuación los amores con más de siete modos diferentes de guisar los huevos aún familiares en la actualidad: *estrellados, perdidos, revueltos, fritos, asados, pasados por agua, en tortilla* (PO, p. 1319).

La carne aparece asada, frita o cocida o también en una mezcla como la *cazuela del pollo* (B, p. 77) y la *carbonada* (PO, p. 851, n. 4; cf. OSF, p. 244), condimentación en la que primero se hierve la carne y después se asa, evidentemente para hacer de una carne dura una aceptable. Al parecer se preparaba de antiguo solamente "con rojos pimientos, y ajos duros" (PO, p. 144) y después a veces en una salsa compuesta de aceite, ajo, queso u otros ingredientes, llamada *almodrote* (PO, p. 593).[20] Múltiples formas tenía la carne conservada, *cecina* (PO p. 588), *carnero verde* (PO, p. 1305) o los diferentes tipos de *torrezno* y de *jamón* o *conserva* (*tocino* y *pernil*, p. ej. SI, p. 180; A, p. 275), tratándose en especial de jamón serrano, de la región al norte de Málaga (PO, pp. 1013, 1305). Comida de enfermo era el *pisto*, un consomé de ave (B, p. 48), la *olla* o *caldo*, un potaje y plato universal que servía para aprovechar las sobras de carne y—claro está—toda clase de verduras (p. ej., B, pp. 35, 48).

Especial atención presta Quevedo, en efecto, a los diversos usos que tienen las carnes mediocres, de las que se hacen guisos como *mondongo* (PO pp. 851, 1306, OSF, p. 228), *albondiguillas* (OC II, p. 540b; PO, p. 1305), *pella* (OSF, p. 227), *pepitoria* (B, p. 252), *jigote* (SII, p. 281), ensalada de carne de vaca (*salpicón*, PO, p. 825) o los incontables embutidos: *chorizo* (SII, p. 100), *longaniza* (OC II, p. 992b), *salchichón, morcón* (PO, p. 588) o la sencilla *morcilla* que hizo una vez el propio Pablos de la sangre y las tripas de los cerdos que había

---

[20] Cf. Marcelin Defourneaux, *La Vie quotidienne en Espagne au siècle d'or* (Paris, 1964), p. 175.

robado (B, p. 70). Los *pasteles* de *hojaldre* o *empanadas* (PO, p. 1005) son el lugar idóneo para esconder la carne de inferior calidad o en mal estado, carne que, como se puede leer en un *Sueño,* era de "más animales que en el arca de Noé, porque en ella no hubo ratones ni moscas" e incluso, al parecer, de los cadáveres de los ajusticiados (SII, p. 42; cf. PO, p. 665).

No es necesario mencionar el *pan* ni los *panecillos,* pero sí las innumerables *chucherías,* a veces llamadas colectivamente *fruta de sartén* (PO, p. 589). Vemos ahí *turrón* (OC I, p. 93b) y *rosquillas* (SII, p. 282), *quesadilla* (PO, p. 1010) y otros derivados de la leche (p. ej. *ibid.* pp. 1162, 1341) y, naturalmente, las frutas en *almíbar, confites* (SII, p. 282), *letuario* (B, p. 166) y "vna poca de arrope de medio pan" (A, p. 290), o secas como por ejemplo las *pasas* (B, pp. 78 ss.). Términos como *almíbar* (PO, p. 1163), *alcorza* (B, p. 54) y *azúcar*—que, de paso sea dicho, venía entonces del Brasil (SII, p. 169)—recuerdan la tradición árabe de esta rama de la alimentación.[21] La misma procedencia tienen también la horchata de almendra o *almendrada* (B, p. 48) y la aloja, bebida compuesta de miel, agua y especias (SII, p. 100).[22] Estas son, junto al *aguaardiente* (B, p. 166) y al *vino,* las únicas bebidas que menciona Quevedo y además una sola vez cada una, muy al contrario del vino, citado frecuentemente. De los doce pueblos productores de vino que enumera el autor nueve están en Castilla vi que la Vieja. Uno de ellos, *San Martín de Valdeiglesias,* era especialmente apreciado en Madrid (PO pp. 589, 1319, 1326). [23] Dejando aparte el *aguachirle* (PO, p. 609), no se diferenciaba sino entre vino *tinto* (de *Coca,* PO, p. 1326) y vino *blanco* (de *Toro, ibid.*) y dentro del vino blanco entre *albillo* y *moscatel* (B, p. 113).[24] El vino se bebía en la mesa mezclado a veces con agua (B, p. 135), o también acompañando al postre con el *luquete,* una rodaja de limón (PO, p. 1344), comparable a la sangría actual; es decir, se tomaba, según el caso, como estimulante o como bebida corriente—suplente entonces del agua, de salubridad dudosa, y además fuente de calorías.[25]

[21] Reay Tannahill, *Kulturgeschichte des Essens—Von der letzten Eiszeit bis heute,* traducido del inglés por Joachim A. Frank (München, 1979), p. 250.

[22] Cf. Deleito y Piñuela, pp. 159 ss.

[23] Cf. Miguel Herrero-García, *La vida española del siglo XVII,* t. I, *Las bebidas* (Madrid, 1933), p. 655.

[24] Otros pagos vinícolas: *Ocaña* (PO, p. 611), *Sahagún, Zamora, Illana, Yepes, Osorio* (*ibid.,* pp. 1319, 1326), *Carmona, Jerez* (*ibid.,* p. 1327). *Santorcaz* (*ibid.,* p. 611) no se podía localizar.

[25] Cf. Bennassar, p. 57; Domínguez Ortiz, p. 163.

A esta función universal del vino o a su origen español se debe el que Quevedo no le atribuya un diablo especial, como hace con los artículos de lujo procedentes de las Indias Occidentales, el choco-late[26] y el *tabaco*, culpables, a su parecer, de diferentes enfermedades como por ejemplo *vaguidos, tabardillos* y *romadizo* (OSF, pp. 249 ss.). No obstante alaba en otro lugar al tabaco—tomado en forma de cigarro y de rapé—como remedio superior a cualquier otra medicina (PO, pp. 569 ss.), lo que sin duda, dado su desprecio por todo aquello que tenga que ver con los médicos, no tiene mucha importancia. Perjudicial es igualmente según él un estimulante de especial naturaleza, el *barro*, tierra preferentemente de Portugal (OC I, p. 52a; PO, pp. 354, 647; SI, p. 83), cosa no sorprendente si tenemos en cuenta que el barro no era el chicle de aquella época sino que, por el contrario, se comía y tragaba, como todavía hoy se hace en el Maghreb. Además, efectos dañosos se imputaban solamente a las verduras, y no a la carne, por ejemplo las *tercianas* al *pepino* (PO, pp. 812, 1012; OC I, p. 1195b).

Semejantes a los estimulantes eran los *medicamentos* o *melecinas* (SI, pp. 202 ss.), los innumerables *confortativos, pócimas* (SI, p. 31; OSF, p. 222), *jarabes* (SII, p. 31), *ponzoñas* (SI, p. 99) y *venenos* (OSF, pp. 208, 257) que, ya sea tomados como *bebida, píldora* o *catapotia*, ya sea aspirados en forma de *errhinae* (SI, p. 205), dados como *purga* o *clister* o aplicados a manera de *ungüento* (*ibid.*, p. 133), recetados por los *médicos* o *dotores* (*ibid.*, pp. 200-04) y elaborados por los *boticarios* (*droguistas*) (*ibid.*, pp. 203 ss.; OC I, pp. 132 ss., etc.). En su composición entraban toda clase de *legumbres, yerbas* y *piedras*, así como partes de animales (SI, p. 133; OC I, p. 97a). Teniendo en cuenta los conocidos prejuicios de Quevedo frente a los farmacéuticos, a quienes a veces compara con los *alquimistas* (SI, p. 133), no debemos ciertamente dar crédito sin más a la descripción que hace de algunas medicinas y de su supuesta composición (compárese sobre todo *ibid.*, pp. 204 ss.).

Tiempos y ocasiones de comida

Las comidas se tomaban a lo largo del día igual que en la actualidad, pero más temprano, adaptándose a la luz natural (B, pp. 39 ss., 167, 209). La palabra *almuerzo* designaba entonces el desayuno y no, como actualmente, la comida de mediodía; corresponde esto a un desplazamiento característico de las horas de comer y de las deno-

[26] Cf. Tannahill, pp. 228, 251 ss.

minaciones de las comidas que puede observarse igualmente en francés (B, p. 55; PO, p. 1008). El desayuno madrileño, compuesto de *letuario* y nada menos que *aguaardiente* (B, p. 166), extrañaba a Pablos como nos hubiera extrañado a nosotros. Quevedo, al parecer, prefería "un gentil torrezno" (PO, p. 1090). El pan y los panecillos que esperaríamos encontrar en un desayuno, eran por el contrario ingrediente fijo del almuerzo, en el que equivalían a la patata actual. Un almuerzo completo se componía de varios platos. El *caldo* u *olla* y el *plato de carne*—a menudo con huesos para chupar la *caña* o el *tuétano* (SI, p. 117) o varias clases de carne (p. ej. B, pp. 53, 172)—eran los dos platos principales cuya sola inversión sirvió a Quevedo para caracterizar la incultura del tío de Pablos (B, pp. 53, 172). Según una parodia épica, de entrada, el así llamado *ante*, se servía *pernil* y además entremeses como *almendras, higos* y *pasas* que nosotros esperaríamos encontrar más bien en el postre (B, pp. 35 ss., 171 ss.; PO, pp. 1341 ss.). De *postre* únicamente he podido encontrar con seguridad en Quevedo *aceitunas* y *quesos* (PO, p. 1344). Posiblemente para ayudar a digerir mejor las grasas se tomaba vino desde el principio de la comida. En forma parecida al almuerzo, pero sin los dos primeros platos, se tomaba en la *cena* carne más ligera (B, pp. 39, 52 ss., 265) y, en su substitución o como complemento, alguna que otra vez también una *tortilla* (PO, pp. 1160 ss.). Por último, la *merienda*, a la que no parece se renunciase con gusto, podía hacerse—al menos en invitaciones de importancia, como la que da Pablos en espera de poder conseguir un buen partido—no sólo a base de galletas, sino también de "caliente y fiambre, principios y postres" (B, p. 214).

Junto a tales ocasiones de sociedad o privadas, es decir, individuales y variables, de dar un banquete, había otras fiestas, generalmente dedicadas a algún santo y a las que asistía toda la población. Quevedo las ha descrito de manera entrañable en su *Calendario nuevo del año y fiestas que se guardan en Madrid* (PO, pp. 1007 ss.). Aquí sólo nombra como manjares especiales que dependen de la época del año, golosinas y para los meses de invierno, naturalmente, ninguna fruta: *turrón* en *Navidad* y *quesadilla* en *Carnestolendas*.

Volvamos la vista atrás: la gran variedad de alimentos engaña un poco, pues no todos se mencionan o comen con frecuencia. Si damos crédito a Quevedo, los elementos principales de la cocina castellana son la carne y sus productos derivados, los huevos, los dulces, el vino y el pan, alimento de base[27] y el único rico en almi-

[27] Cf. Bennassar, p. 52; Domínguez Ortiz, p. 162.

dón. La verdura aparece apenas como un plato propio, generalmente andando revuelta y recocida en la *olla* o el *brodio*. Por
consiguiente la comida—del que podía permitírsela—era rica en
hidratos de carbono, proteínas y también grasa, pero pobre en vitaminas.[28] Quizás sea esta falta de vitaminas una de las causas del
pálido cutis que muestran las personas en retratos de la época y
que tanto nos sorprende. Una falta de minerales la indica el afán de
comer barro.[29] Las comidas presentan—con excepción de la gran
variedad de carnes, superior sin duda a la actual—una cierta mono-
tonía debida antes bien a la falta de especias y a perder las verduras
su sabor natural que a las dificultades de conservación de los alimentos. A esto hay que añadir que había verduras de invierno y
que fue justamente el hecho de estar obligados a conservar los alimentos ya sea secando, ahumando, azucarando o fermentándolos[30]
lo que ha deparado a la humanidad, y por lo tanto igualmente a los
españoles, algunos manjares exquisitos, ante todos el vino.

Si algo mitigaba la frugalidad de la cocina castellana—expresión
también del factor ascético-monacal—lo eran la cultura vinícola y
aquellos productos que había recibido de las dos culturas con las
que España ha tenido más contacto que cualquier otro país europeo: los dulces árabes y los estimulantes indios, estimulantes de los
que evidentemente no prescinde ninguna civilización. Ciertamente
esta impresión de frugalidad que tenemos se debe quizás a que
Quevedo con frecuencia parece acentuar en exceso la cultura de
mesa de las clases más indigentes, particularmente de las clases
media y baja ciudadanas. De no ser así, ¿cómo hubiese podido silen-
ciar en el *Buscón* la moda madrileña del hipocrás y de los refrescos
de nieve?[31]

Diferencias alimenticias sociales y étnicas

De hecho tanto el individuo como el grupo tienen necesariamente costumbres de alimentación específicas. No le extraña al
observador corriente—y como tal se revela Quevedo—lo singular

[28] Cf. Domínguez Ortiz, *ibid.*.

[29] Rudolf Pellegrini, "Als Arzt unter Berbern," *Merian* 28, fasc. 12, p.
120.

[30] Tannahill, p. 184 ss.

[31] Solamente se menciona en *Virtud militante* (OC I, p. 1317a), cf.
Herrero-García, pp. 152 ss.

en sí mismo, sino por el contrario en las minorías y en los grupos
subprivilegiados, y así son necesariamente estos grupos los que
ocupan un lugar preponderante en su obra. Sabido es que reiteradamente se burla y ríe de los presuntos judíos y de los musulmanes
por su antipatía por la carne de cerdo, burla que posiblemente
fuese peligrosa para su enemigo mortal, Góngora, a quien Quevedo había atacado con sospechas de este tipo (p. ej. B, pp. 41 ss.,
58, 191; PO, p. 1194 ss.). Por el contrario caracteriza al verdadero
español, al *cristiano viejo* (PO, p. 1090) el ser—como decíamos antes y
como ya lo advirtió James Iffland[32]—gran comedor de carne y especialmente de carne de cerdo. Lo mismo se puede decir del vino,
cuyo consumo estaba prohibido al musulmán, pero sí permitido al
cristiano (SI, p. 180). El color de piel de los negros lo relaciona Quevedo en forma, por cierto, burlesca, aunque no por esto menos
racista y discriminatoria, con la negrura de ciertos alimentos de
inferior calidad. Así leemos en el romance de la *Boda de negros*:

> Cual, por morder del mondongo,
> se atarazaba algún dedo,
> pues sólo diferenciaban
> en la uña de lo negro
> (PO, pp. 851 ss.)

Pertenece al sexo débil aquella persona quien por lo menos
afecta no aguantar el vino y tiene preferencia declarada por el *barro*
(OC I, p. 52a; PO, p. 647)[33] así como por los dulces y las chucherías
(OC I, p. 93b, SI, p. 131; SII, p. 282; A, p. 290), preferencia esta
última que posiblemente indique el estado de infantilismo en que
se dejaba a la mujer. A más de eso, como hemos visto, no faltan en
el *Buscón* estafadores que saben aprovecharse de la comida ascen-
dida al rango de símbolo de estado social y, enseñando ciertos alimentos, aunque no sean más que migajas en la barba, son capaces
de simular bienestar (B, p. 168). Por el contrario se equipara inferioridad socio-económica a inferioridad moral si se insulta a alguien
como "sopón y mendigo, que pasa su vida con las sobras de las
tabernas y vive de la liberalidad de los bodegoneros" (OSF, p. 233).
Podría esquematizarse este sistema ideológico de la siguiente
manera:

[32] P. 225. Cf. en cuanto a las generalidades, Roland Barthes, *Mythologies*
(Paris, 1957), sobre todo pp. 74 ss. ("Le vin et le lait") y pp. 77 ss. ("Le
bifteck et les frites").

[33] Cf. Defourneaux, p. 177.

	vino	vs.	agua
	bebida universal	vs.	estimulante (chocolate)
	España	vs.	ultramar
Sangre	propiedad	vs.	comercio
	hombres	vs.	mujeres
	cristianos	vs.	no-cristianos (judíos, musulmanes)
	cerdo	vs.	otra carne
[vs.]	natural	vs.	elaborado
	carniceros	vs.	pasteleros

Eucaristía

carne	vs.	*verdura*
sano	vs.	nocivo a la salud
limpio	vs.	sucio
duro	vs.	blando
asar	vs.	cocer
masticar	vs.	chupar
salado	vs.	dulce
juventud	vs.	vejez
adulto	vs.	bebé
agresividad	vs.	pacifismo
bienestar	vs.	pobreza
Castilla	vs.	Andalucía
carne	vs.	*pescado*
abundancia	vs.	ayuno
interior	vs.	costa, mar

Pan

Naturalmente sólo pueden relacionarse entre sí los conceptos de la columna izquierda y no en cambio los de la derecha. Esto muestra que nuestro esquema todavía no está suficientemente diferenciado. En todo caso, se divide el sistema ideológico en los dos subsistemas complementarios de comida y bebida, dominando claramente el primero. Sus dos núcleos positivos, la carne y el vino, representan los dos principios universales de la corporalidad humana, carne y sangre, y así, al mismo tiempo, su idealización en la Eucaristía. Los dos subsistemas se superponen en las parejas contrarias cristianos vs no-cristianos, y presentan también diversas semejanzas y afinidades.

Oficios gastronómicos

Donde hay quien quiera comer, hay igualmente *cocineros* (OSF, p. 230), *guisanderos* (*ibid.* p. 243) y otra gente de cocina. En este oficio ya se distribuía entonces el trabajo; por esta razón, para poder beber o comer había que tratar no sólo con *taberneros*, *bodegoneros*, *venteros* o *mesoneros* y sus criados, sino asimismo con el *especiero*, que vendía las especias (A, p. 264), con el *pastelero*, que preparaba los pasteles de carne, el *chocolatero* (OSF, p. 249), el *repostero*, quien hacía la repostería fina (B, pp. 211 ss.), o el *confitero*, autor de los *dulces* o sea de las frutas confitadas y las *pasas* (*ibid.*, pp. 78 ss.; A, p. 290). Finalmente había no pocos vendedores ambulantes (p. ej. B, p. 166) y, claro está, el mercado, la *plaza* (A, p. 290). Bien es sabido que Quevedo, en su aristocrático desprecio por cuantos se dedicaban abiertamente a negociar con dinero, acusaba también a este grupo de personas de la estafa habitual y sistemática, sobre todo a los *taberneros* de aguar el vino (p. ej. SI, pp. 33, 47; SII, pp. 135 ss.) y a los *pasteleros* de dar a comer *perros, rocines enteros* o, en vez de carne, *huesos* (p. ej. SI, pp. 117 ss.). Al contrario, por lo que yo sé, Quevedo no nombra a los carniceros ni a los panaderos en ninguna parte y, por consiguiente, no puede o quiere criticarlos. Sin embargo, cuando los diferentes alimentos mencionados se preparaban en casa y no en público, eso solía hacerse en unión personal y generalmente por mujeres, imponiéndose así nuevamente otra y la más antigua de las divisiones de trabajo: la entre los sexos (p. ej. B, pp. 43 ss., 69 ss.).

Lugares gastronómicos

En forma distinta a lo que leemos sobre el pupilaje del Licenciado Cabra, no parecen haber tenido *refitorio* (B, p. 35) las casas particulares ni tampoco las ventas.[34] Tenían solamente piezas multifuncionales que hacían necesario poner y quitar las mesas *movedizas* construidas especialmente a este fin; ha quedado recuerdo de esta costumbre en la locución *levantar la mesa* que todavía se emplea (p. ej. B, pp. 53, 135, 137).

Quien no podía o no quería cocinar él mismo, tenía la posibilidad de encargar la comida a un *bodegón* (*ibid.*, p. 135) y las *chucherías* a un *figón* (A, p. 290); de allí se las enviaban a casa. Si, por el contrario, quería salir, se ofrecían para comer—al menos en las ciudades—*posadas* y *bodegones* de distintas categorías (B, pp. 124, 128, 264; PO, p. 1305) y para beber las *tabernas* y las *cuevas* de las *alojerías* que podían distinguirse las primeras por medio de unas ramas verdes, las segundas por los marcos blancos de las puertas (PO, p. 1334;

---

[34] Cf. *ibid.*, p. 176 y Hans J. Teuteberg y Günter Wiegelberg, *Der Wandel der Nahrungsgewohnheiten unter dem Einfluss der Industrialisierung (Studien zum Wandel von Gesellschaft und Bildung im Neunzehnten Jahrhundert*, t. III) (Göttingen, 1972), p. 40.

SII, p. 100).[35] En una ocasión Quevedo evoca este ambiente, el "son de las alcuzas y de los jarros y de los platos," y además las canciones que componía un *poeta de los pícaros* y que conseguían que el *muchacho* al ir de la cocina a la mesa no diese "un bocado al plato, y al jarro un sorbo" (OSF, pp. 227 ss.). También podía uno llevarse algo de comer, por ejemplo un *pastel* de cuatro u ocho *maravedís* (B, p. 169).

Huyendo evidentemente del calor y de la estrechez notoria de las casas, los madrileños organizaban a menudo—y de forma obligatoria el día de San Juan, solsticio de verano—meriendas campestres en los dos grandes parques fuera de las murallas, en el *Prado* y en la *Casa del Campo*, donde además se podían instalar unos *cenadores* especiales (B, pp. 211 ss.; PO, p. 1008).

Costumbres de mesa

La comida no es, por regla general, solamente ingestión de alimentos, sino que significa asimismo compartir algo con otros. No sin cierta hipocresía se queja así una mujer a la muerte de su marido:

> ¿Qué provecho puede hacer esto a la amarga viuda que estaba hecha a comer a medias todas las cosas y con compañía, y ahora se las habrá de comer todas enteras sin dar parte a nadie de puro desdichada? (SII, p. 37)

La amistad entre el hijo del barbero, Pablos, y el caballerito Don Diego, se manifiesta por primera vez en el *Buscón*, cuando ambos se reparten la merienda (B, p. 23; cf. p. 25). Y es así como sancionan los ilustres padres de Diego amistad tan desigual: "Los más días," según se acuerda Pablos, "sus padres...rogaban a los míos que me dejasen con él comer y cenar" (*ibid.* p. 25). La comida no es en lo sucesivo solamente ratificación de comunidad sino también símbolo de la misma. De no ser así no se habría avergonzado Pablos de sentarse a la mesa con su tío, verdugo de oficio, y con los compinches de éste (*ibid.* p. 135). La ceremonia del *brindis* que Quevedo llama en una ocasión *saludos imperiales*, haciendo sin duda alusión a su origen alemán, tematiza y solemniza por último la comunidad de mesa (PO, p. 1341). Los pícaros sevillanos que saludan con un brindis la entrada en su círculo del novicio Pablos, se unen en el fondo en hermandad de sangre; y si, por el contrario, derraman en

---

[35] Cf. Deleito y Piñuela, pp. 167 ss.

ocasión semejante vino en el suelo, están derramando de manera simbólica y con plena conciencia la *sangre* de un enemigo ausente (*ibid.*, p. 265; cf. p. 195 etc.). Estabilización hacia adentro, delimitación hacia afuera.

Otro principio se opone, no obstante, a la comunidad de mesa de libre elección, el principio de hospitalidad. Norma de tradición árabe y mediterránea, era al parecer tan sacrosanta aún entonces que parásitos de toda especie se acogían a ella para invitarse una y otra vez—en el *Buscón* al menos cuatro veces—a casa de personas desconocidas y para pescar un sitio en una opípara mesa (B, pp. 50 ss., 126, 148 ss., 170 ss.). La hospitalidad acababa allí donde empezaba la diferencia de clases; los servidores o criados, estuviesen sirviendo a la mesa o no, comían después de los señores y además sólo los restos que éstos se habían dignado dejarles (*ibid.*, pp. 35-37, 53).

La existencia de una colocación jerárquica de los comensales la podemos deducir de la novela de Quevedo solamente de manera indirecta, es decir, de la reprobación que muestra Pablos cuando un invitado se sienta a la *cabecera* de la mesa sin que se lo haya dicho el anfitrión,[36] los restantes tomando asiento sin orden (*ibid.*, p. 135), clara señal, junto a estar el menú en orden inverso, del desarreglo de tan reprochable ambiente. Es indudable que la mayor parte de la gente no podía permitirse criados de mesa más que en ocasiones especiales (PO, p. 852); y solamente en las casas ilustres había *despensero* (B, p. 71), *copero* (SII, pp. 280, 283) y *maestresala*, que era quien debía también cortar la carne (B, p. 103). Antes y después de la comida solía bendecir la mesa el dueño de la casa.

La *olla* no se comía con cuchara, se bebía directamente de una *escudilla*.[37] Por lo demás se comía con las manos (B, pp. 35, 37, etc.). Por eso ya había costumbre de usar *manteles* y *servilletas* (*ibid.*, p. 52; PO, p. 1161). Parece que huesos y otros restos de comida se tiraban a menudo al suelo, pudiendo así regalarse los gatos (B, p. 35).[38] En comidas más distinguidas eran presentados después de comer *aguamanos* y *toallas* (PO, p. 852). No menos extrañeza nos causa—pendientes como estamos hoy en día de la higiene—que en una venta el mismo vaso pasase de boca en boca (SII, p. 135). No se veía

---

[36] Cf. también Cervantes, *Don Quijote*, Edición IV centenario (Madrid, s.d.), pp. 693 ss. (Parte II, cap. 31).

[37] Cf. Teuteberg, p. 34; Tannahill, pp. 198 ss.

[38] Cf. Tannahill, p. 202.

bien, por otra parte, que alguien demostrase después de comer su bienestar por medio de, un *regüeldo*, como pasa todavía en algunas zonas del vecino Maghreb (SII, p. 113; cf. OC I, pp. 66a, 99a). Pasadas las comidas a base de carne se empleaban *mondadientes*; por ello quien los usaba en público simulaba comer tales platos, es decir, disfrutar de un cierto bienestar (PO, p. 825; OC I, p. 66a).

No mencionaremos las muchas clases de vajillas, cacharros de cocina o cristalería, de cerámica, madera, cuero y, a veces, de cristal o plata—he contado veinticinco diferentes: los cuadros del joven Velázquez, de Zurbarán o de van der Hamen dan una idea más sugestiva de su variedad y belleza.[39] De todos modos, la mayor parte de los recipientes que se usaban entonces tenían funciones mucho más especiales de lo que creemos al verlos ahora: en la *jícara*, de origen indio, como su contenido, se preparaba y servía, después de haberlo pasado por el *molinillo*, el *chocolate* (OSF, p. 249 etc.),[40] y la *penadilla* tenía, como su nombre indica, un orificio fastidiosamente pequeño, con objeto de que solamente se pudiesen dar tragos pequeños y beber poco y moderadamente (B, p. 265; cf. PO, p. 589, SI, p. 185).[41]

No decidiremos si era costumbre que después de un banquete bailasen y cantasen algunos invitados como los dioses olímpicos en *La hora de todos* (SII, pp. 282 ss.),[42] ni tampoco si en un *pupilaje* para digerir mejor se hacía ejercicio físico después de la comida—en forma humanística y enteramente moderna—como después de la parca comida en casa del licenciado Cabra, aunque ésta hacía innecesario cualquier tipo de digestión y, por lo tanto, de ejercicio físico (B, p. 37).

[39] Cf. *Europäische Stilleben*, pp. 364, 390-400, etc.

[40] Francisco de Quevedo, *La hora de todos y la fortuna con seso*, ed. Luisa López-Grigera (Madrid: Castalia, 1975), pp. 222 ss. y n. 726.

[41] Además se nombran y, muchas veces, se caracterizan: *taza* (S, p. 135), *copón, búcaro* (PO, pp. 559, 1341), *dedal* (ibid., p. 1341), *velicomen* (S, p. 280), *plato* (B, p. 135), *escudilla* (ibid., p. 35; PO, p. 1304), *salero* (B, p. 136), *jarro* (PO, p. 589), *jarra* (ibid., p. 80), *cántaro* (B, p. 135), *alcuza* (OSF, p. 224), *cangilón, barreno, caldero* (PO, p. 1341), *caldera* (OSF, pp. 190, 243 ss.), *puchero* (PO, p. 1090), *tinaja* (PO, p. 1341), *cuba* (ibid., p. 1319), *artesa* (B, p. 265), *cazo, sartén* (S, p. 73), *bota* (B, pp. 55 ss.), *vademecum de pez* (PO, p. 1304), *balsopeto, talega* (ibid., p. 1341), incluso el *bote* del boticario (B, p. 21; S, p. 203), la *redoma* y el *almirez* (S, p. 202). Cf. también *cucharón* y *asador* (B, p. 100; OSF, p. 244).

[42] Cf. Teuteberg, p. 35.

Gula y templanza

De las cuatro comidas descritas con más detalle en el *Buscón* dos degeneran en riña (B, pp. 137, 266 ss.; cf. también p. 176); de acuerdo con el refrán "quien bebe bien, bien riñe" (OC I, p. 55a), esto se debe ciertamente al abuso del alcohol o sea del vino, abuso que incluso es fomentado por los llamados *apetitos de sed* (*ibid.*, p. 265; cf. 137) y que todavía podemos medir hoy: Pablos debe beber medio *azumbre*, es decir un litro, si quiere que lo consideren *valiente* (*ibid.*, p. 263), y en otra ocasión cuatro bebedores vacían *cinco azumbres*, esto es unos dos litros y medio por persona (*ibid.*, p. 136), cantidad que no parece desmesurada si tenemos en cuenta lo que posiblemente exagere Quevedo. Solamente una vez hace nuestro autor la semblanza de la intemperancia—de un príncipe, por cierto —y de sus consecuencias fisiológicas (SII, pp. 110 ss.). Y sin embargo, ve Quevedo en la *gula*—uno de los siete pecados capitales y ya como tal condenada (SII, p. 25)—un vicio de la época, cuyas causas serían el enriquecimiento en América y la ambición de prestigio (OC I, pp. 524b, 1277b); tiene consecuencias tanto para el estado social como para la salud, a saber empobrecimiento (OC I, pp. 1230b, etc.) y a corto plazo pesadillas (*sueños pesados*, B, p. 39), a largo plazo *tabardillo, gota, apoplejía* y muerte repentina o prematura (OC I, p. 1230b, 1307b), idea que se ve respaldada por la opinión popular expresada en el tantas veces modificado refrán: "Cenas y penas y soles, matan los hombres."[43] En consecuencia, de enfermedades solía preservar menos la medicina, sustituyendo un veneno por otro, que una dieta que no consistía sino en una receta sencilla, *templanza* y *moderación de la garganta*: "seguir la naturaleza; satisfacerla, no cargarla"; "el plato regalado de la razón" (OC I, pp. 1307b-1309b; cf. B, p. 39; OSF, p. 222).[44]

La doctrina oficial de la Iglesia hace a la comida responsable de que el hombre haya perdido su inmortalidad, pues Adán y Eva comieron de la manzana prohibida, haciéndose así culpables ante Dios (PO, p. 217).

[43] *La hora de todos*, ed. cit., p. 63 y n. 18.

[44] Una síntesis del carácter y la tradición de la dietética medieval en Teuteberg, pp. 26 ss.

Eucaristía

Conforme a esto la redención también se realiza por medio de
un alimento, a saber de la carne y sangre de Cristo, bajo las dos
especies o—de acuerdo con la terminología católico-escolástica de
Quevedo—en los *accidentes* del pan y el vino (OC I, pp. 1295a-b,
1236a; PO, pp. 167-169, 187). Por más que se celebrasen entonces
a diario, faltan en la prosa narrativa de Quevedo—con una excepción (B, p. 45)—misa, comunión y transubstanciación, omitidas con
precaución como de costumbre en la literatura profana de la época.
Pero sí se encuentran en el *Buscón* juramentos abiertamente declara-
dos, como *cuerpo de Dios*, que al romper con un tabú producen un
efecto tranquilizador (B, pp. 66, 75, 168), y una y otra vez comparaciones: como en el *lavatorio de comunión* le arrancan a uno un vaso de
agua (*ibid.*, p. 38), y un cierto morisco, un infiel por lo tanto, teme a
otro no menos que al *Santísimo Sacramento* (*ibid.*, p. 5). Finalmente y
como ya lo ha observado muy bien Edmond Cros,[45] un borracho
parodia en forma francamente blasfémica la elevación de la hostia
tomando a este efecto un pan en las manos, levantando los ojos y
diciendo: "Por ésta, que es la cara de Dios..." (*ibid.*, p. 266). Es
sorprendente, que siempre se subraye la materialidad—en forma
de alimento—y no la espiritualidad del sacramento.

Ayuno y hambre

Esta compenetración entre el mundo religioso y el mundo pro-
fano, típica de la época que tratamos, se encuentra también en otra
convención relacionada con nuestro tema, en el *ayuno*. Tomado
mucho más en serio que hoy en día, el ayuno—aparte de la abstinencia casi obligatoria como ostentación de un luto familiar (A, p.
275)—se guardaba todas las semanas los viernes y sábados, además
en las llamadas *vigilias* la víspera de las grandes fiestas eclesiásticas
y, naturalmente, en *cuaresma* (p. ej. SII, p. 71; B, p. 44). No era una
prohibición total de alimentos, sino de comer carne, bastante duro
ya para un español, quien, como recordamos, se definía como gran
comedor de carne. Esta prohibición se aflojaba algo el sábado—día
de ayuno por lo demás típicamente castellano—, permitiéndose al
menos el consumo de carnes de inferior calidad, como la cabeza y
las patas (*duelos y quebrantos*, B, p. 252; OSF, p. 223). Había además

[45] *L'Aristocrate et le carnaval des gueux: Étude sur le "Buscón" de Quevedo* (Mont-
pellier, 1975), p. 31.

dispensas (*bula*, PO, p. 614), y quién podría haber impedido que uno se comiese setenta huevos en un día de ayuno como lo hizo justamente un ermitaño en el *Buscón*, aunque en realidad se trataba de un truhán (B, p. 126). Por consiguiente podía mostrar uno su bienestar también por medio de la cantidad y la calidad de la comida de vigilia. En realidad el ayuno tenía siempre en todas las culturas varios significados: higiénico, económico y religioso. En Quevedo solamente ha quedado el sentido religioso o—por mejor decir—de solidaridad con el prójimo, según el cual lo que uno se quita de la boca debe darlo al pobre como limosna. Por lo tanto la abstinencia debida sólo a la economía o pobreza no era considerada como ayuno (OC I, pp. 1222a-b, 1256b ss.).

También aquella abstinencia involuntaria aparece una y otra vez en la obra de Quevedo y, como es sabido, está representada muy a menudo en su obra de juventud, especialmente en el *Buscón*: es el hambre que se experimentaba en la ciudad y particularmente en la Corte. Donde es posible localizar la clase social, eran casi siempre miembros de las capas más elevadas, estudiantes o hidalgos caídos en la pobreza (B, pp. 50 ss., 144, 156, 197) los que más hambre sufrían. Personificados en el *Don Diego de Noche* proverbial (SI, pp. 269 ss.), estos hidalgos venidos a menos acudían a la capital huyendo de la ignominia que les producía el haberse arruinado en su tierra, e intentando en la Corte con otros aventureros alcanzar una mejor situación social y económica, por medio del juego (*ibid.*, pp. 204 ss., 217) o del engaño o también, forzosamente, por medio de lo contrario, la mendicidad fraudulenta, aparentando verdadera necesidad, pero nunca por medio de un trabajo verdadero (*ibid.*, pp. 189 ss., 232, 234). En el peor de los casos también se podía aplacar el hambre y la sed con ayuda de las instituciones caritativas más importantes de la época: mediante un vaso de agua recibido en el *torno* de un convento de monjas (*ibid.*, pp. 80, 179) o una *escudilla* de *brodio*, la *sopa* de verduras que daban en el portal de un convento de frailes, principalmente del convento madrileño de San Jerónimo (*ibid.*, pp. 149, 168, 177 ss).

Defecación

No quisiera decidir si en todos los pupilajes se servía tan parca comida como en el del licenciado Cabra, que hacía innecesaria cualquier defecación (B, pp. 38 ss.; cf. p. 168). En todo caso llego con esto al último tema de la parte documental de mi trabajo: ningún tipo de digestión, ningún tipo de evacuación de alimentos o de obstrucción que no figure en la obra de Quevedo. La gente sufre sobre todo de *pujo* (PO, p. 589), *correncia* (OC I, p. 99b), *cámaras* (*ibid.*, p. 98b; PO, p. 589; B, pp. 127, 168, 185, etc.) y, por otra parte, de *mojones* (OC I, p. 96a) y *opilaciones* que intentan curar con *ejercicios* (SI, p. 83), agua acerada (*acero*, PO, p. 847) o *purgas* (B, p. 42, etc.),— síntomas de una alimentación poco equilibrada y de falta de limpieza. Como en la actualidad, ya se encubrían entonces en alto grado los sectores en cuestión con abstracciones y eufemismos, especialmente los lugares y recipientes correspondientes o bien sus siete denominaciones que más se estaba obligado a usar en la vida cotidiana.[46]

Sin embargo no parece que hubiese verdaderos tabúes: en todo caso no encontramos en la obra de Quevedo ningún juramento de efecto liberador que pertenezca a la esfera fecal,[47] a lo sumo chistes en las perífrasis proverbiales que tienen por objeto preferido el *pedo* (OC I, p. 97a), cuya retención era por cierto considerada perjudicial para la salud (*ibid.*, p. 97b; PO, p. 631); así leemos de alguien que "soltó un preso" (OC I, p. 97b; B, p. 184), "fuésele una pluma" o finalmente: "entre dos peñas feroces, un fraile daba voces" (OC I, p. 976). Efectivamente las operaciones no se efectuaban en el estéril aislamiento de nuestros días: según el *Buscón* en una casa de juego salían de apuro con *orinales* portátiles (B, p. 149), que después solían vaciarse simplemente a la calle (cf. *ibid.*, p. 29), y en la cárcel no dejaban dormir a Pablos los compañeros de celda o, por mejor decir, "no me habían dejado cerrar los ojos, a puro abrir los suyos" (*ibid.*, p. 185), hasta que fue puesto en otra parte el *vidriado*. Tan poco como en esos edificios públicos se podía contar en casas particulares, ni siquiera en las ventas, con un cuarto propio, cerrado, llamado *letrina* (PO, p. 629), y evidentemente todo el mundo se conformaba con este estado de cosas. Por lo visto era considerado como un verdadero gesto de familiaridad el que los señores de casa

---

[46] Aparte de los términos enumerados más abajo se leen también: *necesarias* (OC I, p. 97a; B, p. 118; OSF, p. 198), *bacín* (OC I, p. 97a; B, p. 127) y *bazo* (OC I, p. 370a). Cf. también *descomer* (B, p. 38), *proveerse* (*ibid.*, pp. 55, 64; OC I, p. 97a), *hacer de nuestras personas* (B, p. 42).

[47] El giro *me cago en...*, todavía hoy en uso, se halla tan bien integrado en el contexto del pasaje siguiente, que no puede considerarse como un juramento: "cágome en el blasón de los monarcas / que se precian, cercados de tudescos /..." (PO, p. 631).

usasen el *servicio* o *servidor* (SI, p. 206; OC I, p. 97a) en presencia de los huéspedes (OC I, p. 97b).

Por otra parte, no se era completamente indiferente a los olores. Así lo muestra la costumbre que había de quemar *pastillas* de olor o de sustituirlas provisionalmente por el humo del tabaco (*ibid.*; PO, p. 1018) y de tomar *pastillas de boca, alcorzas* y *algalias* para eliminar el mal olor de boca (OC I, p. 86b; cf. SII, p. 113; PO, p. 1305). También había cierta necesidad de limpiarse después de haberse proveído, con papel—aunque no parece que haya habido un papel especial para este fin—, con *pañuelo* o, en el peor de los casos, simplemente con la mano (B, p. 188; OC I, p. 98a); y daba vergüenza el mancharse con un *palomino* (B, p. 67; SII, p. 107; cf. OC I, p. 98a). E incluso sienten asco las personas en la obra de Quevedo, aunque no tanto de los excrementos, sino de ciertos alimentos (SI, p. 117; OSF, pp. 198, 203).[48] De todos modos, si en el rito de iniciación del *Buscón* no se lavaba a los estudiantes recién llegados como por ejemplo en la iniciación del bautismo, sino que por el contrario se les escupía y llenaba de *gargajos, mocos* y *caca*, como a Pablos, había que entender esta situación como un mundo al revés, signo de una contracultura, la subcultura estudiantil (B, pp. 60 ss.).

Queda todavía un último aspecto parcial, el digamos científico: el diagnóstico, ya practicado en la antigüedad, con ayuda de la orina y las heces (SI, p. 206; OC I, p. 1308a), del cual se burla Quevedo como de la terapia de la lavativa (B, pp. 42 ss., etc.) y de la producción de medicinas y, al parecer, de la destilación de oro de excrementos animales y humanos (OC I, p. 97a; SI, pp. 133, 157 ss.; SII, pp. 172 ss.).

Comer y beber en los dichos de la época

Gracias a su omnipresencia, el mundo gastronómico había penetrado de varios modos en el habla del pueblo, sirviendo así de base para crear comparaciones, metáforas, chistes o reglas de conducta. También Quevedo con abundancia emplea tales *refranes* y sobre todo *bordoncillos* (OC I, p. 59), aunque con el afán humanístico y aristocrático de criticar los modismos de su época. Econtramos en

---

[48] Para ver cómo se reprime todo lo corpóreo en la comida y se hace disminuir el límite de la sensación de repulsión desde el Renacimiento, compárese el capítulo, "Über das Verhalten beim Essen," en Norbert Elias, *Über den Prozess der Zivilisation* (Bern, 1969) t. I, pp. 110-174.

su obra unos cincuenta dichos, que para completar el panorama de la cultura de mesa queremos, si no comentar, por lo menos enumerar:[49]

Alimentos
  habas contadas (OC I, p. 372b)
  ser como unas nueces (ibid., p. 61a)
  las uvas de mi majuelo (ibid., p. 60b)
  fresca como una lechuga (ibid., p. 61a)
  ser una paloma sin hiel (ibid.)
  hacerse carne (ibid., p. 368b)
  ni ser carne ni pescado (SI, p. 126)
Preparación
  A cada puerco le viene su San Martín (B, p. 134)
  revolver caldos (SI, p. 118; SII, p. 135) estar hecho de sal (OC I, p. 372b)
  deshacerse como sal en el agua (ibid., p. 60b)
  No es buñuelo de freír (ibid.)
  Abre el ojo que asan carne (B, p. 63)
  punto crudo (OC I, p. 369a; OSF, pp. 176, 244)
  Sal quiere este güevo (A, p. 276)
Comidas
  cochite hervite (OC I, p. 370b)
  once de oveja (ibid., p. 369b)
  [No hay olla tan fea que no halle su cobertura] (OSF, p. 246)[50]
  Ollas de Egipto (OC I, p. 60b)
  la caldera de Pero Gotero (OSF, pp. 190, 243 ss.)
  tener más así que asado (OC I, p. 370b)
  dar gatos por liebre (ibid., p. 61b)
  Más días hay que longanizas (SII, p. 79)
  dar un pan como unas nueces (OC I, p. 369b)
  (?) turronazos no con miquis (ibid., p. 369a)
  ser todo tortas y pan pintado (ibid., p. 371b)
  Yo me soy el rey Palomo:/yo me lo guiso y yo me lo como (PO, p. 705)

---

[49] Las locuciones siguientes, con excepción de las sacadas de la *Premática que este año de 1600 se ordenó* (OC I, pp. 59-61), se han comprobado mediante la *Enciclopedia del idioma* de Martín Alonso (Madrid, 1958), 3 vols.

[50] Cf. Juana G. Campos y Ana Barella, *Diccionario de refranes*, Anejos del Boletín de la Real Academia Española, Anejo XXX (Madrid, 1975), p. 329.

Comer

a sabor de su paladar (OC I, p. 61a)
mamarse el dedo (*ibid.*, p. 370b)
de manos a boca (*ibid.*, p. 368b)
Bien se puede comer (*ibid.*, p. 60b)
(?) En mi çasa me como (OSF, p. 196)
Con su pan se lo coma (PO, p. 706)
como el pan en la boca (OC I, pp. 61a ss.)
morder en el ajo (*ibid.*, p. 369b)
morder en un cónfite (*ibid.*)
más que comer solimán (*ibid.*, p. 60b)
comerse las manos tras ello (*ibid.*, pp. 61b, 371b; SI, p. 181)
Pase ése, que ha comido cazuela (OC I, p. 61b)
el postrer bocado (*ibid.*, p. 61a)
estar hasta el gollete (*ibid.*, p. 370b)
Tiéneme hasta aquí (*ibid.*, p. 61a)

Beber

mojar la boca (*ibid.*)
volver las nueces al cántaro (*ibid.*, pp. 370a, 377a; OSF, p. 186)
beber con guindos (OC I, p. 60b)
alma de cántaro (*ibid.*, p. 61b)
A propósito fray Jarro (*ibid.*, p. 61a)
beber los vientos (*ibid.*, p. 61b)

Abstinencia

quedar en ayunas (SII, p. 92)
No me entrará de los dientes (OC I, p. 61a)
No se desayuna (*ibid.*)
no dar una sed de agua (*ibid.*, pp. 60a, 366b, 371b)
Desta agua no beberé (*ibid.*, p. 60b)

Defecación

Me cago en... (PO, p. 631)
Más te quiero que una buena gana de cagar (OC I, pp. 96a ss.)
De res que se mea el rabo, no hay que fiar (*ibid.*, p. 99b)
no ser barro (*ibid.*, p. 370a)

Resumen

En definitivo, Quevedo nos ofrece un panorama de la cultura de mesa más amplio y múltiple de lo esperado, permitiéndonos así constatar algunos rasgos integrantes. Aquí como en otros países nos encontramos, por supuesto, con los intentos de superar las imposiciones naturales de carácter geográfico, estacional y económico mediante la preparación y la conservación de los comestibles, sobre todo de la carne. En la vida cotidiana de entonces, la presencia de todo lo relativo a la comida era mucho más intensa que hoy en día; era prácticamente una omnipresencia: en efecto, la carencia de medios técnicos hacía la preparación de los alimentos mucho más complicada y obligaba a un mayor número de personas a ocuparse exclusivamente de su adquisición y preparación. De allí surgía un contacto mucho más directo con la materialidad de los alimentos, un contacto que se manifestaba sobre todo en el hecho de comer con las manos y en la corporalidad de la Eucaristía. También más presentes estaban las formas negativas de la comida, a saber, el hambre y la defecación. Sin duda alguna, se era más resistente a la sensación de asco, de tal manera que el hecho de sentir asco podía constituir prácticamente un signo de distinción social. Para quien disponía de suficiente de comer, la alimentación tenía en su vida un carácter mucho más impositivo que hoy, a saber en la programación de sus días, de sus semanas, de sus años, tanto por el horario, el calendario y el tipo de la comida como—y esto no tiene menos importancia—por la falta de ella.

El tiempo necesario para la preparación de los alimentos, y aun más la abstinencia, obligada o voluntaria, colocaban la comida en un lugar prominente por más frugal que ella fuese. Además, cuanto más irregular la comida, tanto mayor el peligro de sobrepasar los límites y ocasionarse daños de salud por exceso en el comer. El alto rango de la comida contribuye a su función comunicativa, unificando a los comensales de una ronda y estableciendo tanto sus reglas como las de todo un grupo social. El hecho de comer carne, sobre todo carne de cerdo, y beber moderadamente el vino del país, era lo que caracterizaba a los cristianos rancios, es decir, a los españoles auténticos, más exactamente a los masculinos—una idea de sí mismo que contiene rasgos tanto de racismo como de "machismo." La sensación de morder parece haber desempeñado un papel más importante que el sabor de la comida y podría—igual que el vino como símbolo de la sangre—hacer pensar en la agresividad como un rasgo dominante del carácter de entonces.

Se puede considerar como un primer resultado de mi exposición el que la obra de Quevedo nos permita sin dificultad el acceso no sólo a las particularidades fisiológicas y gastronómicas de la cultura castellana de mesa, sino también de sus componentes sociales e ideológicos. Todo ello gracias a la hipersensibilidad nerviosa con la cual Quevedo percibe los acontecimientos del mundo alrededor, incluso su individuación idiomática, y los integra en su prosa narrativa y en su poesía burlesca en forma de momentos "realistas." Sin embargo, el panóptico gastronómico de Quevedo no es ni completo, ni objetivo como nos lo ha mostrado ya el intento de pelar el núcleo pragmático. A los cocineros entre los lectores les extrañará, por ejemplo, que no haya ningún tipo de recetas en la obra quevediana ni ninguna alusión a una de las numerosas *Artes de cocina*.[51]

II. Interpretación

Con esto llegamos a la segunda parte de nuestro ensayo, la más corta, o, por decirlo así, al segundo plato. Está dedicada a la elaboración literaria de los hechos históricos, primero a la selección hecha por Quevedo mismo, y, segundo, a sus adiciones. Nuestro análisis había de quedar hasta cierto punto superficial y poco coherente: superficial, porque sería indudablemente posible escribir un libro entero sobre el tema del comer y beber en la obra de Quevedo; poco coherente, en cuanto que trabajamos con textos pertenecientes a los más variados géneros y épocas del autor.

En lo referente a la selección, podemos distinguir entre super- y subrepresentación. La comida lograda como simple goce de tipo fisiológico y como posibilidad de comunicarse y celebrar un acontecimiento está subrepresentada. Por otra parte, el abuso y la negación de la comida, o sea el beber, la embriaguez, el hambre y la defecación se hallan superrepresentadas. Al contrario de lo que se ha afirmado con frecuencia, esta manera de recalcar los diferentes aspectos distingue a Quevedo ya suficientemente de Rabelais y su estima universal del aspecto corporal.

La comida malograda

El hecho de que las francachelas salgan mal y degeneren en orgías una y otra vez, no se puede explicar sólo por las imposiciones de género propias de la literatura burlesca, ya que en los escritos ascéticos sucede lo mismo: Quevedo escoge de los muchos ejemplos bíblicos precisamente los que afirman su prejuicio en el sentido de que las comilonas constituyen semilleros de *desórdenes* y *excesos*: el convite de Baltasar que bebió en los vasos del templo, "el banquete de Herodes, adonde fue precio a los pies de una ramera la cabeza de San Juan," el del rico Lázaro dejando morir de hambre al

---

[51] Cf. p. ej. Georges Vicaire, *Bibliographie gastronomique* (Paris, 1890).

pobre, y hasta la Cena, origen de la traición de Judas. "Mejor es ir a
la casa donde hay lágrimas que a la del convite" (Eccl. 7,3; OC I, pp.
1276a ss., 1338a ss.; cf. 1240a ss., 1244b; OC II, pp. 804a ss.; PO,
pp. 853, 1011). Este prejuicio se nutre de diferentes fuentes: por
una parte, de la actitud escéptica de Quevedo frente a la función
comunicativa de la comida, por otra, de su negación del lujo como
uno de los motores y resultados del comercio, rechazado igualmente por él (p. ej. PO, pp. 142 ss.),[52] y finalmente de la convicción
de que quien se embriaga pierde el dominio sobre su razón y su
voluntad, y con ello sobre su humanidad. Este embrutecimiento
fue descrito muy plásticamente por él en la escena sevillana del
Buscón, en la que los borrachos tuvieron que echarse en cuatro
patas para poder beber de una *artesa* (B, p. 265),[53] y repetidas veces
en el juego de palabras del *mosquito* ahogado en un vaso de vino
(PO, pp. 574, 744 ss., 1172, etc.):

> ¡Oh providente caridad de Dios que diese al hombre por repre-
> hensión asistente un animal tan asqueroso como pequeño, para
> que conociese el horror de su voracidad! (OC I, p. 1311a)

Su hostilidad frente a la comunicación y el lujo se puede entre-
ver en las poesías de colorido autobiográfico que tratan de una
comida lograda. Don Francisco siempre está sentado solo a la mesa,
comiendo siempre cosas frugales, platos de la región—un patrio-
tismo gastronómico que va más allá de las imposiciones castellanas
(PO, pp. 566, 1090 ss.)

Sobriedad estoica

A partir de lo dicho, el hambre tendría que parecer el menor de
los males. ¿Por qué, entonces, tenemos que preguntarnos, aparece
superrepresentada en tan alto grado? En efecto, no es el hambre
en su totalidad la que está superrepresentada, sino solamente su
aspecto moral. Porque Quevedo considera el hambre sobre todo

---

[52] Cf. Eberhard Geisler, *Geld bei Quevedo. Zur Identitätskrise der spanischen
Feudalgesellschaft im frühen 17. Jahrhundert*, Europäische Hochschulschriften,
Reihe XXIV: Ibero-Romanische Sprachen und Literaturen, vol. 11 (Frank-
furt a.M.-Bern-Cirencester, 1981), pp. 146 ss., 152 ss.

[53] Cf. Maurice Molho, "Cinco lecciones sobre el *Buscón*," *Semántica y poética (Góngora, Quevedo)* (Barcelona, 1977), p. 124, y Catherine Vera, "La
comida y el hambre en *El Buscón*," *Studies in Honor of Ruth Lee Kennedy* (Chapel
Hill, 1977), p. 148.

como reto a la caridad para con los pobres[54]—aunque éstos muestran tan poco perfil en sus escritos como en las calles de aquel tiempo (OC I, pp. 1147a ss., 1298b)—o como motivo no del hurto famélico, sino de la estafa, como causa de la criminalidad de ciertos nobles poco amantes del trabajo (cf. más arriba p. 199). Por el contrario, dejando aparte la situación excepcional en el pupilaje de Cabra (B, pp. 35 ss.), el hambre no aparece como expresión de la miseria humana, una miseria de la que sufrían entonces vastos grupos de personas indefensas inmersas en una situación social desventajosa, incluso los pícaros anteriores a Pablos.[55] Es significativo de Quevedo que interprete el "Panem nostrum quotidianum" del Padrenuestro a su manera, como Eucaristía y no como comida profana (OC I, p. 1225a; PO, p. 187). Y en los casos en que, no obstante, se trata de necesidades corporales, éstas tienen que atenerse a la oferta de comestibles y no al revés, conforme al principio "Mi hambre es sazonado cocinero" (PO, p. 614, cf. 566; OC I, p. 1309b). Sin embargo, esto también representa una concesión, ya que incluso la necesidad más mínima priva al hombre de su libertad por hacerlo dependiente del mundo a su alrededor, de las *cosas ajenas*, como lo dice el subtítulo epictético de una obra filosófica (OC I, p. 1190, cf. p. 971b).[56] No extraña que se compare el hambre a veces incluso con la codicia, disfamándola de este modo: el *hambre avarienta* del rico Lázaro (OC I, p. 1273a), la *enfermedad de nuestra sed* de los codiciosos judíos (SII, p. 237), el *hambre peligrosa* de la marina mercante (*ibid.*, p. 165) que, semejante a una *sanguijuela*, se traga a *chupones* las minas de plata americanas (SI, p. 236). Se complace Quevedo además en la paradoja que implica el hecho de que el avaro no calme a menudo su hambre física—de pura hambre de dinero (*ibid.*, p. 43), como verbigracia Cabra, verdadera personificación del *hambre viva* (B, p. 32), o el legendario rey Midas, a quien todo alimento se le transforma en oro incomible (OC I, pp. 1276a ss.) y que Quevedo además parodia en el personaje del viejo del *Buscón* quien en su bolsa de viaje en lugar de víveres sólo encontraba piedras (B, pp. 54 ss.). Como ha demostrado Geisler, ilustra aquí Quevedo lo peligroso que para sus semejantes era la acumulación de tesoros de

[54] Cf. Geisler, pp. 143 ss.

[55] Cf. también Cros, p. 30.

[56] Cf. mi *Quevedo und Seneca. Untersuchungen zu den Frühschriften Quevedos*, Kölner Romanistische Arbeiten, Neue Folge t. 31 (Genève-Paris, 1965), pp. 52, 87 ss.

metales preciosos como alternativa a los bienes de herencia, y la contradicción intrínseca de esta acumulación.[57]

La sobriedad recomendada por Quevedo debe ser ciertamente expresión de la confianza en Dios, conforme a las palabras— irónicamente alteradas—de Jesús: "no falta el Señor a los cuervos ni a los grajos" (B, p. 167, cf. Mateo 6,26). Por otra parte, el ascetismo es también el reverso de la reducción de lo humano a la razón y la voluntad; ahora bien, estas dos categorías juntas constituyen los requisitos para la realización del ideal de autarquía propio de los estoicos. Este había sido expresado ya en el deseo de independencia frente a sus semejantes, aunque se trate únicamente del compañero de la mesa. Tales observaciones no son provocadas en modo alguno por la experiencia vital del hambre, o sea por la superación del límite de subsistencia. En los casos en que se expresan aquí experiencias vitales, se trata más bien de las relativas a la soledad, la cual podría conducir incluso a la autodestrucción, si no se la convirtiera en el ideal de la autarquía, sublimándola de esta forma.

Obsesión excremental

La esfera escatológica también está superrepresentada y de manera verdaderamente obsesiva. No obstante, hasta hace muy poco la investigación cerró los ojos, por no decir las narices, ante este aspecto.[58] Por lo general, la defecación como tal es connotada en forma positiva, su producto en forma negativa. Detallando: bajo el pretexto de compararlo en un juego de palabras con los ojos de la cara, Quevedo describe repetidamente el aspecto y el funcionamiento del órgano defecatorio con simpatía, si bien con una simpatía cómica (OC I, pp. 95-100; PO, pp. 629, 1157).[59] El acto mismo de la defecación normal constituye un placer fisiológico, cuya expresión culmina en el cumplido: "Más te quiero que una buena gana de cagar" (OC I, p. 96a-b, cf. PO, p. 631), según se afirma, de carácter proverbial. No causa ello extrañeza, pues, como ya hemos visto, los trastornos digestivos eran muy corrientes (cf. más arriba, p.

---

[57] Pp. 136 ss.

[58] Los fondos ideológicos de este mutismo de la investigación son discutidos por Juan Goytisolo: "Quevedo: La obsesión excremental," *Disidencias* (Barcelona-Caracas-México, 1977), pp. 117 ss.

[59] Otros ejemplos más en Iffland, 1978, pp. 150-52 y en Maria Grazia Profeti, "La obsesión anal en la poesía de Quevedo" [1980], que se publicará en las *Actas del VII° Congreso de la Asociación Internacional de Hispanistas*.

200). Además, en el *Buscón* la facultad de defecación corresponde a abundancia, su falta a miseria (B, pp. 33 ss., 168).

Pero el producto causa asco, por lo menos a los otros (B, pp. 56, 185). Por eso, el hecho de untar a otra persona o algo de su propiedad con materias fecales, se presta perfectamente para actos de agresión, ya que el otro produce entonces repugnancia, aislándose así hasta de sus propios amigos. Además, como ya lo observó M. Molho,[60] la persona sucia es convertida, por decirlo así, en un niño, que aún no domina el esfínter y es entregada de esta forma a la agresión, o sea, a la ridiculez. En el *Buscón*, los excrementos sirven tanto al individuo para defenderse y sublevarse (B, pp. 29, 43, 137, 176) como a la mayoría para atacar e imponer su voluntad de dominio (*ibid.*, pp. 54 ss., 63 ss.)—aumento del placer, juntándose al goce del acto puramente fisiológico el de satisfacer el deseo de agresión. En muchos episodios las heces sirven también de regalo, claro está, de regalo en sentido negativo: Pablos da las gracias a una vieja que le había puesto una lavativa con una descarga en plena cara (*ibid.*, p. 43); en Alcalá, al no poder pagar su "matrícula" de veinticuatro reales, al contrario de su señor don Diego, Pablos, como es conocido de todos, tiene que aguantar que sus compañeros lo ensucien con excrementos de toda especie (*ibid.*, pp. 60 ss.). En otro pasaje, un viejo avaro, que no quiere compartir sus provisiones con otros viajeros, encuentra una cantidad de excrementos en su bolsa de viaje a manera de venganza (*ibid.*, p. 55, cf. p. 43, 176). Recordemos que los alquimistas al parecer querían vencer la relación negativa que existía entre el oro y los excrementos, destilando el uno de los otros (cf. más arriba p. 188). No sorprende que Quevedo, enemigo del progreso, no permitiera que consiguiesen el resultado deseado.

En el sistema quevediano se identifica a los judíos doblemente con las inmundicias: de un lado por su supuesto amor al dinero, de otro por su falta de *limpieza* de sangre, es decir, por su suciedad, a Góngora, a más de esto, por su producción literaria:[61]

> vendió el cuerpo y el alma por dinero,...
> caca en los versos y en garito Caco....
> Hombre en quien la limpieza fue tan poca
> (no tocando a su cepa)

[60] P. 117.

[61] Cf. también Profeti, 1980, p. 5.

> que nunca que yo sepa,
> se le cayó la mierda de la boca
> (PO, pp. 1203 ss.)

Semejante a lo expresado en el último verso también la boca de
una vieja desdentada es "una boca con cámaras y pujos" (ibid., p.
589). La agresión activa en la novela picaresca se ha convertido en
estos y otros poemas en una agresión verbal, más inofensiva. Pero
esta disminución del potencial agresivo se neutraliza porque ahora
es la boca, el órgano más sensible al asco, el que entra en contacto
con los excrementos.

Por otra parte, no faltan del todo las alusiones a un cierto gusto
por los excrementos, a la coprofilia, e incluso a la coprofagia. Por
ejemplo, las innumerables salchichas y clases de salchichas, no sólo
en su aspecto exterior, representan los excrementos humanos, es
decir, ellas constituyen no sólo un símbolo, sino que, por lo menos
en una carnicería sobrevenida en el Buscón, están realmente rellenas
del contenido de los intestinos (B, p. 70).[62] El hecho de comer barro
se podría considerar, por consiguiente, como una especie de acción
substitutiva (cf. más arriba p. 188). Nótese que en un madrigal
dedicado a esta costumbre, el poeta pide a su amiga: "muérdeme a
mí, pues soy también de barro" (PO, p. 647).

Pasamos con esto al aspecto antropológico: el hombre, hecho de
polvo y que al polvo ha de volver (p. ej. OC I, p. 1283a, cf. 1 Mos.
3,19), no es otra cosa que tierra animada (PO, p. 11, cf. p. 35), polvo
soberbio, ambiciosa ceniza, sepultura animada (ibid., p. 15, cf. OC I, p.
1315a). Los excrementos son solamente la expresión más radical y
terrible de esta condición humana. Job, a quien Dios se lo había
quitado todo dejándolo desnudo como el día en que nació, cubrió su
cuerpo con ceniza (OC I, p. 1317b) y se sentó en un muladar o estiér-
col (ibid., pp. 1350 ss.; PO, p. 647; cf. Job 2,8). Los géneros burlescos
permiten al autor una forma de expresión aun más drástica: el
hombre se forma entre los riñones, allí donde también se producen
los orines, esto es, cerca de las necesarias; y se alimenta de lo que
entonces parecía estar considerado también como excremento, de
la regla, del asco de los meses (OSF, p. 198; cf. PO, p. 577). Empero la
vida, que no es otra cosa que un morir continuado (p. ej. OC I, pp.
1282 ss.), deja en el cuerpo, cada vez más desfigurado, los excrementos
de los años (OSF, p. 243). Por ello, cuando en el Buscón se ensucia a

---

[62] Cf. Cros, p. 34, y Molho, p. 116.

alguien, transformándolo así—según lo expresa un juego de palabras—en la *persona más necesaria* (B, p. 29),[63] se anticipa su muerte recordándole con verdadero sadismo el carácter transitorio de su existencia.[64]

Como Molho y Profeti[65] no puedo yo tampoco aprobar sin más aquellas interpretaciones que, siguiendo a Bakhtín, quieren ver en la escatología quevediana el intento de recuperar la totalidad humana y, por consiguiente, una posición subversiva frente a la opinión reinante que rechaza todo lo corpóreo.[66] Incluso considerando el *Buscón* en forma aislada, no son los excrementos simplemente "le signe de la vie,"[67] pues, si bien Pablos en cierto modo vuelve a nacer cuando lo ensucian a fondo en Alcalá, esta *nueva vida* significa en la dialéctica de Quevedo al mismo tiempo "ser bellaco con los bellacos" (B, p. 69), es decir, la muerte moral.

Canibalismo

Con la invitación ya citada—"muérdeme a mí, pues soy también de barro"—hemos llegado a la vez al último complejo temático de Quevedo, un complejo para el cual en la España de entonces no existía una correspondencia manifiesta, a saber las tendencias canibalísticas, las cuales, en mi opinión, hasta hoy no han sido tenidas en cuenta suficientemente por la investigación, aunque es muy frecuente el uso de metáforas y comparaciones entre personas y alimentos: en una *Boda* burlesca y en una *Matraca de las flores y la hortaliza* se personifican las verduras (PO, pp. 810 ss. 1011 ss.), y los panecillos son *sepultados* en la comida como seres humanos (B, p. 53; cf. SII, p. 282). Contrariamente se transforman barbas en *requesones* y cabezas calvas en *melones* (SII, pp. 98 ss.). De monjas no ve el Buscón nada más que *pepitoria*, es decir, *una mano o un pie*, o comida de ayuno (*cosas de sábado*), esto es, "cabezas y lenguas, aunque faltaban sesos" (B, pp. 251 ss.). Personas enteras también son comesti-

---

[63] Cf. Francisco de Quevedo, *La vida del Buscón llamado Don Pablos*, ed. Fernando Lázaro Carreter (Salamanca, 1965), p. 69.

[64] Cf. también Donald W. Bleznick, *Quevedo* (New York: Twayne, 1972), p. 86.

[65] Molho, pp. 116 ss., 123 ss.; Profeti, 1980, p. 7.

[66] Goytisolo, pp. 120, 127 ss., etc.

[67] Cros, pp. 37 ss.

bles: un fraile es un *capón de leche* (*ibid.*, p. 168), una mujer morena, *pimienta*, una fea, *purga* (OC I, p. 93a ss.), otras, *gallinas* (PO, p. 652) y toda suerte de pescados (cf. más arriba p. 183). Diógenes aparece *envasado* (OSF, p. 207), el dios del mar, Neptuno, *hecho sopa* y su colega del averno, Plutón, *bien zahumado* (SII, p. 71). Quevedo no les ahorra a sus lectores ni siquiera la descripción de la condimentación de platos antropófagos: en la proverbial *Caldera de Pero Gotero* los hombres unos "se cuecen, otros se guisan, otros se fríen"; y en una ocasión se pide a Pero "cuézale vuesa merced hasta que se deshaga, y si no, ásele y tenga asador" (OSF, p. 244). Al legendario Enrique de Villena le ocurrió lo contrario: después de estar ya hirviendo como *jigote* (carne picada hervida) en una *redoma*, recupera, de modo perfectamente ilustrativo, miembro a miembro su figura humana. Pero entonces, desilusionado del mundo, se convierte nuevamente en *jigote* (SI, pp. 232 ss.).

Llama la atención el que los hombres sean generalmente de carne, las mujeres de alimentos de inferior calidad (cf. más arriba p. 192). En este orden de ideas, los peces por sus movimientos y el elemento líquido en que viven representan claramente la esfera sexual, mientras que los restantes alimentos y comidas simbolizan, en forma semejante a los excrementos (cf. más arriba pp. 210-11), fealdad, podredumbre y caducidad. Finalmente la condimentación de las comidas obedece a una voluntad de destrucción que se manifiesta al parecer en todas estas metáforas.

De hecho, donde se cocina, también se come: Pero Gotero está "cercado de mucha gente, atenta a muletas"; "venían los unos consumiendo a los otros" (OSF, pp. 243, 209). Saturno devora a sus propios hijos, al menos media docena, y Marte, dios de la guerra,

> mezclando a Neptuno con Baco, se sorbió los dos dioses a tragos y chupones, y agarrando de Pan, empezó a sacar dél rebanadas y a trinchar con la daga sus ganados, engulléndose los rebaños, hechos jigote, a hurgonazos (SII, pp. 281 ss.).

En un soneto religioso de carácter enteramente serio, San Lorenzo "en alimento a su verdugo ofrece / guisadas del martirio sus costillas" (PO, p. 176). *Alimento* preferido de las mujeres son los mancebos, pero quedan "más amargada[s] que harta[s]" (OSF, p. 200; cf. p. 197; SI, pp. 82 ss.); frente a los amantes viejos "la codicia quita el asco," y es por ello que una alcahueta, *guisandera de los placeres* (OSF, p. 241), aconseja a sus niñas: "Cerrad los ojos y tapad las narices, como quien toma purga. Beber lo amargo por el provecho, es medicina" (SII, p. 327; cf. SI, p. 79).

En el *Buscón* una bruja parece haber chupado la sangre a algunas niñas (B, p. 23); y unos rufianes deciden "beber la sangre a todo acechador" (*ibid.*, p. 266). En la mezquina comida en el pupilaje de Cabra un criado trae "un plato de carne... que parecía la había quitado de sí mismo" (*ibid.*, p. 36), y en casa del tío de Segovia se sirven "salchichas que parecían de dedos de negros." El mismo tío se come con deleite a su hermano, a quien antes había ahorcado y cuarteado, y de cuyo cadáver se habían apropiado los pasteleros; y en la misma ocasión, como se sabe, Pablos casi se come a su propio padre (*ibid.*, p. 136).

La aniquilación del creador por parte de su criatura, esta monstruosidad también tiene lugar, en principio, en la Cena y la comunión, y Quevedo no se cansa de mencionar el carácter antropófago de la Eucaristía; en expresión más cruda lo pone en boca de un sacristán poeta, quien habla de un "cordero.../.../ que visita nuestras panzas / y.../ entra en el humano buche" (*ibid.*, p. 107; cf. PO, pp. 217 ss. etc.). Al referirse a su tiempo de *pupilaje* y escribir "cenamos... un poco del maestro: cabra asada" (B, p. 39), Pablos se refiere en forma abiertamente blasfémica a la Ultima Cena. Pero como el licenciado Cabra mismo participa en la cena, él se come en cierta manera a sí mismo, una vez más al igual de Cristo, como se atreve a escribir el *Caballero de la Tenaza* (OC I, p. 80a). Ante un plato de *morcillas* unos negros creyeron "que se comían a sí mesmos" (PO, p. 851). Y cuando los llamados "arbitristas" aconsejan a un príncipe que malgaste su fortuna, le dan "a comer... sus pies, y sus manos y sus miembros" (SII, p. 124; cf. PO, p. 851). El canibalismo se puede volver, pues, contra el que come, se puede convertir en el *cáncer* de sí mismo (SII, p. 125).

La obsesión antropofágica en la fantasía de Quevedo no se expresa quizás en parte alguna de forma más intensa que en esta última manifestación. Se devora al rival igual que al niño desamparado, al adversario como al amante o a la amante, al enemigo de la fe como al propio Dios, y a los extraños, en suma, lo mismo que a los miembros de la propia familia y al propio yo. Nos vemos confrontados con un mundo lleno de odio, que no se detiene ni aun frente al amor, a la niñez y a la paternidad. Pero si se trata de agresividad, ¿por qué entonces, nos preguntamos, al mismo tiempo exterminio? Y si se trata de exterminio, ¿por qué al mismo tiempo comerse al adversario? En efecto, el canibalismo es ambivalente.

Porque no solamente destruye, sino que por supuesto persigue además otros fines: primero, permite—junto con el placer residente en la agresión—el de la absorción fisiológica, que, a un nivel primitivo y animal, puede degenerar en un arrebato de sangre. Pero, cuando uno se come a otra persona, se apropia también de sus cualidades y fuerzas; así por lo menos interpreta Quevedo el misterio de la Eucaristía (PO, p. 218). Esta interpretación podría tener validez también para el hecho de chupar la sangre de un niño a la manera de un vampiro, y el de comerse al antagonista superpoderoso. Cuando, en cambio, Pablos no toca los pasteles rellenos de la carne paterna, se trata—conforme a lo dicho—del rehuso edipal de reconocer al padre como tal.[68] En segundo lugar, el canibalismo convierte en realidad la toma de posesión total y definitiva del otro por motivo de la avaricia o del goce sexual.[69] Pero no se logra ninguna de estas finalidades en el caso en que el antojo canibalístico está orientado hacia la persona misma que come. Por eso muere el licenciado Cabra (B, p. 138): ni comiéndose a sí mismo, ni tacañeando hasta morirse de hambre puede asegurar su subsistencia.

La comida en el lenguaje y en la estructura del texto

El último pasaje ha mostrado con especial claridad con qué frecuencia la comida y la bebida forman la materia de metáforas, pudiendo servirse Quevedo del habla del pueblo (cf. más arriba pp. 201-03). Empero, como estas metáforas no se distinguen esencialmente de las de otra procedencia, no es necesario estudiar aquí los métodos estilísticos empleados en su creación, menos aun si consideramos que Leo Spitzer[70] y otros ya lo han hecho en forma ejemplar.

Pero sí hay que examinar la función que la comida y bebida tienen para distintos textos. Estos son primeramente el entremés

[68] Debemos esta interpretación a una intervención en el Simposio de Maurice Molho (cf. también Molho, pp. 127 ss.).

[69] Cf. Edmund Leach, "Anthropologen haben immer wieder beobachtet, dass es eine universale Tendenz gibt, rituelle und verbale Assoziationen zwischen dem Essen und dem Geschlechtsverkehr herzustellen" (citado según Matthias Dienstag, "Gier und Ekel. Notate am Rand einer Speisekarte," *Kursbuch*, 49 [1977], p. 105).

[70] Versión española: "Sobre el arte de Quevedo en el 'Buscón,'" en Gonzalo Sobejano (ed.), *Francisco de Quevedo* (Madrid, 1978), pp. 123-84. Molho, "Sobre un Soneto de Quevedo," pp. 168-216. Cros, pp. 53-73, etc.

La venta (OC II, p. 537-41) y por lo menos veinticinco poemas que se dedican en su totalidad a la temática de la que tratamos, atribuyéndose hasta cierto punto a la literatura burlesca del barroco europeo.[71] Helos aquí:

PO nº 528   *Prefiere la hartura y sosiego mendigo a la inquietud magnífica de los poderosos*

533   *Al tabaco en polvo, doctor en pie*

540   *Bebe vino precioso con mosquito dentro*

542   *Un enfermo a quien los médicos fatigan con la dieta, se burla de su regimiento*

559   *Refiere la provisión que previene para sus baños*

590   *Leyes Bacanales de un convite*

592   *Gabacho tendero de zorra continua*

597   *Que la pobreza es medicina barata y descuido seguro de peligros*

618   "Que tiene ojo del culo es evidente"

621   "La voz del ojo, que llaman pedo"

633   *A una moza que comía barro*

644   [*A un pastelero*]

647   [*A un tabernero*]

664   "La morena que yo adoro"

675   "Dijo a la rana el mosquito"

700   *Boda y acompañamiento del campo*

713   *Los borrachos*

714   *Boda de negros*

774   *Ridículo suceso del trueco de dos medicinas*

816   *A una cena que dieron cinco caballeros, con una tortilla y dos gazapos, un jueves*

824   *Al mosquito del vino*

875   *Pendencia mosquito*

877   [*Jácara de la venta*]

[71] Cf. p. ej. Hugo Friedrich, *Epochen der italienischen Lyrik* (Frankfurt a.M., 1964), pp. 572-74. Christian Wentzlaff-Eggebert, "Berni et les plaisirs de la table," *Marseille*, 109 (1977), pp. 23-28 (7e Colloque de Marseille: La Qualité de la vie au XVIIe siècle).

882   *Los sopones de Salamanca*
885   *Los nadadores*

Al principio del *Sueño de la muerte* (1622) se encuentra el verso:
"cur non, ut plenus vitae, conviva, recedis?" (SI, p. 198). Esta conocida cita de Lucrecio, Quevedo la emplea una y otra vez, modificán-
dola en ocasiones (p. ej. *ibid.*, p. 131; OSF, p. 224; OC I, p. 1202a; II,
p. 924b), entre otras al comienzo del *Sueño del infierno* (1608): "En el
camino de la vida... , el partir es nacer, el vivir es caminar, la venta
es el mundo, y, en saliendo della, es una jornada sola y breve desde
él a la pena o a la gloria" (SI, p. 98). El narrador no recorre acto
seguido el estrecho *camino del bien*, sino el ancho *del mal*, y éste se
encuentra efectivamente cerrado a ambos lados de "ventas, a cada
paso, y bodegones, sin número" (*ibid.*, p. 99). Aunque bien es verdad que en el transcurso de la narración el motivo de la *venta* pasa a
segundo término frente al de *caminar*.

No así en el *Buscón*, escrito más o menos en la misma época.
Spitzer ya veía en *comer* un *leitmotiv* de la novela. Cros enumera por
lo menos siete sinónimos de este lexema,[72] Spitzer, cinco juegos de
palabras.[73] El primero descubrió además que ocho de diez fechas
corresponden a un viernes, a la Cuaresma o a la Pascua, organizándose por lo tanto el texto mediante el tema del hambre y, precisamente, "sous le double aspect de l'abstinence et la ripaille." En
principio presenta así "le repas fantôme" de Cabra las mismas
características que las orgías en Segovia y en Sevilla: primero una
parodia de la comunión, a continuación riña y, por último, defecación. Cros, siguiendo a Bakhtín, quien ve en estos rasgos elementos típicos del festín grotesco de la Edad Media, interpreta la novela
de Quevedo como "une expression originale à l'intérieur de la litté-
rature carnavalesque."[74] Según Molho el tema de la obra es la "ten-
tativa frustrada de salirse del propio estado," pero son también las
tres comidas mencionadas las que ilustran este tema:

La primera cena, en el Primer Libro, es la cena fantasmática:
la del hambre, en la que el Buscón participa negativamente así
como los demás comensales.
La segunda cena, en el centro del Segundo Libro, es la orgía
en casa de Alonso Ramplón. Sírvense los pasteles de a cuatro

[72] P. 33.
[73] P. 150.
[74] Pp. 29-32.

cuyo relleno—carne de ahorcado—podría ser la del padre. Todos participan, menos Pablos que se abstiene.

El Tercer Libro se cierra con la orgía de Sevilla, en la que Pablos participa plenamente y concluye con un doble asesinato. Se anuncia la emigración a Indias.[75]

Así, pues, parece como si las tres comidas sirviesen para estructurar no sólo la acción, sino también la composición externa de la ficticia autobiografía. Sin embargo la cosa no es tan sencilla: no hay que olvidar la *Venta de Viveros*, en la que unos parásitos hipócritas despojan de la comida a Pablos y a su señor don Diego (B, pp. 51-54), y el almuerzo en casa de un matrimonio desconocido en Madrid, al que Pablos a su vez se invita de modo fraudulento (*ibid.*, pp. 170-72). Como es evidente, y lo ha demostrado ya Bleznick,[76] también estos episodios guardan entre sí una relación complementaria. Además aparece Pablos también en una ocasión de anfitrión, en la *merienda* de la *Casa del Campo*, aunque, claro está, sólo para atribuirse la fama de un "caballero muy honrado y rico" y conseguir así un buen partido (*ibid.*, pp. 211-14).

Estas seis comidas—y son solamente las más importantes— marcan el desarrollo del héroe, quien primero es objeto, más tarde observador y, por último, sujeto de acciones criminales. Por lo demás, tienen funciones perfectamente diferenciadas y de ninguna manera limitadas a la "aceptación social," como opina C. Vera,[77] además de que sería necesario distinguir aquí entre la adquisición de prestigio y el puro mantenimiento del mismo, como ocurre en el caso de las picardías en Alcalá (*ibid.*, pp. 69-80). Si, como hasta ahora, añadimos a la esfera de comer y beber aquella otra de la defecación vemos que no sólo el ensuciamiento en la universidad (*ibid.*, pp. 60-68), sino también el ayuno involuntario en el *pupilaje* de Cabra (*ibid.*, pp. 35-46), y la estafa en la *Venta de Viveros*, asumen el carácter de una iniciación, de una introducción a la lucha por la existencia.[78] Las escenas siguientes hacen que Pablos tome conciencia cada vez de la situación en que se halla, decidiéndose por un cambio que va introducido generalmente por giros como *propuse*, *determinéme*: el papel que interpreta como rey del carnaval y que

[75] P. 109.
[76] P. 85.
[77] Pp. 147 ss.
[78] Cf. Molho, p. 109.

acaba con una caída en una *privada* (*ibid.*, pp. 29-31); su ensuciamiento en Alcalá; la comida en casa del tío en Segovia (*ibid.*, pp.
135-39); el relato que sobre su modo de ganarse la vida en Madrid
hace el aristocrático parásito don Toribio (*ibid.*, pp. 144-54); por
último el festín en Sevilla (*ibid.*, pp. 265-69). Evidentemente las
comidas pueden tener también consecuencias que Pablos no desea;
así la comida estafada y la merienda en Madrid hacen que sea desenmascarado por su antiguo señor don Diego y que tenga que
renunciar a sus ambiciosos planes de boda.

Para concluir hemos de admitir que existen también otros
impulsos de la acción novelística, como por ejemplo la decisión que
toman los padres de don Diego de enviar a los niños al *pupilaje* de
Cabra (*ibid.*, p. 32), o la muerte del padre que obliga a Pablos a
abandonar sus estudios (*ibid.*, pp. 89-91).[79] Con todo podemos
afirmar que la mayor parte de los puntos eje del *Buscón* están rela-
cionados con nuestro tema.

Años más tarde comienza el *Discurso de todos los diablos* (1627/28)
con una especie de escena de cocina:

> Soltáronse en la caldera de Pero Gotero un soplón, una
> dueña y un entremetido...; y con ser la casa de suyo confusa,
> revuelta y desesperada,... no había cosa con cosa, todo ardía de
> chismes.... Plutón... andaba por todas partes pidiendo minutas
> y juntando cartapeles. Todo estaba mezclado....
>
> La dueña... andaba con un manto de hollín y unas tocas de
> ceniza de oreja en oreja, metiendo cizaña.... [Plutón] dijo: "...
> ¡Qué confección para reventar una resma de infiernos con una
> onza!"... [El entremetido] venía vaciándose de palabras y cho-
> rreando embustes.... (OSF, pp. 190 ss.)

Sin embargo, en el transcurso posterior de la narración no se conserva la equivalencia entre *caldera* e infierno, volviendo Pero Gotero
más tarde simplemente como un habitante más del averno (cf. más
arriba p. 212). No obstante, la tendencia antropófaga está constantemente presente. Por último, la llamada al lector con que termina
el *Discurso* se sirve de una metáfora de contenido farmacéutico: "tal
vez es medicina el veneno" (*ibid.*, p. 257; cf. SI, p. 85).

En forma parecida a la *Caldera de Pero Gotero* (OSF, pp. 243, 246)
hervía, en *La hora de todos* (1636) también el cielo, aunque "de manes y

---

[79] Cf. también Gonzalo Díaz-Migoyo, *Estructura de la novela. Anatomía de
"El Buscón,"* (Madrid, 1978), pp. 18 ss.

lemures y penatillos y otros diosecillos sucios" (SII, p. 73). Como es sabido, encuadra esta obra una reunión de dioses, ante la que tiene que justificarse Fortuna, supuestamente *borracha* (*ibid.*, p. 76). Una vez demostrada su inocencia, organizan los dioses, "sobredores de ambrosia y néctar" (*ibid.*, p. 81), un *banquete celestial* (*ibid.*, p. 281), aunque Fortuna había querido "ver vuestro endiosamiento muerto de hambre por falta de víctimas y de frío, sin que alcancéis una morcilla por sacrificio" (*ibid.*, p. 81). De todos modos, el banquete termina en riña y libertinaje y tampoco tiene éxito en eso que se hubiesen servido comidas en común, comiendo por el contrario cada dios solo y aquello que le es característico: el herrero Vulcano por ejemplo "dos ristras de ajos" (*ibid.*, p. 280) y Venus, "a puñados, rosquillas y confites" (*ibid.*, p. 282). De modo parecido, los dioses ya se habían dado a conocer al momento de su primera aparición: Baco está eructando (*ibid.*, p. 70), Júpiter "acompaña[s] las toses de las nubes con gargajo trisulco" (*ibid.*, p. 76), "Marte se levantó, sonando a choque de cazos y sartenes" (*ibid.*, p. 73), la Luna aparece "con su cara en rebanadas" (*ibid.*, p. 72) y el dios marítimo "hecho una sopa..., oliendo a viernes y vigilias" (*ibid.*, p. 71). Así se devoran también mutuamente los invitados. Por ejemplo Júpiter provoca la riña cuando "con los ojos bebía más del copero que del licor"; la celosa Juno poco faltaba para que hubiese *desmigajado a pellizcos* a Ganimedes—pues de él se trata—y, al coger su esposo el rayo, le amenaza: "Yo te le quitaré para quemar al pajecito nefando" (*ibid.*, pp. 280 ss.; cf. p. 81.) En forma distante a los posibles prototipos de la antigüedad, *La asamblea de los dioses* de Luciano o la *Apokolokyntosis* de Séneca, el motivo culinario domina evidentemente el cuadro de la obra, en todos sus aspectos parciales y tanto en el plano narrativo como en el metafórico del texto. Quevedo no había mostrado en ninguna de las obras en prosa anteriores una consecuencia semejante. En comparación con ellas, en *La hora de todos* aumenta el canibalismo, disminuyendo claramente la coprofilia.

Lo oral y lo anal

Recapitulando podemos decir: Quevedo nos introduce en la cultura de mesa de su tiempo en forma como, tal vez, sólo lo había hecho Cervantes, y él sabía de qué hablaba: aún en las cartas escritas en el año de su muerte se refiere a los placeres de la mesa, *nota bene* también al tabaco y al cacao.[80] No obstante, Quevedo no se cansa de mermar valor a tales placeres y las circunstancias que les acompañan, y hasta de rechazarlos. Existe una contradicción similar entre la forma penetrante del canibalismo y de la esfera fecal, por una parte, y su connotación negativa, o, en el mejor de los casos, cómica, por la otra. Es evidente que todo este complejo ejerce una enorme fascinación sobre Quevedo, que sobrepasa claramente cuanto hallamos de feo y cruel en la literatura barroca alrededor de él.[81] Parece que existen aquí ciertas obsesiones que empujan a articularse, pero que sólo pueden ser articuladas si se someten a las disposiciones de la censura, tanto a las colectivas como a las individuales, es decir, si se desacreditan o se ridiculizan.

Para proporcionarme una mejor comprensión de tales mecanismos psíquicos recurrí a Freud. Entretanto mis resultados respectivos se han visto confirmados por parte mucho más competente, a saber, por el ensayo demasiado desconocido de Celso Arango.[82] Mi punto de arranque fue la teoría freudiana relativa a las tres fases pregenitales de la niñez, a saber, la fase oral o canibalística, la oral-sádica y la fálica. En sus *Tres ensayos sobre teoría sexual*, Freud entiende la sexualidad como placer en general, es decir, le da un sentido más amplio que el que tiene en el lenguaje corriente. Una sexualidad entendida de tal manera, por encontrarse antes de la pubertad, se denomina pregenital y atraviesa las tres fases mencionadas aproximadamente entre el segundo y el quinto año de vida. La primera, claro está, es la oral o canibalística:

> En ella la actividad sexual no está separada de la absorción de alimentos. El objeto de una de estas actividades es también objeto de la otra, y el fin sexual consiste en la asimilación del objeto, modelo de aquello que después desempeñará un importantísimo papel psíquico como identificación... Una segunda fase pregenital es la de la organización sádico-anal. En ella, la antítesis que se extiende a través de toda la vida sexual está ya desarrollada; pero no puede ser aún denominada masculina y femenina, sino simplemente activa y pasiva. La actividad está

[80] Una serie de citas textuales se halla en Segundo Serrano Poncela, "Estratos afectivos en Quevedo," *El secreto de Melibea* (Madrid, 1959), p. 51.

[81] Cf. p. ej. las contribuciones respectivas en Hans Robert Jauss (ed.), *Die nicht mehr schönen Künste. Grenzphänomene des Ästhetischen, Poetik und Hermeneutik*, 3 (München, 1968).

[82] *El zumbido de Quevedo* (Palma de Mallorca, 1973).

representada por el instinto de aprehensión, y como órgano con fin sexual pasivo aparece principalmente la mucosa intestinal erógena.[83]

En esta segunda fase, los intentos de educación se ven apoyados a veces por golpes en el trasero, los cuales, subministrados con demasiada generosidad, pueden producir placer masoquista.[84] El término "sadismo" para designar la actividad naciente se justificaría, a lo sumo, para denominar, en forma no especificada, la crueldad infantil subrayada constantemente por Freud.[85] Con sentido más específico, este término tan sólo es usado por K. Abraham y Melanie Klein, quienes ven ya en el mamar y sobre todo en el morder un componente sádico.[86] Tanto en la fase oral como en la anal, el niño adquiere el placer casi exclusivamente mediante la ocupación consigo mismo, es decir, se queda todavía en un autoerotismo o narcisismo.

Una mayor importancia revisten para nosotros los efectos que pueden tener las fases pregenitales sobre el futuro desarrollo del individuo. Por ejemplo, si la fase anal se vivió con una intensidad especial, puede persistir el "carácter erógeno de la zona anal," e incluso ocasionar una predisposición a la homosexualidad.[87] Sentimientos de odio muy marcados durante la infancia suelen ocasionar, durante el desarrollo, en forma de reacción, un sentido especialmente alto de moralidad, el que, en el caso de los "neuróticos obsesivos," puede incluso degenerar en una "supermoral." Finalmente, en el caso de una "anticipación temporal de la evolución del yo a la evolución de la libido,"[88] el carácter de un individuo puede permanecer en el estadio de la fase pregenital en cuestión. Por otra parte, y debido a experiencias traumáticas dentro de la sexualidad genital ya completamente formada, tiene lugar una "regresión" a

[83] Sigmund Freud, *Tres ensayos sobre teoría sexual* (Madrid, 1980), p. 63.

[84] *Idem*: "La disposición a la neurosis obsesiva. Una aportación al problema de la elección de neurosis," *Ensayos sobre la vida sexual y la teoría de la neurosis* (Madrid, 1975), p. 139.

[85] *Idem*: *Tres ensayos . . .*, p. 58.

[86] Según J. Laplanche y J.-B. Pontalis, *Das Vokabular der Psychoanalyse* (Frankfurt a.M., 1973), II, pp. 362 ss.

[87] Sigmund Freud, "El carácter y el erotismo anal," *Ensayos sobre la vida sexual . . .*, p. 60, y "La disposición . . .," p. 140.

[88] *Idem*: "La disposición . . .," p. 143.

un carácter pregenital.[89] El carácter anal, el que más nos interesa aquí, está determinado, según Freud, por "cuidado, economía, tenacidad." Los dos últimos componentes son constantes y están especialmente unidos entre sí y pueden hipertrofiarse:

La economía puede aparecer intensificada hasta la avaricia, y la tenacidad convertirse en obstinación, enlazándose a ella fácilmente una tendencia a la cólera e inclinaciones vengativas.[90]

El desarrollo de la tenacidad es explicado por Freud como sigue: el niño que tiene una predisposición tal, suele retener los excrementos para su "satisfacción autoerótica," en vez de realizar obedientemente la defecación de acuerdo con la voluntad de la persona que lo cuida.[91] De ahí la conocida convertibilidad entre dinero y excremento.

Me he detenido tanto rato con el bosquejo de la teoría freudiana porque ésta—en mi opinión—ofrece casi un retrato del mismo Quevedo, sugiriendo con eso su validez discutida de explicar también las condiciones psico-sociales de épocas más remotas.[92] Por eso me puedo limitar ahora a unos pocos comentarios adicionales: La tendencia temprana de Quevedo a moralizar se podría considerar sólo como una reacción contra su propia agresividad, una reacción que conduce a que el ideal elegido por él, a saber el estoico, lo lleve a permanecer no obstante en su egocentrismo pregenital.[93] Sobre todo la campaña que libra contra la avaricia (cf. más arriba pp. 207-08) puede descifrarse de acuerdo con Arango[94] como un intento digno de reconocimiento, de protegerse contra su propia predisposición. Mucho más compleja, desde luego, es la superación de sus posibles tendencias homosexuales: El hecho de que Quevedo no haya dedicado su elogio tristemente célebre del *ojo del culo* a un hombre, sino a una mujer, a *Doña Juana Mucha, Montón de Carne*, se podría interpretar como un intento, consciente o incons-

---

[89] *Ibid.*, pp. 139, 141.

[90] *Idem*: "El carácter...," p. 56.

[91] *Idem*:"Sobre las transmutaciones de los instintos y especialmente del erotismo anal," *Ensayos sobre la vida sexual...*, pp. 163 ss.

[92] Cf. también mi "Padre y familia en el Siglo de Oro," *Iberoromania* N.F. 7 (1978), pp. 166 ss.

[93] En términos semejantes se expresa Iffland, "'Antivalues'...," pp. 232, 235.

[94] Pp. 19 y 28.

ciente, de ocultar su propensión (OC I, p. 95). Y el hecho de que
acusara de sodomía precisamente a italianos, mulatos (PO, pp. 661-
63) y varias veces al presunto judío Góngora (p. ej. *ibid.*, p. 1197),
fue considerado, hasta cierto punto, ya por Goytisolo y Profeti
como una transferencia de los deseos ocultos y prohibidos del propio autor.[95]

Finalmente, la cuestión de si el—por lo menos hipotético—
carácter anal de Quevedo es más bien el resultado de una fijación
continuada o de una regresión tardía, podría ser resuelta probablemente por su propia criatura, don Pablos: Todos los actos excre-
mentales, ya sean observados, sufridos u ocasionados por él mismo, y además efectuados sólo por hombres y no por mujeres, se
hallan en los primeros dos tercios del informe ficticio de su vida. En
la misma parte, es decir hasta poco más allá de la pubertad, Pablos
tiene encuentros que tienen al principio un carácter latente, y, más
tarde, abiertamente homosexual.[96] Esta interpretación es muy plausible si se tiene en cuenta que él vivía entonces únicamente en com-
pañía de hombres, en el colegio, en la universidad y en el medio
picaresco de Madrid. Mientras que la amistad con don Diego es
aún inocente, no se puede afirmar lo mismo de la que tiene con el
parasito don Toribio, a quien toca ya al comienzo en su trasero
desnudo (B, p. 143), y en la cárcel se encuentra con un individuo a
quien habían detenido precisamente por la predisposición mencionada y quien causa horror entre sus compañeros de prisión por la
fuerza del instinto que le empuja (*ibid.*, p. 186). En el último tercio
del *Buscón*, por el contrario, no se halla ninguna escena de tipo esca-
tológico, ni ninguna alusión a la homosexualidad. Como arma de
dominio, el dinero—como ya lo advirtió Bleznick[97]—sustituye
ahoraa los excrementos, y el sexo masculino abre paso al feminino,
al principio por puro interés, pero luego de carácter abiertamente
sexual (*ibid.*, p. 213), y, como se sabe, el informe termina con la
intención de realizar una unión de por vida, es decir, de tipo matri-
monial, aunque sea con la puta La Grajal (*ibid.*, pp. 268-70). Don
Pablos pasa, pues, por un proceso de maduración por lo menos

[95] Goytisolo, pp. 133 ss. y Profeti, 1980, pp. 7 ss.

[96] Arango (p. 21) descifra hasta la iniciación de Alcalá como un ataque
homosexual, mientras que Molho (p. 170) señala el simbolismo fálico de
los proyectiles de Segovia.

[97] Pp. 86 ss.

muy retardado, demostrando sin embargo una identidad psicológica, subrayada ya desde otro punto de vista por Alexander A. Parker e Iffland.[98] Si se supone que su creador se desarrolló con una
lentitud similar, podemos presumir, basándonos en los textos posteriores a la creación del *Buscón*, es decir al primer decenio del siglo
XVII, que él mismo, con excepción de un corto intervalo y en contra de la opinión de Arango,[99] jamás logró liberarse por completo
de la fijación en la fase anal-sádica. Tal vez las experiencias de su
niñez hayan favorecido este desarrollo: según las reconstrucciones
biográficas de Serrano Poncela y Arango,[100] Quevedo disfrutó muy
poco de sus padres, ni de su padre, muerto prematuramente, ni
de su madre, una persona muy ocupada y además fría y autorita-
ria.[101] Abandonado a sí mismo, creció en el vacío afectivo de las
antecámaras y de las habitaciones del servicio de la Corte caótica.

Quevedo como paradigma

En el caso de Quevedo, el carácter y el desarrollo del carácter
no serían dignos de tal interés, si no hubiese que considerarlos
como sintomáticos de toda la capa social a la que pertenecía él, de la
baja nobleza.[102] Sus iguales solían asimismo vivir su socialización
primera en el caos de las grandes familias o en la anonimidad de los
palacios, y luego les esperaba, también a ellos, la frustración que les
tenía preparado el imperio en decadencia. Sin embargo, la suerte
individual de Quevedo, a saber su desventaja física, el hecho de
haber sido chapín y extremadamente miope,[103] pueden haber em-
pujado a Quevedo a una marginalización, que le hizo experimen-
tar, con una consciencia especial, la marginalización de toda su
clase, y la que constituyó la fuerza motriz que le llevó a escribir, a
la actitud solitaria de escribir, como uno de los pocos entre sus
compañeros de clase social. De todos modos y sin duda alguna,

---

[98] James Iffland, "Pablos's Voice: His Master's? A Freudian Approach to
Wit in 'El Buscón,'" *Romanische Forschungen*, 91 (1979), 215-43.

[99] P. 31.

[100] Serrano Poncela, pp. 39-43, 46, y Arango, pp. 16 ss.

[101] Cf. también Karl Abraham, *Psychoanalytische Studien* (Frankfurt a.M.,
1969), t. I, p. 134.

[102] Cf. también Cros, p. 115, y Molho, p. 98.

[103] Cf. Serrano Poncela, pp. 51-53, y Arango, pp. 16 ss.

Quevedo articuló no solamente su propia experiencia de soledad; aun más, la baja nobleza tenía que sentirse, en su mayoría, abandonada. Respondió al cambio que le sobrepasaba con inacción, si no con una actitud retrógrada, con xenofobia y odio por el comercio, con una actitud de agresividad reaccionaria, que habría de culminar mucho más tarde en el nihilismo de quien ha dado su nombre al sadismo, el Marquis de Sade.[104]

La cultura castellana de mesa, como hemos tratado de extrapolar en la primera parte basándonos en las obras de Quevedo, nos hace pensar que ciertas características eran típicas de todos los españoles, y no solamente de los pobres miembros de una clase amenazada, a saber, un cierto narcisismo así como una agresividad, cuyo latente canibalismo mostraba rasgos todavía arcaicos.[105] Pero no sabemos hasta qué punto la gran mayoría muda del pueblo español encontró expresión en su obra. Para conocer exactamente sus costumbres de mesa y a través de este medio quizás también su carácter, tendríamos que consultar otros testigos más, procedentes no sólo del campo literario ni siquiera lingüístico.

University of Heidelberg

---

[104] Cf. Eva-Maria Knapp-Tepperberg, "Warum ist der Marquis de Sade kein 'feministischer' Autor?" *Lendemains*, 17/18 (1980), 125-47.

[105] Cf. también Freud, *Tres ensayos...*, p. 63. Quiero expresar mi agradecimiento a Ludwig Mager, Blanca Manke, Sibylle Rothe y Amparo Völk quienes tuvieron la amabilidad de contribuir a la traducción de estas páginas.

Quevedo and the Count-Duke of Olivares

J. H. ELLIOTT

HE EVENTS OF THAT TERRIBLE NIGHT of December 7, 1639, when two *alcaldes de corte* entered the Duke of Medinaceli's house and, in the utmost secrecy, carried off a frightened and shivering Quevedo to his narrow confinement in San Marcos de León, have etched themselves indelibly into the literary and political history of seventeenth-century Spain. Olivares and Quevedo, the ruthless statesman and the wayward genius, seem condemned to each other's company through all eternity—an irony that Quevedo himself would no doubt have been the first to appreciate. But this posthumous association is by no means unjustified; for the Quevedo of the 1620's and 1630's cannot be fully understood without taking into account his relationship with Olivares, just as the career of Olivares himself cannot be fully understood without taking into account his relationship with Quevedo. Each man, in his own way, helped to make, and unmake the other.

The story of the relationship between Quevedo and the Count-Duke is not, of course, a new one. It was told by Marañón in a brief chapter of his biography of Olivares,[1] and is related in more or less detail in the various studies of Quevedo and his works. I cannot add any dramatic documentation to it, other than one important but ambiguous letter, which I published some years ago. But perhaps, as a historian of the Count-Duke and his government, I can elaborate a little on the facts that we already have, and

---

[1] G. Marañón, *El Conde-Duque de Olivares*, 3rd ed. (Madrid, 1952), ch. XI.

in this way add one or two insights which may help to deepen our understanding of Quevedo and his works.

It was, I believe, a combination of mutual necessity and mutual admiration which brought these two fundamentally incompatible men together, and harnessed them in an uneasy relationship which eventually proved intolerable to both. The evidence suggests that this relationship was at its closest in the late 1620's and early 1630's; but the foundations for it were laid in 1621, in the opening months of the reign of Philip IV.

Let us start, then, by looking for a moment at the world in 1621, as seen from Quevedo's *señorío* of La Torre de Juan Abad, to which he had been banished following the disgrace of his patron, the Duke of Osuna. The death of Philip III on 31 March and the immediate downfall of his principal minister, the Duke of Uceda, transformed the political scene in Madrid, and at the same time created new opportunities—and new dangers—for Quevedo in his exile. Although he was himself absent from the court, Quevedo, who must have had good informants, captures brilliantly in his *Grandes Anales de Quince Días* the excitement of those first weeks of the reign of Philip IV—the death of the king, the attempted return to court of the Duke of Lerma, the triumph of the Count of Olivares and his faction, the replacement of Uceda by Don Baltasar de Zúñiga, and the beginnings of a reform program designed to extirpate the evils which had flourished unchecked under the nerveless government of Philip III, and to call to account some of the more prominent figures of the old regime, including, to Quevedo's alarm, the Duke of Osuna.

Quevedo's interest in the intentions of Spain's new rulers was immediate and personal. He chafed against his exile, and, as the protégé of Osuna, had a natural foreboding that still worse might befall him. Moreover, as a man of letters, and one with strongly developed political instincts, he needed the stimulus and the patronage that only the court could give him. It is not therefore surprising that, like Góngora and many another man of letters in 1621, he should have hastened to make his obeisance to the men of the new regime. On 5 April—five days after the death of Philip III—he wrote to Olivares sending him a manuscript of his *Política de Dios*.[2] Less than three weeks later he dedicated to the new first

[2] Luis Astrana Marín, *Epistolario completo de D. Francisco de Quevedo-Villegas* (Madrid, 1946), letter LX.

minister, Don Baltasar de Zúñiga, his *Carta del Rey Don Fernando el Católico*, which may be read both as an implied criticism of the late king as measured against the ideals of kingship exemplified by Ferdinand the Catholic, and as an expression of hope that the young Philip IV would take Ferdinand as his model.

These various overtures to the men of the new regime clearly had some effect. He was allowed to return at least temporarily to Madrid, and even if he remained under suspicion, he had begun to purge himself of his association with Osuna and the ministers of Philip III. It was in March 1623 that his banishment came to an end—a month after the publication by the government of its *Capítulos de Reformación*, on which, in effect, Quevedo bestows his blessing in his *Epístola satírica y censoria contra las costumbres presentes de los castellanos*, appropriately dedicated to that great reformer, Olivares.

The sycophancy which characterizes these various productions is obvious, but it seems to me that Quevedo is incomprehensible if one fails to take into account the blend of idealism with self-interest in his complex personality. Everything about his personal situation in the early 1620's pushed him towards an accomodation with the men of the new regime; but at the same time, for Quevedo as for so many Castillans, those men seemed to offer a dramatic revival of hope. We have to set the Quevedo of 1621 into the context of that widespread movement during the later years of Philip III for restoration and reform—a movement that found expression in the treatises of the *arbitristas* and the debates of the Cortes, and enjoyed the support of significant sections of the court and the bureaucracy.

One of the spokesmen of this movement, Fray Juan de Santa María, wrote in his *República y Policía Christiana* of 1615: "el nombre de rey no es de sola dignidad, sino también de ocupación."[3] In the first part of his *Política de Dios*, written some two years later, Quevedo comes back again and again to this same theme: "El rey es persona pública;...el reinar no es entretenimiento, sino tarea."[4] For both men, the restoration of kingship was an indispensable precondition for the restoration of Castile. A bad king was ruled by favorites; a good king chose good ministers. Everything that

[3] (Ed. Lisbon, 1621), fo. 16.

[4] *Política de Dios, Govierno de Christo*, ed. James O. Crosby (Madrid, 1966), p. 100.

happened in those first weeks of the reign of Philip IV suggested that Castile once more had a real king. His ministers, Zúñiga and Olivares, set out with the proclaimed intention of restoring the standards of integrity and good government that prevailed under Philip II. In August of 1621 Almansa de Mendoza wrote in one of his newsletters: "siglo de oro es para España el reinado del rey, nuestro señor, Felipe IV, prometiendo tan felices principios prósperos fines."[5] This was a sentiment which Quevedo could share. If Philip was still too young and inexperienced to fulfill on his own all the duties of kingship, he had at least placed his confidence in men who were dedicating themselves to the heroic task of reforming the abuses that had been allowed to proliferate during the reign of his father, and to restoring the ancient Castilian virtues that had been eroded by the long reign of self-interest, luxury and sloth.

Olivares, therefore, as the puritanical reformer, as the man who refused gifts and favors as ostentatiously as his predecessor, the Duke of Lerma, had accepted them, seemed to be the answer to Quevedo's prayers; and it was in good conscience that he could dedicate to him the *Política de Dios*. Olivares for his part could hardly fail to welcome, although no doubt with a certain wariness, the adherence of a writer with such a mordant pen. During his years in Seville Olivares had acquired the reputation of being a generous patron to men of letters and learning. When he moved to Madrid he carried this tradition of patronage with him—in a letter of 1615 Quevedo describes the public procession into Madrid in which Olivares appeared flanked by two poets in a flamboyant bid to outshine the Duke of Sessa, who had Lope de Vega for his companion.[6] During his years in power, Olivares made use of his exalted position to attract to himself the leading literary and intellectual lights of his day, partly because his own tastes ran in that direction, and partly because his long-term aim as the principal minister of the crown was to make the court the focus of literary and artistic patronage, so that Philip IV should be renowned as a monarch glorious in the arts of peace as well as those of war—in letters as well as arms.[7]

5 *Cartas de Andrés de Almansa y Mendoza* (Madrid, 1886), p. 53.

6 *Epistolario*, letter X.

7 For this policy, see Jonathan Brown and J. H. Elliott, *A Palace for a King. The Buen Retiro and the Court of Philip IV* (New Haven and London: Yale University Press, 1980).

In welcoming Quevedo to this coterie of court intellectuals, Olivares was not, of course, animated solely by an altruistic desire to see the arts in a flourishing state. He was a man with an acute sense of the power of the pen, and was always alive to the opportunities for image-making. He knew that poets, playwrights and artists could confer luster on his regime; and he was anxious to prevent them, in so far as possible, from placing their services at the disposal of his critics. Quevedo, as Olivares was quick to appreciate, was the kind of intellectual whom one would rather have in one's own camp than the enemy's, and it is not therefore surprising to find him in the entourage of the king and Olivares on their visits to Andalusia in 1624 and to the Crown of Aragon in 1626.

1626 and 1627 are the years of the first printing of several of Quevedo's works—the *Política de Dios*, the *Buscón*, the *Sueños*. But the imprints are in Zaragoza and Barcelona, for the times were not propitious for publication in Castile. The ban imposed in 1625 on the printing in Castile of comedies, novels and other works of this kind was motivated by the concern of the Junta de Reformación to protect the morals of the young,[8] but it is likely that an ulterior motivation was to be found in Olivares' increasing anxiety about the growth of what might be called a literature of opposition. In June of 1627, amidst mounting agitation over the inability of the government to check the spiralling inflation, a new decree specifically forbade the printing of "letters and relations, apologies and panegyrics, gazettes and newsheets, sermons, discourses and papers on affairs of state and government... *arbitrios*, verses, dialogues or anything else, even if short and of very few lines," without prior approval by the authorities.[9]

The stringent new censorship regulations created a climate conducive to the denunciation of successful authors by their rivals. It is probable that this was the fate that overtook Quevedo, who found himself banished again in the spring of 1628. He complained to the Count-Duke of calumnies,[10] and his enemies were appar-

---

[8] For the prohibition, see Jaime Moll, "Diez años sin licencias para imprimir comedias y novelas en los reinos de Castilla: 1625-1634," *Boletín de la Real Academia Española*, 54 (1974), 97-103.

[9] *Novísima Recopilación*, lib. VIII, tit. XVI, ley IX.

[10] *Epistolario*, letter XCIX (5 May 1628).

ently spreading stories that his *Política de Dios* was intended as an attack on the Olivares regime.[11] One can never be sure of Quevedo's motivation, but my own view is that at this time he was a committed supporter of Olivares and his program. On the other hand, his gift for acid comments made him the most awkward of allies, and his violent support of the cause of Santiago in the co-patronage controversy could hardly have been better calculated to antagonize the Count-Duke. Olivares had a deep personal devotion to the figure of St. Teresa. As a child, his mother had made an apparently miraculous recovery from an illness after being visited by St. Teresa in the family palace of the Counts of Monterrey in Salamanca;[12] and the saint's heart, set in diamonds, was the Count-Duke's most prized possession.[13] In the circumstances, it is not surprising that Olivares should have been happy at this moment to let Quevedo cool his heels in La Torre de Juan Abad.

But the exile was a short one: in January 1629 Quevedo was back in Madrid, and it is now that he seems to have entered into his period of closest association with Olivares and his circle. By this time Olivares had surrounded himself with a group of friends and dependents, who were spoken of as his *hechuras*, and who looked upon him as their *patrón*. These constituted the men of the Olivares regime, a mixed bunch of relatives, ministers, secretaries and men of letters, who had thrown in their lot with the Count-Duke, and regarded themselves as committed to the support and defence of his policies. It would be an overstatement to say that Quevedo ever fitted easily into any group, but there were a number of these men with whom Quevedo had close personal or intellectual affiliations, and who no doubt helped to pull him back into the fold.

Among these we should probably give special prominence to the Count-Duke's Jesuit confessor, Hernando de Salazar, who seems to have served as an intermediary between Quevedo and Olivares,[14] and also to the governor of the archbishopric of

---

[11] *Epistolario*, letter CVII (to Juan Ruiz Calderón, 1 Aug. 1628).

[12] Efrén de la Madre de Dios and O. Steggink, *Tiempo y vida de Santa Teresa* (Madrid, 1968), p. 434.

[13] In his will, he bequeathed it to the queen (Real Academia de la Historia, M-189, *Testamento del Conde Duque de Olivares*, 16 May 1642, fo. 29v.).

[14] *Epistolario*, letter CII (Salazar to Quevedo, 30 May 1628).

Toledo, Don Alvaro de Villegas, presumably a relative, and one of the Count-Duke's closest confidants.[15] Quevedo had another relative in high places, too, although the relationship has passed largely unnoticed.[16] This was Jerónimo de Villanueva, the Protonotario of the Crown of Aragon, who by 1629 was already on his way to becoming the right-hand man of Olivares and the second most powerful political figure in Spain. Villanueva, fourteen years younger than Quevedo, was the son of Agustín Villanueva, secretary of the council of Aragon under Philip III, and of Doña Ana de Villegas, Quevedo's cousin. On the death of his mother, Quevedo went to live in the home of Agustín Villanueva, who had been appointed his guardian, so that he must have known Jerónimo from his earliest years. The Villanueva-Quevedo relationship was therefore extremely close. The political implications of this relationship for our understanding of Quevedo's association with the Olivares regime deserve further exploration; but there are other implications, too, which are not without interest. For the great-great-great grandparents of Jerónimo on the paternal side are alleged to have been burned by the Inquisition of Aragon as *judaizantes*.[17] It may therefore have been in a household of *converso* relatives that Quevedo spent some of his most impressionable years.

If, as seems likely, Quevedo's friends in the Olivares circle helped to ensure that his new exile was a short one, there is no doubt that Olivares needed his services in 1629 as never before. His reform program had ground to a halt, stopped in its tracks by the obstructions thrown up by the Cortes, the municipal oligarchies, and the bureaucracy. The inflation of 1626 and 1627 had

---

[15] *Epistolario*, letters C and CI. For Villegas' importance at this time, see J. H. Elliott and J. F. de la Peña, *Memoriales y Cartas del Conde Duque de Olivares* (Madrid, 1978), I, p. 212.

[16] But see Mercedes Agulló y Cobo, "El monasterio de San Plácido y su fundador, el madrileño don Jerónimo de Villanueva, Protonotario de Aragón," *Villa de Madrid*, 13 (1975), nos. 45-46, pp. 59-68 and no. 47, pp. 37-50. See also for Villanueva, Elliott and La Peña, *Memoriales y Cartas*, I, p. 80, n. 44, and for Quevedo and Villanueva, Luis Astrana Marín, *La vida turbulenta de Quevedo* (Madrid, 1945), p. 67.

[17] Archivo Histórico Nacional, Inquisición, legajo 3687[2], paper by Don Pascual de Aragón, 23 Feb. 1652. The family in question were called Cabra, a name which will be familiar to readers of the *Buscón*.

finally been checked by the government's belated deflationary measures of August 1628, but these had only served to add to the general economic distress. Spain's involvement in the War of the Mantuan Succession was proving to be a disastrous miscalculation on the part of Olivares, and the disaster was compounded by the reports which reached Madrid at the end of 1628 that the Dutch had seized the treasure fleet. The Count-Duke and his government were the targets of intense popular hostility and an increasingly vocal opposition. Satires and pasquinades circulated freely in Madrid; so, too, did a major indictment of the regime, clandestinely printed—the *Discursos* of Mateo Lisón y Biedma, the procurador for Granada in the Cortes of Castile, who had become a major spokesman of the constitutional opposition and a source of growing exasperation to Olivares.

During the spring of 1629 the Count-Duke's position was still further undermined, as a result of sharp disagreements within the council of state, and then between Olivares and the king himself, over the direction of Spain's foreign policy. This was the moment for which Olivares' opponents among the nobility had been waiting, and he knew perfectly well that once he stumbled, they would be ready to strike. He needed all the help he could get; and in particular it was vital to vindicate the record of the regime, so as to bring home to the world the unceasing vigiliance of the Count-Duke on behalf of his royal master. In this public relations exercise three men seem to have borne the burden of the day—Olivares' friend from Seville days, the Count of La Roca, who had just completed his biography in manuscript; Antonio Hurtado de Mendoza, the house poet of the regime; and Francisco de Quevedo.[18]

There are two complementary works by Quevedo in defense of Olivares which can be dated to this critical time in the spring or early summer of 1629. The first of these is his *romance*, the *Fiesta de Toros Literal y Alegórica*, which Blecua ascribes to this year because of its reference to the queen's pregnancy.[19] The other is his *comedia*, *Cómo ha de ser el privado*. When Artigas published this in 1927, he

[18] For the conjuncture of 1629, see the introduction to docs. I-X in Elliott and La Peña, *Memoriales y Cartas* (Madrid, 1980), II, and Brown and Elliott, *A Palace*, p. 162.

[19] Francisco de Quevedo, *Obra poética*, ed. José Manuel Blecua (Madrid, 1971), III, p. 5.

dated it to late 1627 or early 1628, and this seems to have been at least tentatively accepted.[20] But this dating is unacceptable, because of the reference at the end of the play to Piet Heyn's capture of the treasure fleet in the autumn of 1628, the news of which reached Madrid in December of that year, and not in 1627, as Artigas says. Beyond this, there is a further contemporary reference which appears to have escaped notice. The play ends with a celebration of the marriage of the Infanta to the Prince of Transylvania. The Infanta María was in fact married by proxy to the King of Hungary on 25 April 1629,[21] and Quevedo may well have written the play for a palace performance during the marriage festivities.

As Artigas was the first to point out, the *romance* and the *comedia* go hand in hand. In the *romance* Quevedo goes to the palace and finds the Count-Duke in his rooms besieged by *pretendientes*. We get a brilliant little vignette of two hours in the life of the *privado*. In comes Jerónimo de Villanueva:

El Protonotario entró,
como diestro, cara a cara,
y luego rompió en el Conde
sesenta pliegos de cartas.

The Protonotario is followed by the great Ambrosio Spínola, who was very much in and out of the palace these days, before leaving for Italy to take command of the army of Milan at the end of July—which enables us to date the poem to the first half of the year. There is a junta to be attended; supplicants thrust *memoriales* into his hands. Quevedo's Conde Duque is a bull at bay, worn down by his assailants.

Esta es la vida que tiene,
éste el séquito que alcanza;
si alguno se lo codicia,
que mal provecho le haga.

, This same image of Olivares as the indefatigable minister, his

---

[20] Miguel Artigas, *Teatro inédito de Don Francisco de Quevedo y Villegas* (Madrid, 1927), pp. xxi-xxii; Raimundo Lida, *Letras hispánicas* (Mexico, 1958), p. 150.

[21] *Relación diaria* (manuscript in author's possession).

every moment devoted to the cares of office, is presented at much greater length in *Cómo ha de ser el privado*, which from a historical standpoint is a fascinating play. As Artigas realized, it is in essence a dramatization of the Count of La Roca's *Fragmentos de la Vida de Don Gaspar de Guzmán*, which is also designed to represent a supremely conscientious and disinterested minister, tested and purified by the fires of public and private adversity. The English marriage negotiations and their breakdown, treated at length by La Roca, provide Quevedo with an appropriate plot, which enables him on the one hand to defend the Count-Duke's foreign policy record as being based on considerations of faith and not reason of state, and on the other to lead up to a triumphant dénouement in the repulse of the English invaders at Cádiz and the happy conclusion of a Catholic and Habsburg marriage for the Infanta. But beyond and above this is the theme of the triumphant combination of a *rey justiciero* and a *ministro desinteresado*, a theme which might indeed be described as the depiction in theatrical terms of the political theory developed in the *Política de Dios*.[22]

The element of propaganda in all this is obvious to the point of blatancy. The Duke of Lerma's career had reinforced the traditional Castilian image of the *privado* as unscrupulous, self-interested and corrupt, and Olivares, who preferred to describe himself as a *ministro*, had been determined from the beginning to prove that he was a very different kind of *privado* from his predecessor. Quevedo also seized the opportunity to deliver a number of messages about his patron's policies, including at one point a direct appeal to the people which was immediately relevant to the economic situation in 1629. The favorite, the Marquis of Valisero (an anagram of Olivares), is informed that:

> La murmuración ha sido
> que por su culpa han subido
> los precios de todo.

This gives Valisero the opportunity to make his appeal:

> El pueblo tenga paciencia,
> porque a daños que han traído
> los tiempos no se ha podido
> dar remedio con violencia.

[22] See also Melvina Somers, "Quevedo's ideology in *Cómo ha de ser el Privado*," *Hispania*, 39 (1956), pp. 261-68.

> Tiempo al tiempo se ha de dar,
> y cuando de este accidente
> tuviera culpa el presente,
> yo, ¿qué puedo remediar?
> ...También yo estos males lloro...[23]

It would, however, be a mistake to regard this play as merely a rather cynical propaganda exercise. The hands of the Count-Duke were, after all, unusually clean by seventeenth-century standards, and this seems to have been especially true after his hopes for his family had been dashed by the death of his daughter in 1626 (represented in the play as the death of Valisero's son and heir). From this moment he has nothing to live for but the service of the king. It is also true that he was the prisoner of his papers, and could say, like Valisero in the play: "Las consultas me entregó el rey, ya me ha aprisionado."[24] Indeed, what is most striking about Quevedo's depiction of the Count-Duke to anyone who has studied Olivares' own papers and those of his entourage, is its faithfulness to the image which Olivares had of himself.

There are times when, in reading Quevedo, one can almost hear Olivares himself speak. In the *romance*, we read: "El Conde... se condenó por su patria a privado, como a remo...."[25] In a letter of 1625 to Gondomar, Olivares writes: "estoy dedicado a morir asido al remo."[26] Then again, compare Valisero's remark in the play: "ha vuelto a cargar en mí un trabajo sin igual"[27] with the following very characteristic remark in a letter written by Olivares two years before: "Todo es trabajos."[28] Or with an equally characteristic remark: "No puedo más. Soy uno solo."[29] Valisero's interpretation of his functions as first minister—

[23] Artigas, pp. 42-43.

[24] Ibid., p. 42.

[25] Blecua, III, p. 7.

[26] Elliott and La Peña, *Memoriales y Cartas*, I, p. 112.

[27] Artigas, p. 41.

[28] Archivo del Duque de Medinaceli, legajo 79, Olivares to Aytona, 19 Sept. 1627.

[29] Archivo General de Simancas, Estado, legajo 2336, voto del Conde Duque, 2 Oct. 1635.

> el ministro singular
> aunque pueda aconsejar
> no le toca decidir[30]—

is exactly the interpretation which Olivares himself is constantly expounding. "En resolviendo el príncipe," Olivares writes to the Marquis of Aytona, "el ministro ha de olvidar totalmente la opinión que tuvo, y entender que erró en su parecer...."[31]

The attitudes and the phraseology in Quevedo's play are close enough to those of Olivares to suggest, if not necessarily a close personal association between the two men, at least a close proximity. But if the Count-Duke's influence on Quevedo is very marked, it may also be that Quevedo for his part had some influence on Olivares. The idea of disinterested service was central to Olivares' image of himself, and this idea is developed and refined in Quevedo's play, as the Favorite loses his son and heir:

> Ya no soy hombre de casa,
> Este afán me quitó el cielo.[32]

All that now remains for him is to serve the king. In a way, Quevedo has here created the part for Olivares to play; and Olivares not only plays it to perfection, but even adds lines that might have been written for him by Quevedo, like this one written four years later to the Marquis of Aytona: "Yo no tengo más padre ni hijos ni amigo que el que sirve al Rey...."[33]

But behind the common language we must also see a common philosophy—the neo-Stoic philosophy of Justus Lipsius. The neo-Stoic Quevedo presents the favorite in his play as "un Séneca español,"[34] as the wise and disinterested councilor unmoved by adversity. But if we recall the impact of Justus Lipsius on Quevedo, we should also recall the impact of Lipsius on the academies and literary circles of early seventeenth-century Seville, with which the young Olivares enjoyed such a close association.

---

[30] Artigas, p. 11.

[31] Archivo del Duque de Medinaceli, legajo 79, Olivares to Aytona, 15 Oct. 1631.

[32] Artigas, p. 95.

[33] Archivo del Duque de Medinaceli, legajo 79, Olivares to Aytona, 30 Dec. 1633.

[34] Artigas, p. 86.

His intimate companion of those years, the Count of La Roca, was one of the most eager publicists of Justus Lipsius in Spain; and the works of Lipsius are well represented in the catalogue of the Count-Duke's library. Everything suggests that Olivares had steeped himself in Tacitus and Lipsius, and had found the guiding principles of his life in Christian stoicism.[35]

If, as I believe, the writer and the statesman lived in the same neo-Stoic world, there existed a certain affinity between them that went beyond immediate personal interest. Olivares in adversity was a man to command admiration, and Quevedo in the late 1620's was ready to admire, and indeed to support him. Towards the end of that same year, 1629, we find him once again busily defending the Count-Duke and his policies in that vicious polemical tract, *El Chitón de las Tarabillas*—undoubtedly the *librillo insolente* to which the disaffected courtier, Matías de Novoa, refers in his memoirs, when he writes of the *grande amistad* that the Count-Duke was now displaying for Quevedo, perhaps (as he suggests) out of fear of Quevedo's *genio satírico*.[36]

Luis Astrana Marín argued that the *Chitón* was a reply to the clandestine *Discursos* of that gadfly of the Olivares regime, Lisón y Biedma an argument for which M. Jean Vilar has produced additional support.[37] The suggestion is plausible, although it seems likely that Quevedo was given an even wider brief. In June 1629 an anonymous paper was circulating in the court, fiercely criticizing the king and his minister.[38] Olivares was accused of destroying Spain with his mistaken policies—his attempts at reform, his devaluation of the currency, the wars in Italy—and even Piet Heyn's capture of the treasure fleet was laid at his door. The king for his part was no more than a ceremonial ruler, who had let his kingly duties be appropriated by the Count-Duke, and the time had come for him to throw off this subjection and prove himself a king. The argument of the *Chitón* suggests that, if Lisón's book was Quevedo's primary target, he was under orders to reply at the

---

[35] See Elliott and La Peña, *Memoriales y Cartas*, I, pp. xlvi-xlviii.

[36] *Historia de Felipe IV, Rey de España*, in *Codoin*, 69, pp. 73-74.

[37] *La vida turbulenta*, p. 397; Jean Vilar, "Formes et tendances de l'opposition sous Olivares: Lisón y Viedma, *defensor de la patria*," *Mélanges de la Casa de Velázquez*, 7 (1971), 263-94.

[38] Reproduced by Matías de Novoa, *Codoin*, 69, pp. 74-76.

same time to the anonymous manifesto, and possibly, also, to other attacks, now lost.

That he was writing under orders, and indeed to a brief, is suggested by the similarity between the *Chitón* and a paper written by his friend, Antonio de Mendoza.[39] The arguments and the allusions in these two polemical tracts are close enough to suggest that Quevedo and Mendoza were working in collaboration, and were being primed with the same materials, perhaps by the Count-Duke's confessor, Salazar.[40] For example, both men argue that, while there have undoubtedly been reverses and defeats in the reign of Philip IV, the same could be said of the reigns of Charles V and Philip II—Charles' defeat before Algiers, for instance, or the loss of the Invincible Armada. As Quevedo insists: "Estas calamidades son inseparables a los dominios."[41]

Between them, Quevedo and Mendoza developed what was to be the official party line of the Olivares regime. They portrayed a king who had wisely placed his confidence in a vigilant and disinterested minister, doing his best to save the Monarchy while subjected to intolerable attacks and calumnies. Although admitting inevitable setbacks, they come out strongly in defense of the Count-Duke's reform program, and of his handling of the currency crisis, in which, as Quevedo argued, he had liberated Spain from the "imperio del ciento por ciento."[42] They dwelt, too, on the foreign policy successes, and in particular on the great victories of that *annus mirabilis* of 1625, which now entered the official mythology as the year which first revealed to an admiring world the young Philip IV in all his greatness. It was this official mythology which was to provide the iconographic program for the decoration of the great central hall of the Retiro, the Hall of Realms, between

[39] "Papel en que Don Antonio de Mendoza ... discurre sobre un libro que salió impreso sin autor," in *Discursos de Don Antonio de Mendoza*, ed. Marqués de Alcedo (Madrid, 1911), pp. 73-100. For the reasons given here, I am unable to accept the tentative dating of this *discurso* to "the middle or late thirties" in Gareth A. Davies, *A Poet at Court: Antonio Hurtado de Mendoza* (Oxford, 1971), p. 52.

[40] Astrana Marín, *Epistolario*, p. 196n.

[41] Quevedo, *Obras completas*, ed. Felicidad Buendía, (6th ed., Madrid, 1966), I, p. 812.

[42] *Ibid.*, p. 808.

1633 and 1635. Velázquez's *Surrender of Breda* and Maino's *Recapture of Bahía* are the expression in visual form of the polemical arguments developed by Quevedo and Mendoza in defense of the Count-Duke's policies.[43]

The Quevedo of the late 1620's and early 1630's therefore needs to be set into the context of this tight little coterie of the friends and dependents of Olivares, all placing their talents at their patron's disposal. They did not go unrewarded for their efforts. In 1630, the Count of La Roca was appointed ambassador to Venice; and Quevedo was apparently offered, but refused, the post of ambassador to Genoa. But in 1632 he accepted the title of secretary to the king.[44] Even if this secretaryship was purely honorific, he does seem to have been exercising some administrative duties at the time, for in May 1633 the formal transactions for the Count-Duke's purchase of the town of Loeches are conducted before "Francisco de Quevedo, secretary of His Majesty and *oficial mayor de la escribanía de cámara* of the Council of Orders for the Order of Santiago."[45] This occurred at Aranjuez, where the court was then in residence, and it is clear that in the early 1630's he remained very much a member of the Olivares circle, exercising certain official functions in the palace, and producing pieces to order for court occasions, like the play written in collaboration with Mendoza, *Quien más miente, medra más*, written at the request of Olivares in celebration of the queen's birthday in 1631.[46] Then, in September 1634, the secretary of the Tuscan embassy reports that he had been commissioned to write a *comedia* to celebrate the birthday of Prince Baltasar Carlos, the production to be supervised by the ubiquitous Protonotario, Jerónimo de Villanueva.[47]

All this suggests that Quevedo was still very much a *persona grata* in the palace until at least the end of 1634; and on the

---

[43] See Brown and Elliott, *A Palace*, ch. VI.

[44] *Obras Completas*, II, doc. CLXIX.

[45] Transcript in library of the late Dr. Gregorio Marañón of document from the Real Academia de la Historia, Salazar M.63, Escrituras CLXIV, 9/869, *Venta de Loeches al Conde-Duque*. I am grateful to Don Gregorio Marañón for allowing me access to this library.

[46] Davies, *A Poet*, p. 48.

[47] Archivio di Stato, Florence, Mediceo, filza 4960, letter from Bernardo Monanni, 30 Sept. 1634.

outbreak of war with France in 1635 we again find him using his talents on behalf of the crown, in his *Letter to Louis XIII*, one of the numerous responses from the Spanish side to the French manifesto justifying the war. But if we can still place him among the group of professional propagandists to which the government could turn in emergencies, I think we can detect in 1634-35 the first signs of an alienation from the Olivares regime which will soon convert Quevedo into an implacable opponent of the Count-Duke and his works.[48]

[48]This lecture was delivered before I had an opportunity to see the important new edition of *La Hora de Todos* by Jean Bourg, Pierre Dupont and Pierre Geneste (Paris, 1980). In their long introduction to this work, the editors adduce reasons for regarding several episodes, in addition to the *Isla de los Monopantos*, as specifically "anti-Olivarist," and date some of these episodes to the autumn of 1633 and others to the winter of 1634-35 on the basis of contemporary events to which they see allusions in the text. If their 1633 attributions are correct, and their interpretations are upheld, the alienation of Quevedo from Olivares comes about a year or so earlier than I have suggested here.

As far as the dating is concerned, there is no doubt that the editors have picked up many contemporary references which had hitherto escaped notice (although the reference on p. 131 to the dismissal of Cardinal Trejo from the presidency of the Council of Castile in "1632" is misleading, since he was in fact relieved of his post in November 1629). As the editors suggest (p. 149), the reference to Gaston D'Orléans as the "próximo heredero" to Louis XIII would certainly seem to date the *Isla de los Monopantos* to before the birth of Louis XIV in September 1638. But other allusions may still permit a certain latitude in dating. If the Doge of Venice (Episode XIII) refers to the Dutch as having occupied one of the Barlovento islands (here identified, no doubt correctly, as St. Martin), Quevedo, for the purposes of this piece, could still have described the island as being under Dutch occupation, even after the news of its recapture by a Spanish expeditionary force. Illustrative vignettes of this type do not depend for their general veracity on absolute contemporaneity.

As regards the incorporation of so many episodes into the "anti-Olivarist" canon, it should be noted that this is primarily done on the basis of a systematic survey of assumed disagreements between Quevedo and Olivares in different areas of Spain's policy. Here I must admit to a certain scepticism. The discussion of foreign policy is much better documented than the discussion of domestic policy for the Olivares period, and it is not difficult to find discrepancies between the known or presumed views of Quevedo on Genoa, Savoy, etc., and the fluctuating attitudes and policies of the regime toward these states during the years 1631-35, as revealed in the deliberations of the Council of State, to which Quevedo was, of course, not privy. It would not, however, be impossible to prove that Olivares himself was an "anti-Olivarist" on the basis of this technique,

I have no simple explanation to offer of this dramatic change of attitude—dramatic, that is, if I am right in assuming that Quevedo's partisanship of Olivares during the first part of the reign was more than a matter of mere convenience. There may at this moment have been important changes in Quevedo himself, if we recall that searing letter on old age and death which he wrote to Don Manuel Serrano del Castillo in August 1635.[49] I think that we should also take into account the growing intimacy of his relationship with the Duke of Medinaceli, whose estates made him a neighbor of Quevedo at La Torre de Juan Abad.[50] We know far too little about this cultivated aristocrat, but he belonged to that group of great nobles who, for good reasons and bad, were deeply opposed to the Count-Duke and his methods of government.[51]

In Medinaceli's household Quevedo could not fail to have been

---

since short-term tactical considerations in the conduct of foreign policy sometimes appear to run counter to long-term policy objectives. On the present evidence, I do not see Quevedo as using these episodes to launch a sustained attack on the Count-Duke's conduct of Spain's relations with individual states.

But in spite of what seem to me to be examples of excessive editorial ingenuity, I would certainly not dispute the underlying "anti-Olivarist" tone of parts of the *Hora de Todos*, which would certainly be compatible with my views on Quevedo's relationship with the regime from 1634-35 onwards, although less so for the years before 1634. In particular, the editors seem to me to make a particularly strong case in their analysis of the discussion in episode XXXVIII as to whether the King of England should lead his armies on campaign. Here there is no doubt about the allusion to similar debates in Madrid. While the editors may be right to relate this discussion specifically to the debate at court in 1634-35 as to whether Philip IV should lead his army into France, it should be pointed out that this was one of the most permanent themes of the opposition to Olivares. It had already provoked a rift between Olivares and the king in 1629 (see Elliott and La Peña, *Memoriales y Cartas*, II, introduction to docs. I-X), and would continue to be agitated into the early 1640's.

[49] Astrana Marín, *Epistolario*, letter CLII.

[50] See *Le Dialogue 'Hospital das Letras' de D. Francisco Manuel de Melo*, ed. Jean Colomès (Paris, 1970), p. 52.

[51] For a brief biographical note on Don Antonio Juan Luis de la Cerda, seventh Duke of Medinaceli, see Astrana Marín, *Epistolario*, p. 235 n. 1. To this it is worth adding that, according to the *Relación diaria* (see above, note 21), Medinaceli had already fallen foul of the authorities on two occasions for disorderly behavior and had been placed under arrest (September 1626 and April 1631).

made aware of the indignities and humiliations to which the Count-Duke was subjecting the old houses of Castile. The classic case of this occurred in the second half of 1634, when that great but arrogant commander, Don Fadrique de Toledo, was not only stripped of his offices and honors for defying the orders of the king, but was persecuted into, and even beyond, the grave. Following his death on 10 December, his catafalque was dismantled on royal orders as soon as it was built—that same catafalque which provided the theme for Quevedo's famous sonnet.[52] James Crosby's discussion of the different drafts written by Quevedo for the concluding lines of this sonnet conveys a vivid sense of the indignation and outrage felt by Quevedo at this treatment of a hero—and perhaps also, depending on the interpretation of those ambiguous last words ("da...al discurso miedo") a sense of the danger of speaking out in the Spain of Olivares.[53]

Ironically, this same Don Fadrique de Toledo, in a letter written to a nephew two years earlier, had made a similar comment on the perils of free speech: "Hoy corre todo de manera acá que no me atrevo a ser yo el que lo explique... En España no podemos ni aun escribir...."[54] The attempt by the Olivares regime to safeguard itself by exercising a tight control over public opinion could hardly fail in the long run to antagonize a man like Quevedo, who had neither the inclination nor the ability to curb his tongue.

Quevedo's resentment at the acts of injustice perpetrated by an authoritarian regime does not, however, mean that he was automatically beginning to support all forms of opposition to its measures. On the contrary, he objected to the resistance of the Cortes of Castile in 1636 to the Crown's tax demands, and wanted the king to take a high hand with the Cortes.[55] Indeed, what he seems to have wanted was not less kingship, but more; and increasingly he appears to have felt that the Count-Duke was impeding the

---

[52] Blecua, I, no. 264 (*Venerable túmulo de Don Fadrique de Toledo*).

[53] See James O. Crosby, *En torno a la poesía de Quevedo* (Madrid, 1967), pp. 31-37. Also Brown and Elliott, *A Palace*, pp. 172-74 for his representation in the Hall of Realms.

[54] Archives des Affaires Étrangères, Corresp. Politique, Espagne, 17, fo. 20, Don Fadrique de Toledo to Don Luis Ponce de León, 8 Jan. 1633. He was writing from Lisbon.

[55] Astrana Marín, *Epistolario*, letter CLXI (to Don Sancho de Sandoval, Jan. 1636).

proper exercise of kingship. It was during these years 1634-36 that he was writing the second part of the *Política de Dios*, and if the first part can be seen as a criticism of the regimes of Lerma and Uceda, the second part contains passages which suggest a criticism of that of Olivares. It is above all the *style* of the Olivares government to which he takes exception—the exploitation of the king by his ministers, and his isolation from what was going on in his kingdom. In particular, I believe that the Buen Retiro, with which Quevedo had been closely associated in its opening years, had become for him the symbol of what was wrong with the regime, for it served to divert the king from the duties of his office. In Chapter XIII of Book II of the *Política de Dios*, Quevedo discusses the problem of royal recreation. "Los palacios para el Principe ocioso," he writes, "son sepulcros de una vida muerta..."; and if the king wishes to relax, he should turn to other forms of work. Listen, he urges, to the complaints of the aggrieved. Kings are day laborers, who should be paid according to their hours of work.[56]

The king could not see what was happening in Spain because he was held captive by Olivares and his men. The Count-Duke, therefore, who was once the hero of Quevedo's scenario, is now becoming its villain; and perhaps it is precisely because of the extent of Quevedo's *desengaño* with Olivares that he now turns upon him with such vicious hostility. In the late 1630's the Spanish Seneca is banished from Quevedo's works as if he had never existed. Now spending much of his time away from the court, Quevedo can brood in isolation on the hero who has failed him.

The antipathy which Quevedo was beginning to feel towards Olivares was as extreme as the adulation which he had previously lavished upon him. The change of attitude reflected less a change in the behavior of Olivares himself, than in Quevedo's perceptions of him. The strains of fifteen years of government, and the unremitting pressures of war, had certainly taken their toll of the Count-Duke: he was more brusque, more authoritarian, than he had been in the first years of power, and had surrounded himself with yes-men. But he was still deeply committed to the reform of Spain and the restoration of its greatness. What had become apparent since the mid-1620's, however, was the terrible price that Castile was paying for his policies. The insatiable fiscal demands of

[56] Ed. Crosby, pp. 211ff. For the Buen Retiro as a symbol of the failings of the Olivares regime, see Brown and Elliott, *A Palace*, ch. VIII.

the Crown in order to pay for the war had intensified the social
and economic ills from which Castile was already suffering. While
the poor were oppressed, the nobility were harried. At the same
time, a new plutocracy had arisen, which was making its money
out of the sufferings of others—a plutocracy of tax-gatherers, of
government officials drawn from that *letrado* class which had always been for Quevedo an object of contempt and disgust, and of
the crypto-Jewish Portuguese financiers who had become so closely identified with the Olivares regime.

It was these men and their world who were mercilessly satirized in *La Hora de Todos*. As Conrad Kent has argued,[57] Quevedo
uses this work to launch a broad-based attack on the Olivares
reform program, which was seeking to transform the character of
Spain. The reformers and the *arbitristas*, with their new-fangled
foreign notions, are depicted as the subverters of traditional Spanish values. The tax-collectors are sponging up the wealth of the
people; the Machiavellians have perverted true politics with their
doctrine of *razón de estado*—a sharp dig at Olivares who was accused
by his enemies of being a Machiavellian; the ministers and the
bureaucrats have stripped the king of his authority and transformed themselves into a self-perpetuating caste, excluding all
others from access to the monarch.

These attacks on the Olivares regime were at least partially
veiled, but in the episode of the Isla de los Monopantos the assault
was direct. Pragas Chincollos, the governor of the island, is, of
course, an anagram of Gaspar Conchillos, and so directly links
Olivares, as Don Gaspar de Guzmán, with his great-grandfather,
Lope Conchillos, the Aragonese *converso* secretary of Ferdinand the
Catholic. The six learned advisers summoned to the Sanhedrin
are, in so far as they can be firmly identified, members of Olivares'
intimate circle, including José González as Pacas Mazo; Hernando
de Salazar, the inventor of ingenious fiscal expedients, as Alkemiastos; and Villanueva, the Protonotario, as Arpiotrotono.[58] All
these men were once the close associates of Quevedo. Now he
rejects them and all their works, castigating them as Machiavellian

---

[57] In "Politics in *La Hora de Todos*," *Journal of Hispanic Philology*, 1 (1977),
99-119. Jean Bourg and his fellow-editors of the 1980 Paris edition of *La
Hora de Todos* were apparently unaware of this article.

[58] For a discussion of these identifications, first made by Fernández-
Guerra, see note 573 of the Jean Bourg edition of *La Hora de Todos*.

intriguers, immoral money-grubbers, and unprincipled agents of an international Jewish conspiracy intended to subvert the proper ordering of the world.

Whether Olivares was aware of the Isla de los Monopantos we have no means of knowing, but he certainly kept dossiers on the opponents of the regime. Quevedo's recall to Madrid in January 1639, and the simultaneous offer to the Duke of Medinaceli of the viceroyalty of Aragon,[59] may indicate that the Count-Duke was concerned to keep close watch over two men whom he saw as actual or potential dissidents. Then, ten months later, comes Quevedo's arrest in Medinaceli's house.

Some years ago I found and published a short letter of 1642 from Olivares to the king.[60] This letter throws a new and rather lurid light on the causes, or possible causes, for Quevedo's arrest, but, like so many documents, it raises at least as many questions as it answers. The letter as a whole is concerned with the arrest of a friend of Quevedo, and a former protégé of Olivares and publicist for the regime, Adam de la Parra. In discussing the justification for this arrest, which turns out to have been prompted by some scurrilous verses written by Adam de la Parra about the influence of *conversos* in high places, Olivares makes a specific reference to the arrest of Quevedo in 1639.

The Count-Duke's words, which—one has to remember—were written in a private note for the king, and were not for public consumption, deserve close examination. He is discussing, in relation to Adam de la Parra, the ethical and practical problems involved in shutting a man away for life, and he takes as his example the case of Quevedo. "In the affairs of Don Francisco de Quevedo," he writes, "it was necessary for the Duke of Infantado, as a self-confessed intimate of ... Quevedo, to accuse him of being 'infiel, y enemigo del gobierno y murmurador dél, y últimamente por confidente de Francia y correspondiente de franceses'"; and, he goes on, even this was insufficient to get him put under lock and key, and it took the president of the Council of Castile and José González (Quevedo's Pacas Mazo!) to come up with a solution.

What are we to make of these words of Olivares? That Que-

---

[59] Astrana Marín, *La vida turbulenta*, p. 498.

[60] "Nueva luz sobre la prisión de Quevedo y Adam de la Parra," *Boletín de la Real Academia de la Historia*, 169 (1972), 171-82. Reprinted, with a short commentary, in Elliott and La Peña, *Memoriales y Cartas*, II, doc. XV.

vedo was an "enemigo del gobierno y murmurador dél" is obvious
enough, and the charge would cover any written or spoken attacks
on the regime, including the Isla de los Monopantos, and the
notorious verses addressed to the *Católica, sacra y real majestad*, which
have traditionally been regarded as the immediate cause of Quevedo's arrest. But it is the other charge that comes like a bolt from
the blue: that Quevedo was "infiel"—a word reserved by Olivares
for those he regarded as traitors[61]—and, more specifically, that he
was in secret correspondence with the French.

When Quevedo was released in 1643 the king observed that he
had been arrested "por causa grave." Is it conceivable that Quevedo, who has always been regarded as the epitome of patriotism,
should have been in collusion with the enemy? Here we can only
enter the realm of speculation, and everyone will have to reach his
own decision on the basis of his judgment of Quevedo and his
complex character. My own guess, which is no more than a guess,
is that Olivares did have some incriminating evidence against
Quevedo, although the extent to which that evidence had any
substance, or was simply planted by one or other of his many
enemies, remains open to question. Here I would add one further
piece of archival information. Between 1639 and 1642 a French
agent called Guillermo Francisco sent back regular reports from
Madrid to his contacts in France. On 10 January 1640 he reported
the arrest of Quevedo, and retailed the usual charges—that he was
accused of being the author of various tracts against the regime,
and perhaps, too, of the set of verses which the king had found
beneath his napkin. But in passing, he makes an interesting reference to the Duke of Medinaceli. At Medinaceli's house, he says,
"all the wits of the court used to assemble and converse, and
would lavish praise on the king of France and Monsieur the
Cardinal; and in particular they would comment on how the king
was to be found with his armies, encouraging the soldiers with his
presence, whereas the king of Spain never left Madrid, in spite of
there being so many places where his presence was needed."[62]

Medinaceli's house, then, was a meeting-place for the dissidents, as we already know from Francisco Manuel de Melo's

[61] See *Memoriales y Cartas*, II, p. 187 for Olivares' use of the word *infiel*,
which does not, I think, bear in this context the religious connotations
ascribed to it on p. 179 of my article.

[62] Bibliothèque Nationale, Paris, Fonds français, 10,760, fo. 24.

description of the conversations which took place there;[63] and these dissidents were making unfavorable comparisons between Philip IV and Olivares on the one hand, and Louis XIII and Richelieu on the other. Even if Quevedo had savaged Richelieu in his *Visita y Anatomía de la Cabeza del Cardenal Armando de Richelieu* four years earlier, this would not preclude him from judging that matters were being managed more efficiently in France than in Spain. Indeed, the recent course of the war would point to this very conclusion. But whether Quevedo went any further than this is difficult to say. It would not be surprising if French agents had an entry to Medinaceli's house, and had made some contact with the opponents of the regime. Spain itself was, after all, at this very moment, in close contact with the domestic opponents of Richelieu, and each side was doing its best to engineer the downfall of the principal minister of the other. It does not seem to me impossible that the Quevedo of 1639 was so consumed and corroded by his hatred of Olivares that he was willing at least to listen to the overtures of the enemy.

In the misery of his confinement in San Marcos de León, Quevedo did his best to work his passage back. He replied to the *Proclamación Católica* of the rebellious Catalans with his *Rebelión de Barcelona ni es por el güevo ni es por el fuero*, incidentally making use of a popular refrain which it so happens that Olivares himself had used three years earlier in a letter about the Portuguese troubles of 1637—"no es por el güevo sino por el fuero."[64] He also wrote, and dedicated to the Count-Duke, his reply to the manifesto of the Portuguese rebels of 1640. His abasement before Olivares in the petitions which he wrote to him from prison is the abasement of a broken man; and it failed to restore to him his liberty. When this came, it came only after the fall of Olivares in 1643, and indeed only after the king had been persuaded, apparently with some difficulty, to give his approval. His imprisonment was, after all, "por causa grave."

We have, then, if my reading of Quevedo's career is correct, a sad and twisted story of a twisted man. If Quevedo is unique, perhaps the story itself is not, for it illustrates all too vividly the

---

[63] *Le Dialogue 'Hospital das Letras'*, p. 53.

[64] British Library, Additional Ms. 28,429, Olivares to Conde de Basto, 18 Dec. 1637.

dilemma of the intellectual in the world of politics. The combination of opportunism and idealism induces him to throw in his lot with a new government which promises to bring about major reforms on which he has set his heart—in Quevedo's case, the purification of a country which had almost sunk beneath the weight of corruption, along with the restoration of its ancient greatness and virtues. The regime runs into trouble, and he devotes his energies to defending it from the assaults of its enemies, incurring at the same time the charge that he is prostituting his talents for the sake of self-advancement. Then comes the moment when the doubts begin to grow. The failures of the regime outweigh its successes; some of its actions run counter to his own deeply felt beliefs. At this point, as the contradictions become acute, the strains prove to be simply too great. Bitterness and disillusionment take the place of hope. He then defects, and throws in his lot with the opposition, in the belief that any change can now only be a change for the better. We do not know if Quevedo was the author of those terrible lines penned on the news of the Count-Duke's death in his exile at Toro in 1645:

> Al fin murió el Conde-Duque,
> plegue al cielo que así sea;
> si es verdad, España, albricias,
> y si no, lealtad, paciencia.[65]

But he did write that *Panegírico* to Philip IV on the Count-Duke's fall, in which he expressed his belief that a new day had dawned for Spain. "Hoy da a vuestra majestad a sí mismo."[66] Once again, as he thought in 1621, Spain had found its savior. And once again, as in 1621, Quevedo was mistaken.

THE INSTITUTE FOR ADVANCED STUDY,
PRINCETON UNIVERSITY

---

[65] "A la muerte del Conde-Duque. Romance," in Teófanes Egido, *Sátiras políticas de la España moderna* (Madrid, 1973), p. 174.

[66] *Obras Completas*, I, p. 947.

Raimundo Lida's Contribution to Quevedo Studies

CONSTANCE HUBBARD ROSE

EVERAL YEARS AGO, shy and trembling, I set off to deliver my first public lecture. The colleague who accompanied me on the march across campus sang "Fight Fiercely" and other Harvard victory songs to inspire me.[1] When we arrived at the hall, Raimundo Lida was in attendance, seated in the front row. Would I be worthy of him, I wondered? But I knew he was in my corner, and reassured, I began my talk. I feel somewhat the same today on this occasion—will I be worthy of him? But then I know he is in my corner, and so I begin.

Quevedo fascinated Raimundo Lida. Surely it was an attraction of opposites. For although Don Raimundo, an amateur graphologist who analyzed the handwriting of those authors he studied, might confess with mock concern that *his* handwriting was becoming more and more like that of Quevedo, no two men could have been more different. How distant from Raimundo Lida was the writer whom he characterized as "rápido, desigual, abundante," whose work was, at times, flawed by "arrogancia, adulación, soberbia" and whose tone was often one of "osadía y valentía." Traits which the two did share, however, were intelligence, wit, and a love of word games. Ultimately it was Quevedo's wit which attracted Don Raimundo, as he set about to study, examine and analyze "el arte de Quevedo," to extract the essence of Don Francisco's particular genius. The result of this inquiry is, as we have come to expect of Raimundo Lida, some twenty-two well-reasoned, subtly argued,

[1] Thank you, Diane Meriz.

thoroughly researched and eminently readable essays which deal primarily with Quevedo's political thought and satirical prose; taken as a whole they constitute his "vision" of Quevedo.[2]

Lida considers the prose as all of one piece: identical ideas, obsessions and attitudes reverberate throughout the entire corpus of Quevedo's work. And Lida cautions the reader not to look for new ideas or profound thought in Don Francisco's political writings, nor to look for deep moral purpose in the *Buscón*. Quevedo, he says, was a great mobilizer and stylizer of the commonplace (SRP, 201), and the reader must look through and beyond the easily classifiable positions and opinions of the man in order to appreciate the writer (SQ, 274). One voice echoes through the works, and no matter the ways in which it is disguised, it is always identifiable as that of Quevedo; as Don Raimundo expresses it: "Quevedo, el gran bululú, apenas se molesta en mudar la voz de sus personajes" (ON, 310). The range is limited; Quevedo responds to two impulses: he oscillates between sermon and farce (HT, 318)—the proportions vary according to the individual piece, but at any given moment, Don Francisco may veer off course as he gives way to the alternate impulse (HT, 319). So that, like an old joke, it is not so much what he says as the way in which he says it—in brief, style and invention, rather than thought, distinguish the work of Quevedo.

Ardent in his patriotism, orthodox in his religious beliefs, Quevedo, according to Raimundo Lida, lets sermon dominate in his political writings, from the youthful *España defendida* of 1609 to the second part of the *Política de Dios*, published in 1644. His avowed purpose in such works is two-fold: to attack the enemy and to inspire his compatriots, to represent Spain in a hostile world and

---

[2] For the present study, I have used fourteen of Raimundo Lida's essays on Quevedo. In order to reduce the number of footnotes and, thereby, to avoid excessive interruptions to the text, I refer to Lida's works by their initials and, for the reader's convenience, append an explanatory "Bibliographical Abbreviations." The three sets of qualifying words quoted in this (the second) paragraph appear, respectively, in the following places: "Sobre la religión política de Quevedo," *Homenaje a Menéndez Pidal, Anuario de letras*, VII (1968), 201; "Hacia la *Política de Dios*," *Filología*, XIII (1968-1969), 197; *idem*. In addition, I must confess that certain references—to handwriting, Jupiter, Malón de Chaide, Sidney, etc.—do not appear in print but are taken from old class notes or remembered from numerous unforgettable conversations in Widener 39.

to berate his countrymen for neglecting those qualities which made Spain great, to warn of the peril from without and to advise the king from within (QEA, 253). Through the years, Quevedo's basic attitude does not vary markedly. He interprets the power struggle in Europe as a religious war in which the forces of evil, inspired by Satan and Machiavelli, his earthly incarnation, conspire against the defenders of the faith, the Spanish Hapsburgs (SRP, 201; SQ, 291). The enemies of Spain—atheists, heretics, Protestants and Jews, they are all one and the same—are led by the Most Christian King of France, Louis XIII, and his minister, the Cardinal Richelieu, whose pious titles cannot conceal their atheism: "Un monarca que llamándose 'Cristianísimo,' lanza a sus hugonotes contra los dominios del rey Católico no hace sino imitar al Serafín soberbio y rebelde, hereje y comunero" (SQ, 293) is Lida's reconstruction of Quevedo's attitude. Indeed, while Quevedo's attitude toward the French and their leaders is quite conventional, his manner of exposing Richelieu's beliefs is not: when the Cardinal removes his scarlet hat, his bald head reveals "lo calvino"[3] of his thoughts (HT, 319). Did not the French, Quevedo reasons, aid that most Protestant of countries, Sweden? Are they not behind the movement to dethrone Santiago and to enshrine Santa Teresa (SQ, 295)? Do not all new ideas emanate from Paris, those same novelties advanced by Spain's New Christian population, which threaten the old order and the stability of the realm (QEA, 264)? Are not the Catholic king of France and his cardinal in league militarily and monetarily with the European relatives of those *conversos* who, openly reaffirmed in Judaism, plot to destroy Spain (QEA, 265)?

Like Segismundo whose clarion call—"acudamos a lo eterno"—leads to victory, Quevedo, too, would rally his countrymen:

> Ia, pues es razón que despertemos i logremos parte del ozio que alcansamos en mostrar lo que es España, i lo que a sido siempre i juntamente que nunca tan glorioso triumpho de *letras i armas* como oi, governada por don Philipe III nuestro señor. (QEA, 254, emphasis mine)[4]

---

[3] *Obras completas*, ed. Felicidad Buendía (Madrid, 1961), I, 245a.

[4] *España defendida i los tiempos de aora de las calumnias de los noveleros i sediziosos Don Francisco Gómez de Quevedo Villegas*, ed. R. Selden Rose, *Boletín de la Real Academia de la Historia*, LXVIII (1916), 533.

Arms and letters (QEA, 270). Quevedo, then, views his mission in life as nothing less noble than to champion the cause of Spain in the tournament of nations. And if this sounds quixotic, so be it. His pen is to be the sword which defends his native land. As Don Raimundo points out, Quevedo, in order to combat the French campaign to denigrate Lucian, Seneca and other illustrious "Spaniards" of antiquity, abandons any pretense to objective literary opinion and declares war, a war of words, on the Scaligers (QLE, 162).

To demonstrate the superiority of Spain and the inferiority of her enemies, Quevedo engages in an international genealogical polemic as he launches an attack on the national prestige or collective national honor of neighboring countries whose claim to antiquity lies in their supposed descent from Greece and Rome— the French, who look to Hercules, and the Portuguese, who look to Ulysees, as their mythical ancestors (SQ, 301 and 304). Quevedo plays with these myths of national origin, holds them up to ridicule, mocks what he terms the "fabulosos chistes de que soberbias se precian las naciones" (SQ, 299).[5] Greece and Rome are, after all, fitting false models for the creation of fictional genealogies, for their own genealogies are pure invention (QEA, 257). Aeneas was simply a traitor to his countrymen; only in retrospect is he transformed or metamorphosed into the son of a goddess and the father of his people (QEA, 259). Lida reminds us that throughout his poetry and prose, Quevedo, "iconoclasta de figuras heroicas" (SQ, 297), treats the standard classical figures with great irreverence—compare his treatment of Hero to that of Garcilaso, for example, and witness his frequent mistreatment of Jupiter, which culminates in the hilarious portrayal of that god in *La hora de todos*.

In attacking the credentials of the enemy, Quevedo has hispanized the international political situation, rendered it in terms which his contemporary Spaniards could understand and to which they could respond. As he accuses other nations of recreating their own histories and as he examines their false genealogies, he becomes a Spanish inquisitor who contemplates the documents of a New Christian boastful of his fictive ancestors (QEA, 259). The analogy is not gratuitous; Lida supplies the reader with a sonnet in which Quevedo grimly warns a *converso* not to disturb the bones of

---

[5] *Ibid.*, 541.

his buried grandfather: "hallarás más gusanos que blasones / en testigos de nuevo examinados" (QEA, 257)[6]—not even the dead are spared. In truth, Quevedo displays an almost obsessive preoccupation with genealogies. In a lighter moment, he presents the figure of Don Toribio Rodríguez Gómez Ampuero y Jordán, whose credentials he then comically destroys with a "no se vió jamás nombre tan campanudo, porque acababa en dan y empezaba en don, como son de badajo" (TN, 461),[7] remarks which merely hold him up to ridicule; but "Jordán," the last named of his last names, insinuates itself upon the reader's memory by its very position, and ultimately betrays the unclean blood of this wretched *hidalgo*. Lest the innuendo pass unnoticed or be taken totally in jest, Lida notes the similarity of the attack on the *converso* author, Juan Pérez de Montalbán who, Quevedo wrote, "quitó... a don Josef Pellicer y Tobar Salas Abarca Moncada Sandoval y Rojas los cinco apellidos postreros" (TN, 463).[8] While genealogies *were* a social preoccupation of Spain's Golden Age and while the damning genealogy with which the *Buscón* begins is a mock-serious, competitive variation on those contained in the admired *Lazarillo* and the despised *Guzmán*— "sirven a Quevedo de modelos y de revulsivos" (SAV, 259)— Raimundo Lida makes clear to the reader just how Quevedo has applied to politics and history a literary device which, in turn, derives from Spain's contemporary socio-religious concerns (QEA, 259).

But Quevedo does not rest his case. In his attempt to counteract or counterattack foreign myths, Don Francisco is not merely a demythifier; he substitutes one of his own creations. Although other countries may lay claim to a feigned antiquity, Spain is the true source of European culture (QEA, 258), for she descends from a civilization indisputably older than those of pagan Rome and Greece. By insisting on Spain's Near-Eastern, Biblical origins, Quevedo establishes the absolute genealogical primacy of his native land (ED, 145). Proof is in the fact that proto-Spanish derives from Hebrew, man's first language;[9] and to support his theory,

[6] *Obras completas de Quevedo*, ed. Luis Astrana Marín (Madrid, 1943), I, 766a.

[7] *La vida del buscón llamado don Pablos*, ed. Fernando Lázaro Carreter (Salamanca, 1965), p. 152.

[8] *La perinola*, in Buendía, 457a.

[9] Although Quevedo's advocacy of Hebrew is an orthodox position

Quevedo assembles an alarming array of false etymologies and erroneous syntactical analogies (ED, 146). Today's reader shares Don Raimundo's astonishment—perhaps horror or anger would more appropriately describe his reaction to this display of false erudition—for certainly Quevedo knew no Hebrew (ED, 147).

To combat the enemy, Quevedo has created a deliberate falsification. Is this liberty with the facts merely poetic license, or is it different in kind from the position of other writers of the age who, like Sir Philip Sidney in his advocacy of "perfect poesie," find fiction more suitable for demonstrating moral truth, than philosophy, which is dry, and history, which is too accurate? Yes, and no. Sidney is defending poetry, legitimating fiction, while Quevedo insists that he is referring to historical fact. Lida concludes that history, for Quevedo, is not only what *is* but also what *might be*, and as such, it cannot so easily be separated from legend. In addition, such hybrid history, altered by myth and legend, is useful; history is really nothing more than a rough draft and Spaniards ought to make sure that the final version is favorable to them (ED, 147).

For his crusade, Quevedo looks to the Bible as the infallible source of all science, including the art of politics, but the wisdom to be gleaned from its pages, he announces, is only as accurate as its interpreter is able (SRP, 202). Accordingly, Don Francisco presents his credentials: he can bring to the craft of statehood both theoretical and practical experience; is he not both a theologian and the "lince de Venecia" (SRP, 203)? Raimundo Lida is not impressed; he has mixed feelings about the *Política de Dios* whose politics he considers more earthly than divine. As a text, it is too leafy and bears little fruit. "Silva," or perhaps "selva de varia lección," he terms it, with emphasis on *varia*; and to offset the favorable judgment of an inquisitor who called it a "silva de discursos sagradamente políticos," Lida enlists the aid of Borges for whom the work is a "largo y enzarzado sofisma" (PD, 203).[10]

Lida's evaluation of Quevedo's thought, his "canto oficial," does

---

advanced by those participants in the contemporary debates on the origin of language, his joining of that language to Spain's Semitic past, in order to assert his country's genealogical primacy, is an unusual—and creative— if apocryphal claim.

[10] *Inquisiciones* (Buenos Aires, 1925), p. 40.

not change perceptibly through the years; instead, the critic changes his field of investigation and turns from content to form. While Don Raimundo may fault Quevedo as a thinker and display some disappointment that he did not live up to his early promise (PD, 202), and while he may equally regret that Don Francisco employed his considerable talent in, at times, a less than noble cause—the expulsion of the *moriscos* (PD, 191) or the "exposure" of the *dinerista* conspiracy which was to spawn so many antisemetic attacks (SRP, 215)—, it is the style, the sheer love of words for their own sake (SRP, 217-17), the dazzling display of verbal pyrotechnics and the ease with which he launches his missiles which fascinate Lida as he tries to discover the secret of Quevedo's art.

Quevedo operates out of a continual conceptual chiasmus: in all his works, serious or comic, "burlas y veras alternan" (ON, 311). "Predicador y farsante," whenever he wishes to do so, Don Francisco changes roles; with almost metronomic insistence, he exchanges the mask of the "predicador estoico-bíblico" for that of the "predicador juglar" (PM, 683). Lida recounts those grave moments in which Don Francisco exhorts Spain to action or lectures the king on his role and his comportment, moments in which Quevedo resembles an Old Testament prophet threatening the monarch with the wrath of Jehovah, with divine retribution (PD, 198); but like any good orator, he has two voices, both a high and a low style, and the second manner in which he delivers his sermons is the vivid, colloquial style of the country preacher (PM, 670), that favored by Malón de Chaide. Remarking on the vividness of the prose in some of Quevedo's shorter political pieces, such as the *Carta al sereníssimo, muy alto y muy podersoso Luis XIII, rey de Francia*, Lida notes, for example, that when Don Francisco calls upon the standard authorities from classical and patristic literature to sustain his point of view, "los personajes salen de las páginas de los viejos libros gesticulando y clamando para apoyar el celo patriótico del moderno escritor" (SQ, 284). From sermon to farce, from the homilitic art of Malón de Chaide to the *entremés* is but a short step (PM, 670), for both embrace popular forms of expression (TN, 457).

"Relato entremesil" is Don Raimundo's expression for the *Buscón*. Quevedo's novelistic technique, Lida cautions, should not be judged by modern standards (SAV, 255); Don Francisco is incapable of creating souls, autonomous beings who assume form and a life of their own (ON, 307). Nor is he interested in doing so, for his is the art of the *entremés*, of stock figures, of pratfalls, of hilarious one-liners (ON, 310). Like the conventional *entremés*, the *Buscón* consists of concentrated and humorous action wherein each character is revealed rapidly and brusquely (ON, 307).[11] "Entremés agudo y a golpes." The ideal reader is a spectator who, suspending all literary judgment, shares in Quevedo's malicious laughter (PAB, 294). At times crude, at times vile, always or nearly always funny, Quevedo's humor, like that of the *entremés*, springs from and has passed over into the realm of folk humor, so that today his jokes are still repeated (TN, 465) and Don Francisco is treated affectionately, as a folk hero, by those who may never have read his work.

In the *Buscón*, that "farsa narrativa" (ON, 310), there is no unity in the normal or formal sense, Don Raimundo reminds us; the novel lacks harmonious architecture, classical decorum and verisimilitude (PAB, 289)—indeed, ironic anti-verisimilitude is part of Quevedo's game (SAV, 259). Nor should one look for unity in its thought, action or character development (PAB, 289). The *Buscón*'s singular unity lies in its language, in its own peculiar "atmósfera verbal" (ON, 305). Although Pablos' personal idiom, for narrating the events in his peripatetic life, consists of "una falsilla de lenguaje engañoso, sobre un supuesto o acompañamiento de continua mentira" (SAV, 255), no one can deny the *pícaro*'s command of language which, like that of his creator, is composed of "la burla o distorsión de las grandes frases, de los refranes ... de los más diversos lugares comunes, incluidos los literarios y religiosos" (SAV, 259)—nothing is sacred. And it is this linguistic consistency which pervades the novel and unites it to Quevedo's other works. His entire work is an "oratoria inquieta de un maestro de sarcasmo que sacude contínuamente los hábitos sintácticos del lector" (SRP, 215). "Todo es farsa, predica insistentemente el Desengaño" in *El mundo por de dentro* (HT, 320); *Predicador* or *farsante*, Quevedo overwhelms the reader with the force of his words, the power of his invention and his consistently aggressive language (HT, 323).

---

[11] Lida points out that while Quevedo's talents are suitable for the *entremés*, his inability to develop characters or sustain an action doom his political *comedia*, *Cómo ha de ser el privado*, to failure; it lacks conflict, all the principals are in agreement and it suffers from dramatic paralysis. Indeed, it is so deadly serious that he even wonders if it *is* by Quevedo (COMO, 150-52).

Quevedo's genius knew no measure; his art is bellicose. Lida explains the verbal aggressivity as relating to or deriving from a sense of siege, of being forever under attack, engaged in battle, in a holy war. Quevedo stands poised somewhere between the Pauline expression that man's life on earth is battle—"la vida del hombre sobre la tierra es militia"—and Gracián's cynical variation —"la vida del hombre sobre la tierra es malicia." Constantly on the offensive he fires off shots in all directions and he takes his arguments wherever he can find them, but he mobilizes them skillfully and rapidly for the assault. Such is Don Raimundo's analysis of Quevedo's aggressive style (QEA, 271).

Lida inspects Quevedo's arsenal and finds that Don Francisco overwhelms the reader with a barrage of rhetorical devices: "enumeración torrencial," "vertiginosa acumulación," "febril polisilogismo," and "series gratuitas de retruécanos" (HT, 321). He likes to shock and even mock the reader (SAV, 255), and one of the weapons he has at hand can best be described in terms of Gracián's *agudeza*: the writer presents an enigmatic affirmation which disconcerts and even scandalizes, but in the second part of the conceit, he resolves the tension in a satisfactory manner. To illustrate, Lida selects a passage from the *Política de Dios*: "¿De qué se ha de alimentar el valido?" "Comía langostas" is the cryptic answer to this rhetorical question. Locusts (not lobsters) are the scourge of any kingdom, bringing death and destruction in their path. A good minister, therefore, is one who is willing to face danger, who will try to avert disasters, rather than invite them. "Ha de comer/a los que le comen," explains Quevedo; "el ministro que no come esta langosta es langosta que consume los reinos" (COMO, 154).[12]

Another shock tactic, Lida points out, is Quevedo's use of enthymene: the writer introduces a syllogism and follows with a humorous non sequitur which breaks with coherent thinking. The example which Don Raimundo invents for the occasion is: "Todos los hombres son mortales; ¡Sócrates es inmortal!" Enthymene is a mild form of aggression which no longer disturbs us, accustomed as we are to the absurd, but one which could be devastating or devastatingly funny in the hands of Quevedo (ON, 309).

More aggressive is a technique which Lida calls *fragmentarismo*, whereby Quevedo unleashes his destructive force upon the mate-

---

[12] *Política de Dios*, ed. James O. Crosby (Madrid, 1966), p. 205.

rial he is creating. A case in point is the portrait of Cabra in the *Buscón*, created almost out of the whirlwind, with "movimiento discorde y centrífugo." With alarming rapidity each of Cabra's features seems to free itself from the others in a save-yourself-if-you-can attitude: the mouth attacks its neighbor, the beard; the teeth, for want of exercise, have been exiled (TN, 457). Lida labels the activity of the separate or separating parts as personification and animalization—personification as they take on life, animalization as they attack and destroy (TN, 458).

Quevedo resorts to the technique frequently. In the *Buscón*, for example, those who seek their fortune in the capital are termed "estómagos aventureros," as are the beggars expelled from the land in the *Premática del Tiempo*: "mandamos desterrar de nuestras repúblicas todos los estómagos aventureros" (TN, 458-59).[13] But the more terrifying aspects of the technique are visible in his *Sueños*, those "fantasmagorías cómico-infernales"—specifically in the *Sueño del Juicio Final*, when at the sound of the trumpet on Judgment Day, human bones arise from their tombs and in a bizarre dance of resurrection go in search of their missing and matching parts, reassemble and reunite with the souls which once ruled them; but these reunions are not necessarily happy ones, for some souls find themselves in mortal fear and in revulsion of their own bodies (TN, 459).

The technique, concludes Don Raimundo, derives not from literature but from art, from the painting of Hieronymous Bosch, "Bosco el divino." His debt to the Flemish painter did not pass unnoticed; in his own day Quevedo's detractors branded him as scandalous, sacrilegious and inhuman, and condemned him as a heretic who had learned his atheism from "Jerónimo Bosque" (TN, 459). As a technique *fragmentarismo* is both ancient and very modern; it not only looks back to Bosch but also predicts the future: Quevedo was a master of the grotesque and of destructive black humor whose work anticipates that of Henry Miller, Donleavy, and above all, Céline (TN, 469).

I could go on forever cataloguing the various aspects of Quevedo's art which Lida examines, but I prefer to invite you to read his essays,[14] to watch his thought processes at work, and to revel

[13] *Op. cit.*, p. 152; in Buendía, 126a.

[14] Since the date of this talk, Raimundo Lida's articles have been collected and, with the modifications and additions which represented his

in the sheer beauty of his prose, which at times competes with that of Don Francisco. But unlike Quevedo, what Raimundo Lida says is equally as important as the way in which he says it; and only Lida can do justice to his own work.

For those who do not know the manner in which Lida wrote, let me explain. He worked with small pieces of paper on which he recorded notes, bibliography, ideas, and he waited patiently until he had amassed all the evidence, thought out all the contingencies and polished the language, until finally all the pieces or fragments fitted together in a meaningful design, until they formed an intricately constructed mosaic. And that is what Don Raimundo has left us—jewels, pearls of wisdom.

But Raimundo Lida's contribution to Quevedo studies does not end with his printed word. There are those who studied with him—Hafter, Johnson, Blanco Aguinaga, Iventosch, Alfaro, Collard, Kent, Francis, and myself, to name but a few—and who have written on Quevedo; those who corresponded with him, Crosby and Sieber come to mind, and who received his careful, detailed suggestions; those who read his articles or who heard his talks and were inspired. When Don Raimundo gave his *plenario* in Nijmegen at the Second Congress of the International Association of Hispanists, he filled his talk, "Dos *Sueños* de Quevedo y un prólogo," with provocative statements which, he hoped, would challenge the audience to debate. Instead, to his disappointment, all agreed with him. But it would be difficult not to agree with Raimundo Lida: he reasoned so well. His influence is always with us. There are works still to be written which he inspired.

NORTHEASTERN UNIVERSITY

---

latest thinking on the subject, have been published posthumously under the title *Prosas de Quevedo* (Madrid, 1981). Significantly, Don Raimundo never dealt in print with Quevedo's poetry.

BIBLIOGRAPHICAL ABBREVIATIONS

COMO = *"Cómo ha de ser el privado;* de la comedia de Quevedo a su *Política de Dios," Letras hispánicas* (México, 1958), pp. 149-56.

DS = "Dos *Sueños* de Quevedo y un prólogo," *Actas del II Congreso Internacional de Hispanistas* (Nimega, 1967), pp. 93-107.

ED = "La *España defendida* de Quevedo y la síntesis pagano-cristiana," *Letras hispánicas,* pp. 142-48.

HT = "Para *La hora de todos," Homenaje a Antonio Rodríguez-Moñino* (Madrid, 1966), I, 311-23.

ON = "Otras notas al *Buscón," Estudios filológicos y lingüísticos. Homenaje a Ángel Rosenblat en sus 70 años* (Caracas, 1974), pp. 305-21.

PAB = "Pablos de Segovia y su agudeza," *Homenaje a Joaquín Casalduero* (Madrid, 1972), pp. 285-98.

PD = "Hacia la *Política de Dios," Filología,* XIII (1968-1969), 191-203.

PM* = *"Sueños y discursos.* El predicador y sus máscaras," *Homenaje a Julio Caro Baroja* (Madrid, 1978), pp. 669-84.

QEA = "Quevedo y su España antigua," *Romance Philology,* XVII (1963), 253-71.

QLE = "De Quevedo, Lipsio y los Escalígeros," *Letras hispánicas,* pp. 157-62.

SAV = "Sobre el arte verbal del *Buscón," Hispanic Studies in Honor of Edmund de Chasca, Philological Quarterly,* LI (1972), 255-69.

SQ = "Sobre Quevedo y su voluntad de leyenda," *Filología,* VIII (1962 [1964]), 273-306.

SRP = "Sobre la religión política de Quevedo," *Homenaje a Menéndez Pidal. Anuario de letras,* VII (1968), 201-17.

TN = "Tres notas al *Buscón," Estudios literarios de hispanistas norteamericanos dedicados a Helmut Hatzfeld con motivo de su 80 aniversario* (Madrid, 1974), pp. 457-69.

INDEX

THE CAPITAL "Q" indicates "Quevedo." For the sake of uniformity, certain names, such as those of mythological figures and authors of Antiquity, are listed only in their English spelling.